儿童全脑教养法

[美]帕特里夏·威尔金森
[美]杰奎琳·弗里希克莱特 ◎著　　张灵羚◎译

民主与建设出版社

·北京·

图书在版编目（CIP）数据

儿童全脑教养法 / (美) 帕特里夏·威尔金森, (美)
杰奎琳·弗里希克莱特著；张灵羚译. —— 北京：民主
与建设出版社, 2023.4

书名原文: Brain Stages: How to Raise Smart,
Confident Kids and have Fun Doing It

ISBN 978-7-5139-4165-5

Ⅰ.①儿… Ⅱ.①帕… ②杰… ③张… Ⅲ.①儿童教
育 Ⅳ.①G61

中国国家版本馆CIP数据核字（2023）第134792号

Copyright ©2019 by Patricia Wilkinson and Jacqueline Frischknecht
Originally published by Sandra Jonas Publishing, PO Box 20892, Boulder,
CO 80308, USA
The simplified Chinese translation rights arranged through Rightol Media
本书中文简体版权经由锐拓传媒取得 Email:copyright@rightol.com

著作权登记合同图字：01-2022-6659

儿童全脑教养法
ERTONG QUANNAO JIAOYANG FA

著　　者	[美]帕特里夏·威尔金森　　[美]杰奎琳·弗里希克莱特
译　　者	张灵羚
责任编辑	彭　现
特约策划	邓敏娜
封面设计	MM末末美书　QQ:974364105
版式设计	姚梅桂
翻译统筹	语言桥 Lan-bridge
出版发行	民主与建设出版社有限责任公司
电　　话	（010）59417747　59419778
社　　址	北京市海淀区西三环中路10号望海楼E座7层
邮　　编	100142
印　　刷	长沙鸿发印务实业有限公司
版　　次	2023年4月第1版
印　　次	2023年9月第1次印刷
开　　本	880毫米×1230毫米　1/32
印　　张	13.5
字　　数	324千字
书　　号	ISBN 978-7-5139-4165-5
定　　价	49.80元

注：如有印、装质量问题，请与出版社联系。

致天底下所有的父母：
在孩子大脑生长、发育的过程中
你们是最好的守护者

谨以本书
纪念杰奎琳·弗里希克莱特
在本书完成之前，她就离开了人世
但她毕生都致力于
将书中的这些知识传播给更多的人

作 者 的 话

　　我迫不及待地想与大家一起分享这本书的内容，这是杰基和我根据专业知识与个人经验，历经数十年的研究凝聚而成的成果。翻开书之后，你们不仅会看到我们根据自身的育儿过程总结的正确经验，也会看到不少的错误教训。如果我们以前能看到这些内容，也许会少走一些弯路，做出不一样的决定吧。

　　本书的作者之一，杰奎琳·弗里希克莱特（"杰基"是她的昵称）是人类传播学博士，也是美国丹佛大学的教授。她将三个孩子培养成才，并教育了上百名学生。在此期间，杰基对大脑的功能和发育产生了兴趣，这一前沿性研究令她兴奋不已，希望能用这一研究成果帮助家长和老师激发并培养孩子的学习兴趣。

　　我是一名有 23 年教龄的老师，有幸教过小学所有年级。通过这份难能可贵的经历，我收集了大量能够提高学习能力的游戏活动，这与杰基的大脑研究工作非常契合。我与我的丈夫查克还养育了两个女儿，她们俩非常棒，都成长为富有爱心、具备社会责任感的人，都获得大学学位，并实现了自己的职业生涯。

　　遗憾的是，杰基已于 2015 年离开了人世。现在，这本汇聚了我们二人共同的研究成果的图书面世了，我感到无比荣幸与喜悦。我要特别感谢杰基的子女们，在完成本书的过程中，他们给予了我坚定的支持。

翠西^①·威尔金森

---

① 翠西（Trish）是帕特里夏（Patricia）这个名字的缩写。——译者注

目 录

第一章　如何使用本书

第二章　认识你的大脑

特别说明： 美国的基础教育体系称为"k-12"教育，其中"K"代表"幼儿园"（Kindergarten），一般指上学前一年；"12"代表"12 年级"（相当于国内的高三）。本书介绍的是"k-5"这一教育阶段，即从幼儿园到 5 年级，年龄为 5 岁到 12 岁，相当于国内的幼儿园大班（幼小衔接）到小学 5 年级。——译者注

如何使用本书

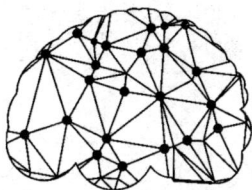

父母的能量是非常强大的！其实，很多人并不知道父母对孩子的大脑发育能产生多大的影响。所谓"身教胜于言传"，父母的行为甚至能刺激孩子大脑各个区域的形成。

　　孩子从出生开始，身上就携带了一套遗传基因，不过，父母为孩子营造的成长环境对他们能否充分发挥大脑的潜能有着巨大的影响。科学家们曾经认为，孩子的大脑发育到三岁时就能发育得很好了，但是近年来，越来越多的研究成果表明，大脑发育可以一直持续到25岁左右。（Guyer 等，2018 年）

　　这就意味着，在孩子的大脑发育过程中，父母能做的事情有很多。与孩子聊天、一起玩，允许他们进行一些独立的探索，在受伤时亲一亲他们，不断地加油鼓励，保持一定的边界感等，都可以刺激孩子大脑中的情感、记忆和知识中枢的发育。孩子的大脑能分泌多少皮质醇（一种应激激素），也是由父母决定的，当他们面对未知的或富有挑战性的状况时，皮质醇的含量起着关键作用。

　　了解这些以后，许多人可能会觉得养育子女的压力更大、更艰巨了，因为错误是不可避免的。别担心，孩子的大脑是有弹性的，如果你觉得压力过大，可以直接告诉孩子，爸爸妈妈做得还不够，答应孩子以后会做得更好，然后继续努力。只要你说话算数，孩子就会知道自己完全可以信赖你，凡事不必苛求完美。孩子还能在这件事中学会宽以待人，包容自己。

作为读者，你非常幸运。选择这本书以后，你不仅能从书中找到让孩子变得聪明又自信的方法，还能告别焦虑与压力，开启一段快乐的育儿之旅。本书是基于研究成果与实践经验撰写而成的，它为你提供了促进幼儿园到五年级各个阶段孩子大脑发育的相关指导，培养他们的学习兴趣、发展他们的沟通技能的方法。此外，本书还会给你带来一个巨大的惊喜——书中介绍了大量的游戏活动，这些游戏不仅可以提高孩子各方面的能力，还能保证你在参与的同时，让全家的氛围变得更加亲密。

这些游戏与孩子的年龄相适宜，寓教于乐，且有一定的挑战性。即使父母平时很忙，也可以和孩子们一起玩。事实上，在设计各个年级阶段对应的游戏时，我们都考虑到了灵活多样性，不管你是在排队买东西、开车、候诊还是做家务，都可以玩。当然，你和孩子并不需要把本书所有游戏都玩个遍，只要选择适合你们一家人的就可以了。

在你的孩子升入新年级之前，你可以阅读本书相对应的章节，了解这个阶段的孩子大脑神经通路处于怎样的状态，他们即将经历的生理、心理及社交变化又是如何与大脑发育相关联的。只要你愿意，你也可以阅读每一章中你感兴趣的部分。比如，哪些游戏可以提高孩子的数学能力或阅读能力，或者如何让天资聪颖的孩子保持学习积极性，等等。

我衷心地希望本书能够成为你手头的参考书，如果哪一页对你有帮助，就折个角做标记，并经常拿出来翻一翻。这本书会让你更方便地获取新知识、得到关于家庭教育的指导、找到与老师或校长等学校负责人有效沟通的方法等。此外，书里还介绍了一些小技巧，比如，如何让孩子获得充足的睡眠和水分，以及有趣的营养指南和运动窍门，就算是在很忙的时候也是有效果的。

发生在身边的故事：育儿故事大揭秘

在本书的"发生在身边的故事"部分，我们讲述的是自己家里或朋友家里发生过的故事，而且都与所在章节阐释的主题与要点密切相关。为了保护隐私，有些案例使用的是化名，因为最值得一说的故事往往令当事人感到尴尬。放心吧，不管你们家里发生过多么令人大跌眼镜的糗事，对于你和你的孩子来说，都将是人生中的最重要一课，等很多年以后再回想起来，也不过是一桩笑谈罢了。

三种类型的家长

在本书每一章的结尾，我们都会列举三种不同的育儿方式，以此告诉大家，哪些表现对孩子的学习有帮助，哪些没有。

☺代表"烦恼的父母"，他们平时自己忙得团团转，有太多事情要处理，所以，对孩子的教育就成了学校的职责。

🦉代表"直升机父母"，他们就像直升机一样终日盘旋在孩子的上空，一心想让孩子在自己的羽翼下成长，让孩子远离不适。然而，不经历风吹雨打，又如何从失败与挫折中学会边界感和责任感呢？这类父母的孩子往往在 20 多岁乃至 30 多岁才从家里独立出来。但即使搬了出去，他们可能还会需要父母提供经济以及其他方面的帮助。

😊代表"天使父母"，这是一种理想父母的类型，他们很清楚自己应该在什么时候、如何引导孩子，让他们能从错误之中总结教训。如果你认为自己属于这一类型，请给自己点个赞；如果你认为自己做得不够，就朝着这个方向努力吧。

结合我们的睡眠时间、工作要求以及各种因素来看，其实大多数父母都是这三种类型的混合体。要是你觉得自己做得还不够好，放轻松一点儿，没有人能做到十全十美。

🍃 注意啦！大脑在按它们自己的节奏发展

由于大脑的发育速度不尽相同，你的孩子可能同时具备一些不同阶段的能力，所以，你会想要阅读更多的章节。比如，你的儿子可能在 3 岁时就会读图画书，能数出你钱包里的零钱（这两种能力属于 5 ~ 7 岁的孩子）；但是，当他上三年级时，还没有学会耐心地排队等待或者和别人分享玩具（这两种能力属于幼儿园阶段，也就是 5 岁左右）。书中的各个章节将帮助你识别孩子大脑发育的信号，并根据他们现阶段的需求来定制合适的游戏。

一定不要揠苗助长。要是因为孩子并没有按照"正常"的速度成长，你就变得烦躁不安的话，可能会给孩子带来情感上的伤害，这种伤害可能会一直持续到成年时期。你可以促进孩子的大脑发育，但不能过于冒进，好好享受这段育儿之旅吧。

人生的道路很长，让孩子慢慢来，按照自己的节奏成长。你所能做的，是正视他们"正在"经历的阶段，而不是强迫他们进入大众认为他们"应该"所处的阶段。不管孩子的成长节奏是快是慢，你所面对的是挑战还是补救，这样做都会让每个人更快乐。

育儿的成功秘诀

● 和孩子一起玩，保持良好的沟通。这样的话，每当遇到困难，你的孩子就会知道你一直站在他／她的身旁。

● 根据孩子所处的生长发育阶段，提供支持性的指导。

● 制定明确的规则，不管孩子遵守还是破坏规则，都要保证结果与规则一致。

● 在你能享受的时候尽力去享受这段育儿之旅吧，因为孩子很快就长大了。

我们希望你能在本书中找到所需要的一切，了解如何充分地利用孩子的大脑发育阶段，帮助其构建健康的社会、情感与学习基础，掌握与之对应的科学育儿理论，并乐在其中！

第 二 章

认识你的大脑

尽管大脑的重量只占了人体重量的 2%，但它在运转时所消耗的能量，达到了人体产生总能量的 20%。而且，如果我们正在阅读或者处理事务，它还需要消耗更多的能量。一个成年人的大脑平均重量约 3 磅（1360 克），其形状就像一棵大号的花椰菜，主要成分是水，如同果冻般浓稠。为什么你需要知道这些信息呢？假如你的孩子问你，他的小脑袋是不是藏着一个指挥一切的小精灵时，你就可以好好地解释一番了。

　　在我们出生之前，我们的大脑已经产生了数万亿个神经元细胞。神经元是一种长链状的细胞，通过电脉冲实现彼此间的信息传递。神经元上有树突和轴突两种突起，树突的作用是接收相邻神经元的信息，轴突则通过突触来传递信息。突触存在于细胞之间的微小缝隙中，用于构建大脑的网络连接，让我们在日常学习与成长中变得更加直接、快速、及时。在生命的最初三年里，儿童的大脑每分钟都会产生多达 250000 个神经元细胞，但是，其中的大多数细胞尚未接入大脑网络。通过不断的生活实践，神经元细胞的树突和轴突才会发生迁移，经由突触与其他神经元连接，最终建立有序的脑回路。

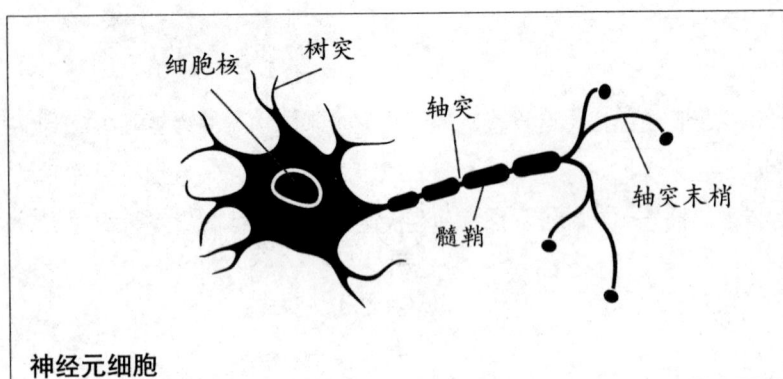

神经元细胞

　　根据心理学家彼得森教授夫妇（Peterson 和 Peterson，1959 年）的实验结果，在 18 秒之内，大脑就能决定是否为新接收到的信息创建一条记忆路径。如果大脑没有收到"这件事很重要"的信号，那么该信息就会在记忆路径生成之前消失。因此，在学习新信息的过程中，以已掌握的概念为基础，并联系前后信息进行学习，才是最行之有效的方式。

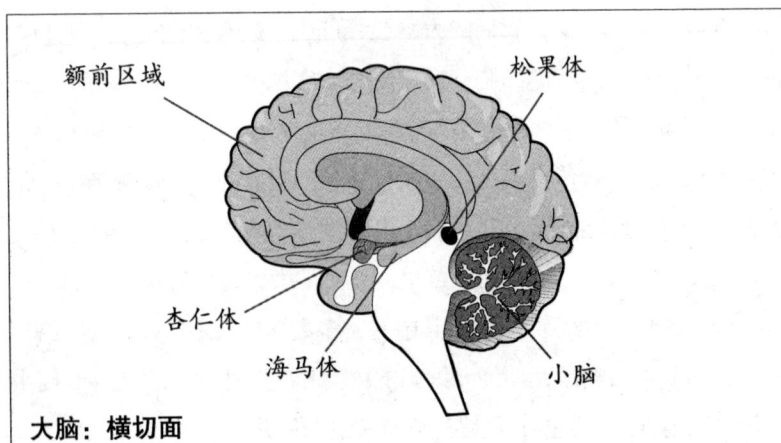

大脑：横切面

海马体是位于颞叶内的一个器官，也是大脑边缘系统的重要组成部分。什么是边缘系统？边缘系统位于大脑的中心区域，负责调节情绪和进行长期记忆（这直接奠定了儿童未来的学习能力基础）。对于学龄儿童来说，如果能得到父母一以贯之的引导，并且拥有更为充足的睡眠、锻炼和营养等，那么他们大脑中的海马体就会发育得更大。（Simmons 等，2017 年）

为了生存，大脑也会做出一些特有的反应。比如，压力和恐惧能令大脑分泌皮质醇和肾上腺素，这两种激素可以帮助我们避开迎面驰来的汽车，但也会对学习造成阻碍。对此，《社交情商》的作者丹尼尔·戈尔曼（Daniel Goleman）解释道："皮质醇一方面会刺激杏仁体的工作，另一方面又对海马体造成损害，迫使我们把注意力集中到自身所感受到的情绪上来，同时限制了我们接受新信息的能力。"

杏仁体是位于大脑底部的杏仁状核团，负责处理情绪。事实上，杏仁体这一区域的大小，与孩子们在生活中感受到的压力程度成正比：他们越有安全感，大脑内的杏仁体就越小。而且，那些杏仁体较小的孩子往往做事更认真，也更愿意尝试新鲜事物。（Matsudaira 等，2016 年）如果一个家庭能为孩子提供足够的安全感，包括制定明确的规则、彼此之间经常沟通、让家庭氛围更加愉快等，那么孩子就能做出"要么战斗，要么逃跑"的正向反馈。也就是说，他们会主动远离危险的壁炉，同时又具备体验新事物的信心与意愿。

此外，如果父母与孩子经常交流的话，还会刺激到孩子大脑的另外两个部分——布洛卡区和韦尼克区。在这两大区域的共同作用下，孩子的语言能力可以进一步提高。不要忽略父母对孩子的学习所能施加的影响力，这种力量往往是非常强大的。有时候，我们要做的事情

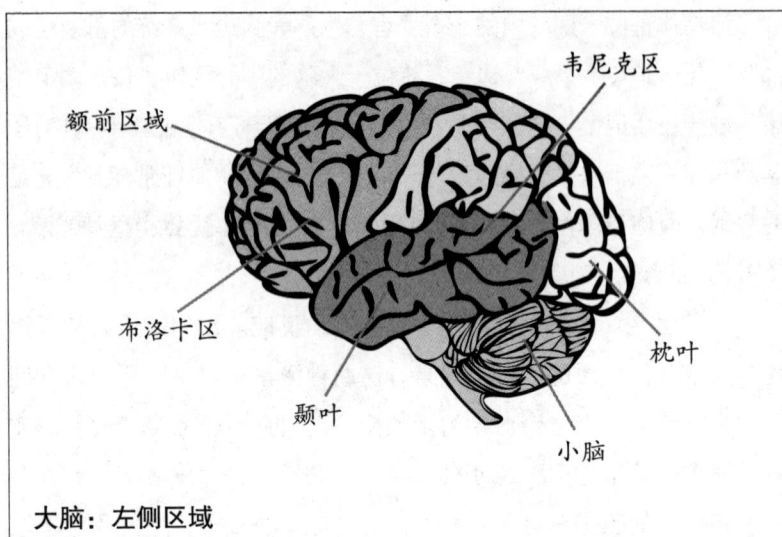

额前区域

韦尼克区

布洛卡区

颞叶

枕叶

小脑

大脑：左侧区域

很简单，比如经常和孩子聊天，不管孩子的智力如何，大量的对话都会对他的学习大有裨益。（Romeo 等，2018 年）

同样地，对于孩子来说，父母的婚姻状况、社会经济状况和受教育程度并没有我们所想象的那么重要。

派特·琼斯（Pat Jones）是一名年龄超过 35 岁的教师，她在 2016 年的时候表示："（父母）甚至无须接受过高中教育，只要能和孩子们对话，回答他们提出的问题，就能提高他们的词汇量和语言技能。"请你放心，不管你是单身还是已婚，开的是奔驰车还是老爷车，住的是高档豪宅还是普通公寓，都不会影响到你孩子的大脑发育。和孩子聊聊天，不仅可以培养良好的亲子关系，还能够创建并连接大脑的神经通路，何乐而不为？

所以，当你和孩子在一起时，成为一个好的倾听者吧，不要急于评判他的想法或行为。他越是信任你，相信你会用慈爱而温柔的方式来引导他，你们之间的教育氛围就越和谐。

在日常生活中，孩子也可以学习到各种东西。比如，在课堂上，老师可能会将分数这一概念讲解得很透彻，而当你帮着他把一个苹果切成四块，并与三个朋友一起分享时，分数在他的心中就不再是概念，而是变成了一种实用的工具。你在平日里做的那些家务，几乎都可以成为寓教于乐，帮助孩子建立神经通路的好机会。

🍃 我们真的可以一心多用吗？

大部分人都很忙，所以常常"一心多用"，试图在同一时间处理多件事情。我们总是说，大脑本来就可以有效地运行多线程任务，但科学研究表明，事实并非如此。科学家们利用功能性磁共振成像（fMRI）对大脑进行扫描时发现，当一个人同时做两件事的时候，大脑会进行来回切换，而无法同时专注于这两件事上。也就是说，我们的大脑总是交替处理不同的任务，并非多线程运行，而且这样做是无法把两件事都处理得很好的。（Jeong 和 Hwang，2016 年）

事实上，当我们同时做好几件事情的时候，工作效率就跟熬了一整夜后的效率差不多。研究表明，与那些通常一次只做一件事，偶尔尝试一次做多件事的人相比，认为自己能"一心多用"的人的效率更低。（Bradberry，2014 年）即使我们是在干平时做惯了的活儿——比如做饭——的同时，尝试做一些别的事情，做饭的效率也会变低。（Bergmann 等，2017 年）你可以想象一下，如果你的孩子一边看电视一边做作业，他的作业会做得怎么样？

学习需要集中注意力，并保持对周边事物的感知，这由大脑的意识和潜意识来处理。当我们把注意力分配到两件乃至多件事情上时，虽然还是能学进去一点，但是如果一次只专注于同一件事，就能更好地理解和记住那些需要分析或创造的事情。多线程的任务处理看似效率更高，实则适得其反，我们越是想要兼顾多件事，就越是手忙脚乱。（Lin 等，2016 年）

了解"一心多用"意味着什么，对你和你的孩子都有帮助。当他坚持说自己可以一边看电视机一边做作业时，你就会知道，就算他能够完成作业，也不如在全神贯注的状态下学到的或者记住的多。哪怕孩子当天需要完成的作业很简单，也不要让他在做作业时分心去干别的，这不是一个值得鼓励的好习惯。

智商与正面管教

神经影像学研究表明，正面管教的方式会增加孩子大脑中的灰质的体积。大脑灰质的体积越大，孩子就越能更好地记住并运用所学的知识。

正面的沟通方式至关重要。一项基于功能性核磁共振成像的研究表明，如果孩子的年龄未满 11 岁，他们的大脑是难以处理外界传达的负面信息的。科学家认为，负面的语言比正面的语言更复杂，我们的大脑需要付出更多的努力去理解负面语言。所以，请用这样的话来鼓励你的孩子："你这样做的方向是对的，现在，你再试试能不能……"而不是说："哎呀，这样做不对。"（Van Duijvenvoorde，2008 年）

同样地，我们的大脑也无法处理"不要"这个词。试想当有人说"不要看"时，我们会怎么做？所以，试着对你的孩子说："请站在人行道上。"而不是："不要跑到马路上。"

此外，如果孩子能常常得到来自父母的鼓励，他们往往会更愿意尝试新的游戏、新的环境和不同的做事方式。相对于那些犯了错后总是被父母批评，或者没达到父母预期就得不到表扬的孩子来说，这些孩子的大脑里产生的皮质醇更少，也更善于情绪管理。（Matsudaira等，2016年）

但是，如果你在表扬孩子的时候用错了方法，结果会弊大于利。研究表明，当孩子表现得很好时，如果我们夸奖他们很聪明，那么当他们受挫时，往往会怀疑自己的智商。对自己的智商失去信心以后，他们一遇上困难就想打退堂鼓，不愿意再挑战新事物。所以，与其称赞孩子的智力，不如表扬孩子的努力。当他们努力地寻找办法，并最终解决了问题，之后就会得到成就感，从而建立正向的自尊心。（Klein，2000年）

1998年，美国哥伦比亚大学的研究人员克劳迪娅·M.米勒（Claudia M.Mueller）和卡罗尔·S.德韦克（Carol S.Dweck）在分析了六个研究案例提供的数据后，得出如下结论："在完成任务的过程中，被夸奖聪明的五年级孩子的毅力、获得感以及最终的表现，都比不上被夸奖努力的孩子。"

怎样夸奖孩子才是有效的？你可以说："哇，为了解决这个问题，你真的很努力。我很想知道你接下来会怎么解决它，要是你能这么坚持下去，那真的太棒了！"当一件事陷入瓶颈时，你可以鼓励你的孩子突破舒适区，比如说："你已经有了一个不错的开头，再好好想一想，你还可以做得更多。"

作为父母，你要不吝于表扬孩子在完成任务时所付出的精力和努力，鼓励他们参与挑战，并温和地引导孩子前进。

🌿 影响大脑健康的四大要素

大家都知道，睡眠、运动、水分和营养这四大要素，对维持大脑的健康状态是非常重要的，不过，充足的睡眠、大量的运动、足够的水分和全面的饮食究竟是如何在孩子的大脑中发挥作用的呢？了解这些以后，你就更能意识到养成健康习惯的重要性，无论平时的家庭日程排得有多满，都不能忽略让孩子补充四大要素这件事。

1. 睡个好觉

在接下来关于脑电波的章节中，你会看到，晚上睡个好觉对大脑功能的正常运转与发育有多么重要。睡眠充足的孩子会比睡眠不足的孩子学得更快，也更能学以致用。（Vermeulen 等，2018 年）

2. 好好运动

保证充足的体育运动和获得足够的睡眠一样重要。人们常说，多运动能够预防儿童肥胖症，但它的好处不仅限于此。挥汗如雨的运动能促进海马体的成长，从而改善记忆能力和学习能力；良好的锻炼方式还能让大脑分泌多巴胺——这是一种神经递质，会给我们带来幸福感，也能帮助我们增强记忆。

此外，运动可以减少胰岛素抵抗，从而促进胰岛素样生长因子的增长。这种化学物质有益于已存在的脑细胞的健康，刺激更多新的脑细胞的生长，并向身体释放信号，促进血液循环，保证大脑的充足供氧。运动还可以改善情绪和睡眠状况，减少压力，缓解焦虑。还有研究表明，对于有运动习惯的人来说，他们大脑中负责思考和短期记忆的前额叶皮质和内侧颞叶皮质的体积，都比没有运动习惯的人更大。（Godman，2014年）

那么，如何保证孩子的运动量呢？你可以鼓励他尝试不同类型的体育活动，比如棒球、足球、武术和体操，等等，说不定就能从中找到他心仪的爱好，用来提高他的心率。对孩子来说，对一项运动越感兴趣，他就会越积极自觉，完全不需要由你来强迫他去运动。

提示：如果你的孩子改变主意，不想再参加某项体育活动了，请让他再坚持一下，完成先前的承诺。也就是说，如果你的孩子想从篮球转向舞蹈训练，让他先完成这个赛季的篮球比赛，再进行调整。不管他是不是篮球队的首发队员，他都不能贸然退队，让队友失望。如果你听之任之，让孩子轻而易举地改变自己曾经的选择，那你就是在告诉他们逃避责任是无所谓的。

关于保证孩子的运动量，我还有一招妙计，就是在一天的课程开始前，让孩子先动一动。我当老师的时候，无论教的是几年级，我都会让他们在上课前先跑上几圈。刚开学的时候，他们总是会发些牢骚，但大多数孩子都会渐渐喜欢上这项"规定"。每跑一圈，他们就能赢得一根冰棒。到年底的时候，许多孩子都会因为跑步的总量而得到奖励。要知道，在专注于学习之前，通过运动让孩子进入兴奋状态，会带来意想不到的效果——更好的课堂参与度、更饱满的情绪、更敏锐的思维，还有更高的考试分数。

作为父母，你无法要求老师让他的学生都跑上几圈，但你可以让你的孩子一大早就动起来。比如，给他一根跳绳，你在一旁记录他能跳多少次。表扬他的努力，并在他打破上一次跳绳纪录时，好好夸赞他一番。研究表明，节奏感强的体育运动有助于建立大脑中的神经通路，有利于培养语言和数学能力。（Sacheck 等，2015 年）

如果你的孩子对跳绳感到厌倦了，那就换个方式，让他自己跟着线上的儿童锻炼视频来运动。还有一个更好的办法，就是你也早起几分钟，和孩子一起跟着视频运动。对你来说，也没有什么比保证运动量更重要的事了。

也许你更喜欢练瑜伽或跆拳道的视频，那么，也可以让孩子跟着你一起练。一开始他可能跟不上，不过无论你们练习什么，孩子总能很快掌握其中的诀窍。如果他不喜欢某种运动，你们可以商量一下，选择一种彼此都接受的运动，或者约定好轮换着播放喜欢的运动视频。在每天上学之前，通过运动来提高孩子的心率，能令他这一天的学习状态更好。而且，如果你和他一起运动，你也会拥有美好的一天。

3. 摄水量充足

你肯定听说过喝水对身体有好处，但是你知道水合作用对于提高思维能力有多大的用处吗？研究表明，摄入足够水分的孩子比摄入水分不足的孩子更能保持注意力，记忆力更强，也能更好地学以致用。（Riebl 和 Davy，2013 年）充足的水合作用可以缓解午后的疲乏，并让孩子睡得更好。多喝几杯水，甚至能缓解头痛、体重上涨和注意力不足等症状。

记住，除非你的孩子刚进行了一个小时的剧烈运动，汗流浃背，否则不要喝运动饮料。通常认为，盐和矿物质可以补充剧烈运动所消耗的营养物质，学校的午餐一般也会搭配上一瓶运动饮料，但一般人其实并不需要。

水是最好的解渴饮料，价格便宜，也很容易获得。如果你想让你的孩子脑筋转得更快，那就给他一杯水，而不是含有糖或代糖的饮料。

4. 足够的营养

孩子大脑的生长和发育需要摄入充足的营养。有时候，家长因为太忙，做饭只能草草了事，家庭菜单无法提供足够的 B 族维生素、锌和其他有利于大脑发育的营养物质。在接下来的章节中，你能找到对应不同年级阶段的饮食建议，包括健康且快速的早餐、零食和午餐，确保孩子能够获得大脑发育所需的所有营养。

富含蛋白质的食品是必不可少的。鸡蛋、瘦肉和鱼等食物含有的营养成分，对于产生和维持神经元、神经递质以及健康的海马体等至关重要。如果你是一位素食主义者，就必须充分了解哪些素食可以提供孩子大脑健康发育所需的营养元素，包括 B 族维生素、铁、Omega-3、Omega-9 和锌，等等。

水果和蔬菜的摄入也非常重要。如果父母自己就不怎么喜欢吃水果和蔬菜，也不经常让孩子吃植物性食物，那这会给孩子的生长发育带来巨大的伤害，因为维生素和矿物质对身体和大脑的功能影响很大。关于补充多种维生素的有效性，目前的研究众说纷纭，不过各研究组织都一致认为，没有任何补充剂可以替代均衡的饮食。事实证明，我们的身体需要摄入多种类型的食物，才能充分吸收与细胞生长和神经系统功能有关的营养元素。所以要让孩子多吃蔬菜，父母也必须以身作则——全家人一起吃！

尽可能让孩子吃新鲜的食物，少吃加工类食品。父母一忙起来，就常常买一些包装好的加工食品，可以放进午餐的饭盒里，也可以直接用微波炉加热，吃起来的确非常方便。然而，许多加工类食品都含有大量的糖分和盐分，这种搭配对大脑发育是很不健康的。

注意啦，有一些我们认为健康的食物，其实并不健康！所以，要学会看食物的成分标签。比如，以前我常常会给我的女儿们准备一份杯装酸奶，因为大家都认为酸奶是有营养的，不是吗？而且，去学校的路上，她们可以直接在车里喝掉，也可以把它放进午餐饭盒，方便极了。可是当我看到酸奶的成分标签时，才发现每杯酸奶就含有18～26克的糖，相当于吃了好几根棒棒糖！

果汁也是一种隐形的垃圾食品。一罐12盎司（约354毫升）的苏打水含有9茶匙的糖，同等重量的橙汁含有多达12茶匙的糖！所以，果汁就相当于糖分炸弹，就算是100%的天然果汁品牌，其中含有的维生素C和其他营养成分也抵不上这么多糖分的摄入。其实，父母只要给孩子一个橘子、一个苹果或一些葡萄就行了。直接吃水果可以避免摄入过多的糖，同时获得维生素、矿物质、可溶性纤维，以及在榨汁时被损耗的不溶性膳食纤维——这种不溶性纤维能延缓人体对糖分的吸收，减轻胰腺处理糖分的负担。

偶尔吃一顿比萨、汉堡或冰激凌，并不会给孩子的大脑发育造成影响。有时候，吃一次垃圾食品还可以防止孩子溜到朋友家大吃巧克力饼干。不过要注意的是，过量的垃圾食品带来的热量不仅仅会造成儿童肥胖，还会剥夺孩子大脑思考和记忆所需的营养。如果孩子不经常摄入新鲜水果、蔬菜和蛋白质，他们往往难以集中注意力，在学习、睡眠和运动等各方面都会出现障碍。根据2010年美国儿童保护基金会的报告显示，饮食习惯不健康的儿童更容易患上心理疾病，比如焦虑症或者学习障碍。

遗憾的是，现在许多学校的自助餐厅不再开火做饭，而是直接把含有大量盐分、糖分和防腐剂的加工食物热一热便给学生们吃。在自助餐厅偶尔吃一次这些食物，不会影响到孩子大脑的健康发育，但是，家长如果能花点时间准备好营养丰富的早餐和午餐便当，对孩子来说是很有好处的。

保持健康均衡的饮食的秘诀是：以摄入营养丰富的新鲜食物为主，偶尔享受一下甜食、快餐或者薯片等。

***
发生在身边的故事

我们是如何做到健康饮食的？

像大多数孩子一样，我的孩子们小时候很喜欢吃垃圾食品（现在也是这样）。在她们上小学期间，我和丈夫制定了一条规则，如果她们把属于自己的那份饭菜都吃完了，就可以在饭后吃一份甜点。在饮食方面，我们坚持适量原则，并督促她们定期锻炼。她们饭后的小奖励可以是一两块饼干、一勺冰激凌、一个纸杯蛋糕，或者是上次去超市买回来的任何看起来很诱人的食物。

以下是一个发生在我们家中的典型对话场景：

"我已经吃饱啦，一定要把剩下的青豆也吃完吗？"孩子问。

我们会说："不，如果你不想吃，就不用强迫自己吃。"

接下来，孩子通常会问："那我还能吃甜点吗？"

"你知道家里的规则。"我们会告诉她们，"如果你已经饱了，

连剩下的晚餐都吃不完，那也就吃不下甜点了。"

在过去的那些年里，我们和孩子们之间发生过许多次"智力的交锋"。我们会说："我们要是让你们不吃蔬菜，而是去吃一些小零食的话，那就算不上称职的父母了。你们的身体发育需要晚餐里的营养物质，不需要饼干里的那些成分。"

在此，我要对你们提出预警。事实上，时隔两年，我们的两个女儿相继在幼儿园快毕业的时候进行了反抗。她们向我们保证自己不会挨饿，并且在没吃完饭的情况下离开了餐桌。没过多久，她们又想和家里人一起吃甜点，但我们说："很抱歉，你知道的，按照规则，如果晚饭没吃完，饭后就不能吃甜点或者加餐了。"结果，话音刚落，她们就怒气冲冲地大哭起来。

我们抱了抱她们，轻声安慰着，但这些都不能让她们平静下来。即便如此，我们也没有妥协。因为我们的经验是，假如这一次对规则做出了退让，我们就得再花上几个月的努力重回正轨，我们绝对不能功亏一篑。

我们把孩子们抱到床上，她们一边哭，一边慢慢睡着了。听着从卧室门内传来的哭声，我和丈夫也泪流满面，但我们互相提醒着对方：没有谁会因为饭后少吃一顿零食而挨饿。这样的反抗，在两个孩子当中都只发生了一次。

在那之后，我们时不时还会听到诸如此类的问题："如果我没有吃完＿＿＿，还能吃甜点吗？"其实，孩子们早就对答案心知肚明了。我们都非常期待每天一起在餐桌上度过的时光，一家人可以回忆往昔，开开玩笑，也能更深入地交流彼此的想法。

脑电波的基础知识

在我们的大脑里，有数以百万计的神经元通过电信号进行交流。因为这种电信号具有周期性、波浪状的特性，所以被称为脑电波。这些电信号可以通过仪器进行测量和映射，生成脑电图（EEG）——不过，你不需要找儿科医生给你的孩子做一张脑电图。先来简单地了解一下脑电波的不同类型吧，下面的这些内容将会告诉你，在特定的时间里，哪些活动最符合你的孩子当下的需要。

脑电波的频率根据我们意识水平的变化而改变。这些频率以周/秒或赫兹（Hz）为单位来测量。赫兹越低，代表着脑电波的频率越慢。按照从慢到快的顺序，脑电波分为以下几种类型：δ波（delta）、θ波（theta）、α波（alpha）、β波（beta）以及最新发现的γ波（gamma）。

δ波：无意识状态下的恢复性脑电波

δ波是五种脑电波中频率最慢的一种，从基本的生活能力到高等的认知能力，大脑的一切功能都离不开δ波。睡眠就如同一种神奇的长生不老药，它能产生松弛性的、有疗愈作用的δ波，能清理废物，修复身心，让我们精力充沛地迎接新的一天。如果没有睡饱的话，你很清楚自己会变得多么暴躁或注意力不集中，哪怕连最简单的事情都完成不了，你的孩子也会有类似的感受，再加上儿童身体和心理成长需要更多能量，无形中又给他们带来更大的压力。

为了保证孩子拥有充足、高质量的睡眠（以及宝贵的δ波），父母能做的事情就是建立一套固定的就寝仪式。比如，在规定的时间里，让孩子换上睡衣，刷牙，在父母的陪伴下进行睡前阅读，最后关灯睡觉。研究表明，遵循最佳就寝时间入睡的孩子，在大脑功能的执行度方面比没有遵循就寝时间的孩子表现得更好。也就是说，一套固定的就寝仪式能帮助孩子获得生长发育所需的睡眠，让他们更容易集中注意力，记住新知识并学以致用，在解决问题的过程中也更有理性。（Kitsaras 等，2018 年）δ 波对心理、情绪和身体等方面的健康都至关重要。

研究表明，睡眠不足会导致相反的效果，包括无法集中注意力，缺乏警觉性、专注度和思维能力等。这会让孩子们觉得很难吸收新概念，即使这些新概念是建立在先前已经掌握的概念之上的。作为父母，你能给孩子（以及你自己）的最好的礼物之一，就是让孩子睡个好觉。学龄儿童每天晚上需要 9 到 12 个小时的睡眠，这能让他们的大脑产生足够的 δ 波，高效地应对第二天的学习。

建立一套固定的就寝仪式吧，即使你外出办事，也要记得按时回家，督促孩子早早地上床睡觉。孩子睡着之后，你也能趁机喘口气。其实，要是孩子得到了足够的休息时间，你也可以睡得更好。不仅你们一家人都会更快乐、更有活力，你自己的大脑也会变得更健康。科学家发现，长期的充足睡眠是年轻时预防阿尔茨海默病、帕金森病和亨廷顿病等老年疾病发生的关键因素。（Musiek 和 Holtzman，2016 年）

如何充分获得大脑必备的 δ 波

1. 养成喝水的习惯。你可以在家里制定这样的规则：每天下午喝 8 盎司（约 236 毫升）的水，吃过晚饭后不久再喝一杯。

喝水可以让大脑保持冷静，补充身体水分，让晚上睡得更好。

2. 运动起来。新西兰的一项研究发现，久坐不动的孩子比活泼好动的孩子要多花两个小时才能入睡。每天至少一个小时的运动，可以让大脑中的化学物质发挥作用，帮助孩子在睡前产生睡意。（Reinberg，2009 年）对于成年人来说，每周运动三次，每次至少 20 分钟，也能让自己入睡更快，睡得更好。（Kredlow 等，2015 年）

3. 设定规律的就寝时间和起床时间。保持规律的作息，即使到了周末，也不要随意更改。要是周末睡得太多，孩子（以及大人）到了晚上就不容易睡着，但是第二天又不得不早起，这样下去会形成恶性循环。

4. 建立一种就寝仪式。睡觉之前，习惯性地放松一阵子，能够触发大脑中央的松果体，分泌褪黑素。这种激素会减缓脑电波的频率，让人产生困意和松弛感。让孩子依偎着毛绒玩具或自己的小毛毯，会让他们感到更舒适（但绝对不要给他们别的玩具，尤其是具有光声刺激性的玩具）。柔软的床单、昏暗的房间和相对安静的环境也可以向大脑发送信号，告诉它到了该睡觉的时间了。

5. 睡前两小时，关掉电视、手机和电脑（包括平板电脑）。研究表明，电子设备发出的光会干扰褪黑素的产生。即使睡前只看半个小时的电视，也会让孩子辗转难眠而减少长达两个小时的睡眠。（Figueiro 等，2009 年）

6. 调低卧室的温度。褪黑素还能够通过降低体温来诱导入睡，你可以将房间温度设置在18℃到21℃之间，给孩子盖上薄薄的毯子，睡衣也不要穿得太厚。（提示：如果孩子的睡袋是包脚的，可以把底下的部分剪掉，让他能够保持舒适睡眠所需要的体温。）

7. 把烦心事留到第二天早上。大脑产生的皮质醇是一种压力激素，可以调节血糖和免疫反应等。如果你在睡前与孩子争论，会提高他大脑中的皮质醇水平，让他整夜都处于紧张的状态。反之，等孩子睡个好觉之后，他的大脑会更清醒，也就能更好地面对你们需要讨论的一些烦心事。

8. 尊重睡前恐惧。你的孩子可能会在睡前担心怪兽，有时候你只需要彻底检查一下壁橱和床下的空间，告诉他怪兽没有藏在里面，这样就能降低他大脑里因为恐惧而产生的皮质醇水平。如果他还是担心哪里藏着怪兽，你可以试试在关灯之后，让他最喜欢的玩具"站岗"，保卫他的安全。你也可以拿出用薰衣草精油制成的喷雾，告诉孩子这是"驱怪喷雾"，它不仅可以把怪兽从孩子的想象中驱逐出去，而且还具备助眠的功效。（提示：不要使用商业用的浴室清新剂，因为里面的化学成分可能有毒。）

9. 花一分钟的时间，和孩子一起深呼吸。这种瑜伽练习有利于安神静心：让你的孩子慢慢吸气，从一数到四，然后在倒数的过程中慢慢呼气。重复这个过程四到六次，再亲吻孩子的前额，轻声说"晚安"，最后离开房间。

10. 试试白噪声。播放海浪、雨滴等令人舒缓的声音，或者让孩子戴上泡沫耳塞听。这些来自外界的声音可以让孩子逐渐放松，直至进入梦乡。

11. 如果以上方法都没有效果，请与儿科医生联系。持续性的入睡困难、睡眠不持久或者频繁做噩梦，可能意味着你的孩子患有睡眠障碍，需要专业的医疗护理。

★★★ 发生在身边的故事

为什么孩子总是睡不着？

我们的大女儿从一出生起就有睡眠问题。她是我见过的唯一一个在 24 小时内最多只能睡 8 小时的婴儿。随着她的年龄增长，睡眠状况并没有改善，但生长发育需要更多的睡眠。这真是太糟糕了！睡眠不足让她的性格变得极度敏感、固执和易怒，每当这个时候，我们都得让她再多睡一会儿，以免一家人都因此发疯。

我们按照上述列表中的每一条建议来执行，试图帮助孩子获得充足的睡眠，让她能够健康地成长、学习。在整个小学阶段，她都遵循着这样一套固定的就寝仪式：洗澡、刷牙、看书，然后关灯睡觉。不过，我们尝试了一些小的变化，比如更换陪伴女儿入睡的毛绒玩具：第一天晚上和小绵羊一起睡觉，第二天晚上和泰迪熊一起睡觉，等等。我们还会播放白噪声，比如海浪声或持续的降雨声，以减缓她的脑电波频率，让她能逐渐进入梦乡。

白天，我们会让她在体育运动中尽可能地消耗体力。她打篮球，参加足球俱乐部的活动，练习跆拳道（后来还成了一名黑带选手），这些运动同时也让她在上课时更好地集中注意力。如果我们的女儿睡得饱饱的，就会像小天使一样甜美，所以我们花了很多精力来保证她的睡眠时间。但她有时候还是会在半夜醒来，或者一直失眠到凌晨，这让她自己和我们都饱受折磨。

如果你有一个入睡困难或睡眠质量不好的孩子，在短期内，用增加大脑 δ 波的方法来帮助孩子安静入睡是有效的，但这并不是长久之计。请做好准备，在今后几个月或者几年里，你可能需要尝试一些新的方法，或者将先前的这些方法按照不同的形式进行组合使用。

θ 波：比 δ 波稍快一些的脑电波

θ 波出现在我们入睡、做梦、醒来和打盹儿的时候。冥想也会产生 θ 波的活动周期。在这种意识朦胧的状态下，因为大脑的接受程度变高，我们可能会迸发一些很棒的想法。你遇到过这种情况吗？当你闭目养神 15 分钟后，就重新充满了"电"，能够精力充沛地度过这一天接下来的时间；又或者，当你打盹儿的时候，突然来了灵感，让你一下子跳起来，开始处理一些刚才在潜意识中想到了解决方法的问题。

这就是 θ 波的力量。

孩子的大脑也在不断地处理信息。θ波能够放松神经、恢复活力，研究人员还认为，θ波可能会让孩子在潜意识的状态下产生新的想法，与先前学过的知识融会贯通。

如何激发 θ 波，以培养创造力与适应力强的孩子

1. 听音乐。几乎所有类型的音乐都会刺激大脑负责创造性、抽象性思维的区域。一边听音乐一边放松，会让脑电波进入较慢的 θ 波周期。睡前听音乐是个不错的选择，或在开车去运动场的路上，给孩子放点儿音乐，让他"充充电"。

2. 创造"可视化思维"。引导孩子发挥想象力，可以激发大脑的 θ 波。如果他正在担心即将到来的考试，你可以让他闭上眼睛，引导他想象一下当自己保持冷静，轻松地完成考卷上的题目，会是什么样的感觉？你知道吗？美国知名媒体人奥普拉·温弗瑞、奥运会参赛选手凯莉·沃尔什和米丝蒂·梅－特雷纳、演员金·凯瑞、商业巨头安德鲁·卡内基等都运用创造性的"可视化思维"来规划自己的大脑思维，并最终获得了事业上的成功。

与你的孩子一起创造"可视化思维"吧，教会他如何将梦想转化为现实，这将会是一份令他受益终身的礼物。举个例子，如果你的孩子对跳伞很感兴趣，引导他来一场想象中的跳伞大冒险，这可比真的从飞机上跳下来要安全得多！

3. 保证充足的睡眠。重申一遍，睡眠就像是一种神奇的长生不老药，充足的睡眠有利于身体发育，能让肌肉、骨骼和

器官都恢复活力。睡眠中的梦境阶段[①]也会产生 θ 波，一些科学家认为，θ 波还能帮助孩子在学习新事物时进行记忆检索。

（Payne 等，2012 年）

α 波：在身心完全放松的状态下产生

当我们处于放松、安静的状态时，是由 α 波支配着大脑的。科学家们一致认为，α 波对于学习技术性概念（尤其是像数学和科学这类大脑左半球的学习活动）和创造性技能（尤其是绘画或唱歌这类大脑右半球的学习活动）都很有帮助。

α 波是连接意识和潜意识的桥梁，并将信息从短期记忆转化为长期记忆。因此，如果孩子没有足够的休息时间，大脑会缺少 α 波，就会在记忆方面存在困难。（Payne 等，2012 年）

产生 α 波，让孩子提高学习能力的 3 种方法

1. 听古典音乐或节奏舒缓的音乐。研究表明，播放轻柔的音乐，能够让孩子的脑电波进入放松的 α 波状态，为接下来的

[①] 睡眠中的梦境阶段（dream sleep），简称"梦眠"，是睡眠的第五周期，又叫作快速眼动阶段（REM 阶段），此时呼吸频率增加，开始做梦，是最活跃的睡眠阶段。——译者注

学习做好准备。在吃早餐、开车上学、等待医生叫号、踢足球时或者做作业之前，都可以放一些莫扎特、印第安长笛或其他令人平静的音乐。

2．练习有节奏的呼吸。在美国巴尔的摩市的一些学校，人们发现，当学生惹出麻烦时，让他们练习瑜伽冥想——安静地坐着，倾听自己的呼吸，比起给予放学留校的处罚效果更好。这种休息和放松有助于学生在课堂上集中注意力，行为也会得到极大的改善。（Gaines，2016年）在放学后，或者任何孩子感到有压力的时候，让他进行呼吸练习，可以帮助他恢复活力。你也可以和孩子一起做，这对你来说也是一种很好的放松形式。

3．入睡和醒来时的"暂停"。当忙碌的一天进入尾声时，进行一些安静的就寝仪式，比如读故事，有助于减缓脑电波的频率，改善记忆力，让孩子睡个好觉。研究表明，不同于从床上一跃而起，如果孩子伴随着轻柔的音乐或爸爸妈妈的爱抚醒来，享受几分钟的放松时间，就可以产生 α 波，让他的这一天达到理想的学习状态。

β 波："思维波"

在日常活动中，当孩子处于专注的认知状态时，β 波就出现了。β 波由大脑左半球的逻辑中枢产生，是脑电波最常见的周期。当处于 β 波控制的状态下时，我们处理以下任务的能力会增强：

- 快速思考
- 集中注意力
- 设定目标并努力实现
- 解决问题
- 完成任务
- 写作
- 与他人互动

换句话说，我们需要大脑产生 β 波来处理生活中的各种事情，但如果没有经历 α 波的放松时间，大脑的皮质醇水平（也就是我们之前说的压力激素）可能会变得太高。无论是大人还是孩子，都会因为 β 波过多而感到压力倍增，而且孩子受到的影响可能会更大。这就从根源上解释了为什么我们一定要保持生活的平衡，做到张弛有度。

读完上一段的最后几句话，你有没有觉得有点紧张？好在减轻压力的方法很简单：从本书前面提供的建议中，选择一些能够产生 θ 波和 α 波的活动，并将它们作为全家人日常生活的一部分。你可以不断地尝试，最终形成一些规律性的习惯，用来减缓脑电波的频率，保障身心健康。比如，在入睡以前，彻底地放松下来，给孩子读一读书，你就能享受到脑电波降速和压力减轻所带来的愉悦感。

促进大脑产生 β 波的 6 种方法

1. 提高孩子的心率。规律性的体育锻炼可以给孩子的大脑带来更多的氧分。许多研究都表明,喜欢运动、经常出汗的孩子在学习、记忆和概念应用等能力方面都有更好的表现。(Sacheck 等,2015 年)

2. 让孩子多喝水。喝水有助于大脑调节体温,让孩子的心情变得更好,还能维持思维的活跃度。(Riebl 和 Davy,2013 年)经过了一夜的酣睡,连续好几个小时不喝水,孩子的身体难免会有些脱水,所以在早上起床时,让他先喝一杯水;孩子放学回到家以及吃过晚饭后,也要让他多喝水。学会勤喝水以后,孩子一开始可能会经常上厕所,但过不了多久,他的膀胱就会适应这样的饮水量。

3. 晚上睡个好觉。没错,在迎接新的一天之前,睡觉是恢复大脑 β 波周期的最佳方式。如果父母能够为孩子安排好规律性的就寝时间和就寝仪式,就能获得持续性的回报,这对双方来说都是好事。(参阅第 26—29 页的"如何充分获得大脑必备的 δ 波")

4. 进行自主阅读、猜谜语或任何形式的手工游戏。这些活动既能锻炼思维能力,又能放松自我,可以让大脑产生健康的 β 波周期。

5. 玩本书每一章介绍的智力游戏。这些游戏将帮助你的孩子掌握许多实用技能,你和孩子都能收获不少乐趣。孩子的抱怨声少了,和你还有兄弟姐妹之间的争吵也会大大减少。

6. 帮助你的孩子制订家庭作业计划。当孩子在做数学题、阅读和写作的时候，大脑都处于 β 波的状态下。课后作业的目的是温故而知新，孩子们都是"习惯动物"，如果他们每天能在同一时间坐下来，在同样舒适的环境下做作业，他们的脑筋就会转得更快。

γ 波："洞察波"

尽管我们对高频率的 γ 波还知之甚少，但初步研究表明，γ 波与顿悟以及高水平的思维处理有关。有些研究者认为，冥想可以刺激短期的 γ 波活动，但还需要更多的研究才能得到明确的结论。

脑电波和科技：并没有你想象的那么糟糕

如今，科学技术的应用无处不在。我们不再用蜡烛来照亮自己的家，也不会像从前那样，需要亲自前往图书馆，用卡片目录收集信息，耗费漫长时间了。

当然，如果孩子花了太多时间来玩电子游戏，势必会影响他们大脑的发育。最近的研究表明，长时间玩电子游戏会让大脑产生低频率的 θ 波。为什么有的孩子会沉迷于游戏不能自拔？原因之一大概是游戏具有逃避现实、沉溺于幻想的诱惑力。经常玩电子游戏会分泌过量的多巴胺，这种由大脑释放的化学物质可以产生愉悦感。通过功能性磁共振成像（fMRI），我们会看到，连续玩几个小时电子游戏的人的大脑结构影像与吸毒成瘾者是一样的。

此外，玩游戏还会导致前额叶皮层的脑电波活动出现停滞，而这一区域负责产生 β 波，用于集中注意力。所以，许多沉迷游戏的孩子患上了注意缺陷与多动障碍（ADHD，俗称"多动症"）也就不足为奇了。（Sheikholeslami 等，2007 年）

根据神经影像学的显示，研究人员得出如下结论：电子游戏之所以具有成瘾性，和大脑区域的结构和功能变化相关，这些区域负责情绪管理、注意力执行、决策和认知控制。（Lin 等，2012 年 2 月）

不过，凡事都讲求适度原则，适量的电子游戏时间并不会对孩子造成负面影响。即使孩子们喜欢的游戏并没有什么教育价值，只要父母能控制好时间，避免玩游戏上瘾，就不会让他们的大脑变得混乱。而且，不少游戏是有益处的，可以帮助孩子学习新技能，用充满创意的方式传递有趣的信息，还可以通过闯关的形式来不断增加难度，让孩子循序渐进地掌握一项活动。

就通常的计算机而言，它们在学校里的用途无疑是很大的。事实上，越来越多的学校让学生使用平板电脑完成作业，许多在家上学的学生也开始学习网络课程。电脑能让孩子们获取即时信息、游戏活动和针对不同能力的分级练习，有时还可以接收老师布置的个性化作业。正是因为有了电脑技术，学生上交作业也变得很方便，老师还能通过网络上传学生的等级和测验记录，与学生和家长共享。

尽管电脑技术变得越来越重要，但对电子阅读器的使用仍然存在很多争议。不过，《科学美国人》杂志的撰稿人费里斯·贾布尔（Ferris Jabr）在 2013 年指出："在 1992 年之前，大多数研究得出的结论是，用电子屏幕来阅读比纸上阅读速度更慢、准确度更低，读者也更难理解电子屏幕上的内容。然而自 20 世纪 90 年代初，研究成果却有所不同。能证实先前结论的研究略占上风，但还有几乎同样多的研究发现，纸上阅读和电子屏幕上的阅读在阅读速度以及理解力上并不存在显著差异。"

科学家认为，纸张与电子屏幕的阅读效果的差距正在缩小，因为现在的孩子从小就使用电子设备，他们大脑的连接方式也与过去不同。值得关注的是，同时阅读纸质书和电子书的孩子可能会具备更强的理解能力。（Myrberg 和 Wiberg，2015 年）

作为家长，了解以下内容非常重要：当孩子和关心他们的人进行面对面交流的时候，他们学习语言能力、逻辑思维和交际能力的效果最好。（Romeo 等，2018 年）不过，适度使用电脑也能产生不少积极的效果，未来好处还会越来越多。

儿科医生和研究人员普遍认为，5 至 18 岁的孩子每天可以看两个小时的电子屏幕，包括电视、平板电脑、手机和任何其他电子设备，这对他们来说是安全的。（Jary，2018 年）所以，我们可以设置一个计时器，这样一来，当孩子沉迷于电子产品时，你就可以及时提醒他。如果你从现在开始就为孩子设定屏幕使用的限制时间，那么他上了初高中以后也会过得更顺利。

另外，你需要给家用电脑和平板电脑设置安全保障，以保护你的孩子，免遭不健康网络内容的影响。

发生在身边的故事

一些我们没有料到的事情

当我们的两个女儿分别升入三年级和五年级时，我和丈夫发现，她们之间的争吵更频繁了，还会对我们大发脾气。她们会直呼对方的大名，并用不文明的话语对骂。我们认为，这些粗鲁的话语肯定是从学校里听到的，绝对不是从家里，不是吗？

一天晚上，我们吃过晚饭，女孩子们收拾好桌子，就去休息室看电视了。当时，我正在厨房里把用过的餐盘放进洗碗机，听到那边传来了电视节目片段的声音——我恍然大悟，马上就知道她们最近的粗鲁行为是从哪里学来的了。研究表明，孩子们会模仿自己看到和听到的行为，我们的女儿也不例外。我的丈夫查克也听说过她们正在收看的节目，那是一个儿童节目，我们以为它对孩子们来说是无害的。但是，直到那时我们才意识到，除非我们和女儿们坐在一起，陪她们看所有的电视节目，否则就没法知道这些节目的用语和内容是否适合她们收看。

但我们并没有这么做。我们的处理方式是：从周日到周四的晚上（也就是第二天要上学的日子）不开电视，等到了周末再密切关注孩子们看的节目。就这样，她们那些可笑的争吵、辱骂和无礼的行为都消失了，家庭作业也完成得更好了。

这个故事告诉我们：家长要牢记两小时的屏幕时间标准，

当孩子在家里时，试着限制他们的屏幕使用时间，或者让他们更关注节目的内容，看看哪一种方式对你的家庭来说更有效。

🌱 一起开启校园生活吧！

现在，你已经对大脑有了基本的了解——包括各种类型的脑电波的功能，睡眠、运动、水分和食物对大脑生长发育的影响等。与此同时，你也知道了要表扬孩子的努力，而不是他的聪明。好了，你已经准备好与孩子开启小学生活了！

好好地享受这段旅程吧！光阴似箭，孩子很快就长大了。

第 三 章

幼儿园阶段：

孩子成长的开端

在幼儿园阶段，孩子浑身都有着使不完的劲儿——无论什么时候，他们都在跑跑跳跳或者扭来扭去。他们喜欢玩单词游戏，经常发出听起来很滑稽的声音。他们还不具备抽象概念，所以当大人玩文字游戏或说双关语时，常常会让他们摸不着头脑。事实上，这个年龄段的孩子总是从字面上理解所有东西，所以和他们开玩笑或者讽刺的时候，要多加注意。如果你的孩子正在上幼儿园，你说他有一张"傻乎乎的小脸蛋"，他可能就会偷偷钻进浴室，照照镜子，看看自己的脸有多"傻"。

幼儿园阶段的大脑发育

刚进入这一阶段的时候，孩子大脑的大小和体积都已经接近于成年人。这意味着 5 岁的孩子[1]已经能够吸收各种经验与影响，这些都

---

[1] 在美国，年满 5 岁的孩子开始上公立小学的幼儿园，相当于我国的幼儿园大班或者幼小衔接阶段。所以本书中的幼儿园阶段特指孩子 5 岁期间。——译者注

会把他们塑造成未来的自己。在孩子过5岁生日之前，大脑中负责运动、学习、记忆、思维和创造力的区域都已经出现了。不过，新的神经连接和通路仍在不断地形成，并随着他们每一次吸收新的经验和信息而变得更加发达。这一阶段，孩子的大脑网络要么继续发育而变得更加精细，要么萎缩衰退。

由于大多数幼儿的大脑才刚刚发育到能理解数字等符号的程度，所以对他们来说，通过具体的事例来学习的效果最好。比如，当这个年龄段的孩子学习数字的时候，让他们去数混合的多种坚果或五颜六色的谷物，是一种美味的激励方法。别再为了数学练习买学习卡或练习册了，换成好吃的零食，和孩子可以边玩边学，加深对数学的理解，这样会更有趣。（关于幼儿数学启蒙的趣味游戏，请参阅第79—81页）

同样地，你可以和孩子一起读书、唱歌、通过观察图片来预测故事接下来的内容，这些活动都是帮助你的孩子学习阅读和写作的好方法。（关于语言艺术的趣味游戏，请参阅第74—76页）尽可能充分地利用小家伙们的好奇心和乐于发现的特点吧，这能给你们创造长久而美好的回忆。

🍃 幼儿园阶段的社会特征

对于五六岁的孩子来说，他们开始形成固定的是非观，眼中的世界非黑即白。如果你觉得你的孩子有点叛逆，嘴里开始偶尔冒出一句脏话，或者做出一些与他在家里或学校学到的价值观不符的举动，不要感到惊讶，这些都是正常的。作为父母，如果你想要帮助他更好地理解这个世界，最重要的便是做到以身作则。

亲情

幼儿园阶段的孩子希望能得到你的认可，同时希望自己被认真对待。记住，这个年龄段的孩子无法处理负面的语言，和他说话的时候，尽可能使用积极的陈述句，比如，可以用"想法很棒""很有勇气""干得不错"来鼓励他。当孩子持续地接收来自父母的正面反馈，他的自信心就增强了。自信心非常重要，它让孩子勇于接受有建设性的批评，也能承担违反规则的后果。如果你总是真诚地夸奖他，而不是偶尔为之，孩子的行为就会得到全方位的改善，因为他不想让你失望。

友情

在这个年龄段，孩子们已经能够独立做出一些简单的决定，也可以在没有父母持续监督的情况下一个人玩耍，或者与其他孩子一起玩耍。幼儿园的小朋友会把学校规则牢记在心，更善于与同龄人分享，懂得遵守秩序。这意味着如果别人做了他们认为"违反规则"的事情，他们会主动指出来——即使在家里也是这样。所以，你可能得告诉他们，家庭生活和课堂环境是不一样的，适用的规则也是不同的。

在这一年，幼儿园的小朋友可能会有许多不同的玩伴。当他在不断尝试新事物、寻找新兴趣的时候，他身边的好朋友们也会来来去去，不停地变化。你将逐渐意识到，自己不再是孩子世界的中心，他变得越来越独立，而你会因此感到怅然若失。不过，当孩子开始上学，坐在有二三十个孩子的教室里的时候，这种初出茅庐的自主性就显得尤为重要。

幼儿园阶段的学习能力

一般来说，从幼儿园到三年级，孩子们会努力学习如何去阅读；从四年级开始，他们通过阅读以学习各种知识。以前，幼儿园往往是做游戏、培养秩序感的地方，不是吗？不过，现在大家的期待发生了变化。

2008年，拥有35年教龄的幼儿园教师鲍比·哈特菲尔德表示："幼儿园的孩子在学校里学习分享、认字、辨声以及数到10的日子已经一去不复返了。现在，孩子们必须学会读和写，我们也没有那么多时间来教他们跳高、跳绳以及如何与其他孩子相处。"

当人们质疑这些小家伙是否应该在幼儿园就学会读写等知识时，2010年，美国国家委员会认证教师丹尼斯·米科宁这样说：

如果你的心脏外科医生说，"过去20年里，我一直在以同样的方式做每一件事"，那并不是一件好事。在我们父母的求学年代，他们并没有接触过当今时代所有的传播媒介。现在的世界大不相同了。正因为我们所生活的世界发生了变化，等孩子们上学以后，他们知道并有能力做更多的事情，所以，教育方式和人们的期待也在改变。

由于对孩子的学习期待值的提高（请参阅第51—52页的学习能力列表），如果幼儿园只有半天的课程，就没有时间再让孩子们跟上一代人那样，在学校进行社会化活动了。如今，让孩子们先接受一到两年的学前教育（preschool），能帮助他们更好地适应幼儿园的严格要求。

如果在孩子5岁以前，都是由你来独自照顾他，他并没有接受过学前教育，那你也不用担心。平时和其他小朋友一起玩、读绘本、聊天以及参加做饭和绘画等活动，也为他上幼儿园做好了充分的准备。

生日带来的改变

父母的选择也会让孩子的入学年龄出现较大差异。由于工作繁忙，日托班的学费又贵，所以，在孩子 5 岁前，一些家长就急着送他们上幼儿园。与此同时，也有一些家长觉得自己孩子的生日比较晚，想让他们晚一年再上幼儿园，这就是广为人知的"红衫行为（redshirting）①"。所以，坐在同一间教室里的孩子们的年龄可能会相差一岁多，在身心发育和成熟度方面可能天差地别。

为什么越来越多的家长想让孩子晚一年上学？其中的一些家长只是想给孩子更多的时间，让他们变得成熟一点。2006 年，来自美国加利福尼亚大学圣塔芭芭拉分校的经济学家凯利·贝达德和伊丽莎白·杜伊发布了一项研究，探讨了年龄差异对儿童造成的长期影响。通过详细分析 19 个国家近 25 万学生的数学和科学考试成绩后，她们发现，年龄较小的学生不仅在标准化考试中取得的总得分较低，而且考上大学的可能性也较小。对于那些坚持多花一年时间让孩子接受学龄前教育或者上全日制托班的家长来说，这两项研究结果无异于给他们注入了一针强心剂。

你可能会觉得，就算你的孩子生日晚，年龄比同班同学更小，也能在学校里表现良好。毕竟，你的孩子才 4 岁，就认识了所有的字母，知道它们的发音；而且，你们平时的聊天和共读也帮助他掌握了不少

---

① 红衫行为（redshirting）一词借用自大学里的运动惯例，指运动员一般在第二年才参加正式比赛。——译者注

的词汇量，他甚至还可以自主阅读。

但是，就算孩子能在初级教育阶段学得很轻松，也往往会在升入中学后遭遇一些社会性问题。对于孩子来说，刚进入青春期的阶段本来就很艰难，如果他是班上年纪最小的学生之一，那就更是雪上加霜了。让我们考虑得更长远一些吧，假设你的儿子或女儿一帆风顺地度过了中学生涯，等他或她上了大学以后，在人际交往及成熟度方面可能依然处于劣势。

要是你并不介意这些潜在的社会性问题，那就再从政策方面来考虑一下：因为不同国家教育政策调整也不同，如果让早慧的孩子跳到更高的年级（换言之，不上幼儿园），或者让孩子早一年读幼儿园，等他上小学的时候，可能需要再重读一年。最糟糕的是，有研究表明，当孩子们被问及他们最害怕的是什么，在"失去父母""失明"之后，紧接着的就是"留级"。（Anderson 等，2003 年）大量研究结果都强调，留级会对孩子的自尊心造成打击。

代表你的孩子准备好上幼儿园的 7 种迹象

1. 能听懂简单的指示，并按照指示去做。
2. 在没有大人帮忙的情况下，可以穿外套、上厕所。
3. 能读字母表上的字母，从 1 数到 20。
4. 能握住铅笔，会使用剪刀。
5. 表达出对书的兴趣，并能根据图片复述故事。
6. 渴望学习新事物。
7. 遵守秩序、懂得分享，并能与其他孩子一起玩游戏。

对于以上的问题，如果你的大多数回答都是"是"，其他的回答是"有时候"，那么你的孩子可能会在幼儿园里表现得不错。不过，要不要让年纪小的孩子早点上学，还是需要慎重考虑。研究表明，与同年级且年龄更大的同学相比，生日较晚的孩子在交际能力与学习能力方面都存在明显的劣势。

发生在身边的故事

当现实与原则相悖的时候

坦白说吧，我认为父母不该急着把孩子送入幼儿园。每当新的学年开始时，我那些生日晚的、更年幼的学生们都会显得不够成熟。在23年的教学生涯中，我还发现，年纪小的孩子在学习、运动或者小组合作上会遇到更多的困难。

但是，现实往往复杂得多。当年我自己面对这一状况时，还不是一位经验丰富的教师。当年，我们的小女儿快到上学的年龄了，加利福尼亚州入学的生日截止日期是12月1日。虽然她的生日在九月底，我和丈夫还是一致决定，推迟一年再上幼儿园，先把她送到一家学龄前教育机构，这家机构是以趣味性、玩乐式的教学方式而出名的。这似乎是一个明智的决定，但是一个月以后，我们发现我们的小宝贝不再像以前那样咯咯发笑，也不蹦蹦跳跳了。

"你觉得在学校最开心的时候是什么时候？"查克试图表现得积极一些。

"你来接我回家的时候，我最开心。"女儿说话的时候连下唇都在颤抖，"班上的小朋友们都不认识字，他们甚至看不懂字母，也不知道怎么发音。我觉得自己在那里很不自在。"

我和丈夫都觉得很苦恼，不知道该怎么办。我们的小女儿在开学的时候就已经学会了读和写，但偶尔还是会尿裤子，而且一点点小争执都可能惹得她号啕大哭。对于上文提到的准备好上幼儿园的7个迹象，我们都能提供标准回答——"是"，但是她会不会因为自己是班上年纪最小的孩子而感到不自在呢？

我跟几位当老师的朋友聊了聊，和丈夫深入讨论了一番，又哭了几场之后，最终决定让她上幼儿园——在新学年已经开始一周后。上学以后，在学习方面，她做得不错，但是说实在的，在整个小学阶段，甚至在高中以后的大部分时间里，她和同龄人都相处得不太好，且从未有过特别要好的同龄人朋友。

直到她上了大学以后，她才终于交到了很棒的朋友（有意思的是，她们当中大多数人的生日也都很晚）。在大学高年级的秋季学期快结束时，她找到了一份不错的工作。毕业以后，虽然职位几经调动，不过她在工作中一直表现得很好。

这个故事告诉我们：每个孩子都是独一无二的个体。作为父母，我们必须在深思熟虑之后再做出明智的决定。不管是哪种决定，都各有利弊。

小心，"红衫行为"的父母！

在美国的一些州，幼儿园阶段并不属于义务教育，因此，如果不提前与学校签署协议，等到一年以后你为你的孩子注册幼儿园时，你可能会遇到措手不及的状况——比如，因为学校换了负责人或者负责人忘了、改变主意了，那么该学校就可能会要求你的孩子跳过幼儿园阶段，直接上一年级。

如今的幼儿园已经变成以教学为导向了，跳过幼儿园直接上小学的话，孩子怎么能跟得上呢？多年以来，教育工作者们一直对这种现象感到费解。

幸运的是，许多公立学校和私立学校都意识到，虽然入学截止日期是确定的，但这并不意味着出生在截止日期前的孩子们就可以拼读单词，并开始学习阅读了，也不意味着他们的手指已经足够强壮和灵活，可以握住铅笔，清清楚楚地把字写出来。所以，美国的许多地区都启动了"幼儿园阅读计划"，这是一个介于学龄前教育到幼儿园之间的阶段性培养计划，可以让孩子有多一年的时间去成长。相比直接上幼儿园却跟不上，让孩子在这种小型的培养机构里多待一年会更好。

幼儿园阶段需要掌握的学习能力[①]

语文能力

● 认识字母表中的所有字母，知道每个字母的标准发音。

[①] 文中作者均以美国孩子的学习情况进行说明，中国家长可根据孩子的实际学习情况做出调整，后文以此类推。——编者注

- 听故事时，能说出作者和绘者的名字，知道故事里有哪些角色。
- 谈论故事中的图片，知道它们与文字之间的关系。
- 对比读过的一些故事中的不同人物的冒险经历。
- 询问并回答与故事内容相关的问题，并将熟悉的故事复述出来。
- 找出一个故事中的人物、背景和主要事件。
- 遇到课文中的生词，会主动询问。
- 带着自己的目的与理解，积极参与小组阅读活动。

数学能力

- 认识从 1 到 100 的数字，能准确地数到 20，并比较不同组的数字的大小。
- 知道加法就是将数字放在一起，减法是从中拿走数字。
- 运用数字 11 ~ 19，了解它们的数值大小，以及与数字 1 ~ 9 的重复关系。
- 识别、描述和画出几何形状。
- 比较不同物体（比如按钮、积木、硬币等）的长度、大小和形状，还能把它们进行分类和计数。

如何才能事半功倍？

即使白天的时间有限，但这也不会妨碍您从培养孩子、促进他的大脑发育中获得乐趣，还是能充分享受生活的。本书介绍了许多游戏，你不管是在外出办事还是在做家务，都可以和孩子一起玩。来自美国麻省理工学院（MIT）的研究人员发现，亲子之间最好的沟通方式，就是与孩子进行平等的交流，不需要太正式或很有计划性，只要经常聊一聊彼此的想法就行。（Romeo 等，2018 年）

你还可以通过一起玩游戏和帮忙完成家庭作业，强化孩子正在学习的概念，让这些新的神经通路得到锻炼。而且，现在的幼儿园孩子也要做作业了。

请对照下文介绍的简单步骤，尽早培养孩子的好习惯，让你们之间宝贵的相处时间变得更有价值吧。

6 个简单的步骤，让你孩子的作业完成得更好

1. 找出孩子正在学校里阅读的故事，自己读给孩子听。这样一来，你们之间就不会出现诸如"学校怎么样""很好"之类无聊的谈话，因为你了解孩子正在学的内容，能提出各种开放性的问题。

2. 为你的儿子或女儿专门安排一个地方做作业，这个地方需要满足光线充足、桌面空间大、没有电视等容易令孩子分心的东西等条件。

3. 让孩子养成每天在同一时间做作业的习惯。

4. 检查孩子做完的作业，看看有没有因为粗心犯的错误，比如漏写答案的空格，或者因为理解有误而写错的内容。

5. 向孩子展示你所期望的行为，比如快乐地阅读。

6. 永远不要帮你的孩子做家庭作业。

看到清单上的最后一条，你是不是有点儿不屑一顾？不过，压力可能真的会让大人们做出意料之外的事情。在我教学的二十多年时间里，我从幼儿园一路教到六年级，每年都会收到由父母代写的作业。他们不是坏父母，只是太忙了。

如果没有家长监督，孩子们常常会拖延到最后一刻才开始做作业，这时他们已经玩累了，不肯再好好配合。眼看着时间越来越紧张，绝望之中，家长不得不亲自上阵，替孩子做作业。更糟糕的是，老师们往往认为家长只是偶尔冲动为之，并不在意，所以等到下一次，孩子又开始争分夺秒地赶作业的时候，家长又帮他们把答案写出来了，因为这样确实很快。

最好和你的孩子约定好完成作业的时间，并协助他信守自己的承诺。你要尽早帮助孩子改掉坏习惯，否则在接下来的学习阶段，这些坏习惯会一直困扰你们。

家庭沟通：白板的力量

当你的孩子逐渐长大，开始上幼儿园的时候，生活会变得越来越忙碌，充斥着学校活动、课堂表现、即将来临的表演、舞蹈课等。如果你还没有构建一个家庭组织体系，或者打算换一个新的，白板就是不可或缺的工具。你可以根据实际需要，随时修改白板上的内容。

● 将一块单独的白板或者公告板挂在家中显眼的位置（我们家的挂在厨房里）。要确保你家上幼儿园的小朋友可以够到它；也可以在白板下放一张凳子，让他可以爬上去。

●用一支可擦笔，在白板一侧列出一周的每一天，并留出足够的空间，让家庭成员能在每一天的位置下方写字。

●在对应的日期下方，用蓝色的笔书写每周的例行活动，并在旁边画上一些象征符号(比如跳舞的小人)，让孩子能够"看懂"白板上的内容。

●用红色的笔添加上那些特别日期的活动或约会。同样地，尽可能在旁边画上象征符号。

●在白板的侧面贴上传单、电话表和重要的备忘录。

●鼓励你的孩子用字母和图片组合的方式，在白板上面记录生日派对或其他活动。这样一来，他就能更多地参与家庭计划的制订，还会提高他的读写能力。

★★★
发生在身边的故事

没有使用白板时酿成的"悲剧"

我和丈夫结婚六年后，生下了第一个女儿。又过了两年半，我们的第二个女儿诞生了。在我的教学生涯早期，那时我才二十多岁，还没有孩子，却自以为在亲子关系方面很有权威。我曾经认为一切问题都是黑白分明的，但当我们的女儿们都进入我任教的同一所小学以后，她们让我发现了育儿的灰色地带，有时候甚至是相当"魔幻"的现实。

在我的大女儿开始上幼儿园的时候，我发现尽管我已经教了十年书，却还是一个容易神经紧张的家长。我逐渐意识到，大多数老师心目中的"常识"，其实并不总是那么显而易见。

比如，在入学那年的12月，家庭沟通的重要性凸显出来了。我女儿从学校带回一张传单交给了爸爸，上面通知家长说，她们班这几个月一直在筹备的冬季表演比赛马上就要开始了。她提过自己在学校练歌的事情，但并未意识到那是正式的演出。我从来没有看到相关通知，而我的丈夫查克却理所当然地认为：一、既然我在学校工作，就一定知道这件事；二、我不能参加，因为在表演的同一时间，我要给一年级的学生上课。

那天，我女儿的老师满脸笑容地走进教师办公室，滔滔不绝地描述孩子们在比赛中表现得多么完美。然后，她告诉我，我女儿看起来很伤心，她问我为什么没有出现。老师还说，如果我带着我教的全班同学来看表演，她会很高兴。我也不知道为什么先前自己竟然什么都不知道，所以忍不住哭了起来。

经历了那次痛苦的事件之后，我们制定了"白板体系"，确保不会再错过任何一个重要活动——我们成功了！

无论再忙，家长也应该去一趟学校

如果家长能抽时间去学校看看，那将对孩子的教育产生很大的影响。出席家长会，你可以从老师那里了解并跟进孩子的相关信息，你还可以每周（每月或每学期）抽出一个小时，在幼儿园的教室里做志愿者或助教。提前安排好时间，陪孩子一起去郊游、参加颁奖典礼、参观书展、在学校组织的活动上帮忙，等等——任何对他来说有意义的事情，你都可以和他一起做。就这样，当你融入校园环境之后，就能积极地认识到教育的重要性，还能随时了解孩子在课堂上学习哪些主题和任务。

来自美国南加州的安妮·斯坦思是一名拥有十年教龄的幼儿园老师，也是三个男孩的母亲。在 2008 年，她说："家长每年都应该尽量来学校参加一次活动，这表明了你对孩子的关心，也表明你认为孩子做的事情很重要。要是同学和老师都见到了自己的爸爸或妈妈，孩子也会觉得自己很重要。"

怎样才是过犹不及？

在家中和学校里为孩子提供的学习支持，对孩子的学习很有帮助，但是，要是孩子一跌倒，父母就冲上去保护他们，不让他们受到任何身体、情感或社交的伤害，其实是弊大于利的。

作为父母，我们的职责是不要把"为人父母"看作一份工作，也就是说，要把孩子培养成一个适应力强、独立自主的社会成员。从孩子上幼儿园开始，如果爸爸妈妈还总是在图书馆日检查图书馆的书是不是放进了书包，帮孩子做数学练习册上的最后几道题，在孩子考砸了或受到纪律处分时反而质疑老师有问题，那孩子怎么能学会承担个人责任呢？

想要从现在开始培养孩子的责任感，在短期内，你可能需要投入更多的时间和精力，但通过早期训练获得的这些能力会让孩子终身受益。你还记得自己五六岁时学过的歌曲、格言和诗歌，不是吗？因为在这个年龄段，神经通路正在以最快的速度形成、建立连接并修剪未使用的神经元。

那些尽心尽责但又很忙碌的父母有时候会帮自己的孩子做任何

事，因为这么做更容易，也更快。毕竟，教五六岁的孩子如何照顾自己，需要时间和耐心；不断督促小朋友检查作业文件夹中的某些特定内容，或者提醒他们把图书馆的书放在家里的特定位置，可能会让父母累得够呛。

研究表明，持续地训练某个行为至最终形成新习惯，需要三周到几个月的时间。由于孩子的成长速度快、变化大，所以在他们能够照顾自己之前，家长可能得连着几年，在新学期开始时协助孩子养成良好的行为习惯。但是，如果孩子从小就在父母的支持下得到充分的锻炼，那么他们就能理解个人责任感的真谛，成年后的道路也会走得更加顺利。

在初等教育阶段（从幼儿园到三年级），一些孩子需要几周以上的时间来培养独立性。家长可能也需要时常督促他们养成做家庭作业的好习惯。在每个新学年开始时，如果你和孩子都坚持几个星期，那么像约定交作业或还书的当天早上东翻西找这类令人头痛、浪费时间的状况就再也不会出现了。

不过你还是得做好心理准备，因为，即使有家长的提醒，幼儿园小朋友还是偶尔会忘记把装着家庭作业的文件夹从书包里拿出来交给老师。想想看，你在这一周付出了宝贵的精力，协助孩子完成作业，还检查了一遍，结果他却忘了交，是不是会让你觉得有点懊恼？老师通常也会提醒学生交作业，但这些孩子往往会左耳进右耳出，忘得一干二净。大多数孩子只有在切身体会到忘交作业的后果后，才会吃一堑长一智。老师可能会让他们在课间休息的时候罚站，也可能会取消本周借阅图书馆新书的机会——不管后果是什么，你的孩子都会在这个过程中吸取到教训。

在家里保持开放性的对话

在当下的快节奏生活中，我们必须为孩子创造空间，让他们自在地讨论学校和家里发生的事情，从心理上进行处理与消化。对于这个年龄段的孩子来说，他们大脑的神经通路正在积极地形成，但还不够完善。幼儿园小朋友看待世界的经验是很有限的，如果你没有给他提供一个安全的环境，让他们能经常与你沟通交流，那么，你可能很难及时地发现孩子与同学或老师之间存在的问题，直到他开始说大人的坏话，或者对别的孩子动手动脚，那时候就晚了。更糟糕的是，心理创伤还会导致一些"隐性疾病"，比如孩子不愿与别人交往、丧失自信等。

对孩子提出开放性的问题，让他们用一个短语或几个句子来作答，而不是简单回答"是"或"不是"，"还行"或"不错"。你要积极地倾听，尽可能地从他的回答中把问题都找出来，并解决问题。要是孩子口中的那些在学校遇到的状况听起来有点离奇，甚至很严重，你也要知道，幼儿园小朋友所看到的、想到的，可能和事实本身完全不一样。

每年的返校日①，在展示本学年教学计划的时候，我总是会向家长们保证，在和他们沟通之前，他们孩子告诉我的关于家里发生的那些稀奇古怪的事情，我都不会相信——说真的，我听到过一些非常疯狂的故事。同样地，当你从孩子口中听到他们对于别的同学或老师的

---

① 返校日（Back-to-School Night）是美国学校的传统活动，通常是在开学后的一段时间，邀请学生的家长来学校，参观和了解孩子在学习、生活、活动等各方面的情况。——译者注

异常描述时，先不要焦虑，也别贸然行动，可以去学校问一问，了解更多的情况后再说。

*** 发生在身边的故事

幼儿园的"噩梦"经历

当时，我还是一年级的老师，我们的女儿杰西卡在上幼儿园。我开车驶进学校的停车场的时候，她的声音从我身后的儿童座椅传来："妈妈，我想我应该把哈罗德先生给杀了。"

"你说什么？"我以为自己听错了。

"我想杀了哈罗德先生。"她说话的声音好像花栗鼠一样可爱。

我紧急刹车，差点儿撞上前面那辆SUV——我的宝贝怎么会想要干掉那个慈祥的老人呢？他是她最好的朋友的爷爷，每天都会送小孙女上学。

"她才五岁，她说的不是这个意思。"我喃喃自语着。就在停车场前方，我看到哈罗德先生正牵着小孙女玛德琳的手走着。

"如果玛德琳失去了爷爷的话，她会非常难过，"我控制住自己想要尖叫的冲动，对杰西卡说，"我们是幸运的，不必决定某人什么时候去死。"

我从后视镜里看着杰西卡，发现她的目光正追随着哈罗德先生和玛德琳，转向了幼儿园教室的走廊。我的手臂上起了鸡皮疙瘩。

"但是，妈妈，他老了，而且——"

"我们不能杀任何人！"当我把车开进停车位时，差点叫出声来，"现在，拿起你的书包，下车。"

我们往杰西卡的教室走去，她就在我旁边，和往常一样蹦蹦跳跳，而我的大脑仍然一片混乱。这时，有人出现在拐角处，径直从走廊那头向我们走来，他是——

"嘿，哈罗德先生！"杰西卡停止了蹦跳，热情地和他打招呼。我尴尬极了，担心她会说出他将不久于人世之类的话。

"早上好，两位女士。"他的笑容很温暖，在那张饱经风霜的脸上，眼角和嘴角的皱纹都因为笑意而变得更深了。

"很高兴见到您。"在他转身离开之前，我勉强笑了笑。

我屏住呼吸，继续往走廊那头走着。来到拐角处，我准备迎接杰西卡另一个"死亡威胁"，但她又开始蹦蹦跳跳，一句话也没说。到了教室的门口，杰西卡飞快地抱了抱我，然后把她的书包挂在挂钩上，挂钩上写着属于她的号码。

"爱你，妈咪。放学后见！"她只说了这几个字，就跑进教室，在玛德琳旁边的地毯上坐下了。

我暗自祈祷着："老天，杰西卡可千万不要把她今天早上跟我说的话告诉玛德琳。"我站在门外，看到其他孩子都在叽叽喳喳地聊着天，杰西卡却坐在地毯上，歪着脑袋，陷入了沉思。

我去了自己教课的班级，上课铃还没有响，学生们都没有进教室。趁着这个空当，我打电话给丈夫，跟他说了早上发生的事。这个情形就像是打开了育儿杂志的最新一期，上面写道：

某些父母不知道的事情，马上就要发生了。

"她为什么会这样说？"查克问。

"不知道，我真是吓坏了。"

"那些育儿专家肯定忘了在书里提到这一点。"查克说，"吃晚饭的时候，我们一起跟她谈谈吧，晚上见。"

下班后，我去女儿的班级里接她，希望她已经把早上的所有想法都忘了。走向操场的路上，我在改建房的厨房里偶遇了杰西卡的班主任，埃利奥特夫人。

"威尔金森太太，杰西卡出什么事了吗？"她问道。

"嗯……为什么这么问？"我佯装镇定，实际上恨不得找个地方钻进去。

"她今天至少洗了十次手。"埃利奥特太太说，"我问她为什么不停地洗手，她告诉我，自己的手很脏，怎么洗也洗不干净。我检查了一下，看看她的手上是不是沾到了墨水或胶水，但我觉得她的手非常干净。"

"我……我会去问问她。"

我们女儿的脑子似乎出了点问题。无论如何，我该庆幸她没有拿铅笔刺伤任何人。

在开车回家的路上，我回头看了一眼，杰西卡正在仔细检查她的手心。我不由得想，这个古怪的孩子是谁？她把我的女儿藏到哪里去了？

"我能按一下车库开门器的按钮吗？"当我把车开进车道时，她问道。

"当然可以。"她提出了如此正常的要求，我简直感动极了，就把开门器这个塑料小盒子递给她。

我们正在等着车库大门打开时，她又开始了："我也应该杀了玛德琳的奶奶。假如哈罗德先生不在了，哈罗德太太会很孤独的。"

"谁都不能杀人！杀谁都不行！"

我们的车驶入车库，发出刺耳的声音，我猛地踩下了刹车，心怦怦直跳。我不知道事情为什么会变成这样，她还没进入青春期，我就成了一个彻头彻尾的失败的家长。我开始认真考虑离家出走。当我们走进厨房时，我颤抖着深深地吸了一口气，不让眼泪从脸上流下来。

查克伸出双臂欢迎我们："我的小熊宝宝今天过得怎么样？"

"爸爸！"杰西卡大叫一声，用力地抱住了他的腿。

他弯下腰来拥抱她，又挠了挠她的痒痒。我一边听着杰西卡咯咯发笑，一边摆好桌子，放上查克刚才在锅里煮好的蔬菜和鸡肉。

"我们吃饭吧。"我说，父女之间的拥抱和小动作让我感觉好多了。

"我要洗手了！"杰西卡大喊一声，从房间里冲了出去。

在杰西卡跑回厨房，扑通一声坐在桌旁的椅子上之前，我简单地跟查克说了日托幼儿园的班主任和我的对话。

"嘿，杰西卡，你为什么急着去洗手？"查克问道，他用勺子把鸡肉和蔬菜舀到她的盘子里，"爸爸妈妈没有提醒你，你就能主动去洗手，这让我感到很高兴，但是你看起来似乎很害怕。"

"妈妈昨天晚上给我读了一本书，是关于恶心的细菌的。书上说，如果你不洗手，就会生病。我可不想生病！绝不！"她使劲地摇晃着脑袋，简直快把自己给晃晕过去了。

查克困惑地瞥了我一眼，说："原来是因为读了这本书哇。"

"爸爸，"杰西卡用小鹿般纯洁的眼睛凝视着他，"甘草还会回来吗？"甘草是我们的小狗，几个月前进行了安乐死。那时，我们之间进行了一场令人心碎的谈话，后来她就再也没有提到我们心爱的小狗了。

"不会，小熊宝贝。"查克温柔地把手放在她的胳膊上，深深地呼了一口气，"甘草不会再回来了，还记得我们先前说过的话吗？"

杰西卡的泪水夺眶而出："可是，我还想让它舔我的脸，每天早上叫我起床。"她趴在桌上，把脑袋深深地埋在胳膊里。

"甘草老了，而且生病了，"查克提醒她说，"让我们的狗这么痛苦地活着，是一件很残忍的事情。"

"亲爱的，我也很想它。"我一边说，一边抚摸着她的头发。

我几乎喘不过气来——这就是她今天表现得这么奇怪的原因吗？"杰西卡，你是不是害怕医生也会让生病的人或变老的人睡着，就像我们的狗一样？"

她用小手捂着脑袋，点了点头。

"过来。"查克把她拉到自己的膝上，说，"我们都深爱

> 着甘草，但动物和人是不同的。不管一个人病得多厉害，让他就这样睡着是违法的。"
>
> 她抬起头，严肃地注视着自己的爸爸。接着，她看着我，然后又看向查克："你能跟我保证，你和妈妈都不会那样睡着吗？"
>
> "我保证，我们会一直在一起。"查克用结实的胳膊紧紧地搂着她，她把脸颊紧贴在他的胸前。

多年后，当我们再提起杰西卡小时候想着要杀掉老人的往事时，都会哈哈大笑。我们也有了一只可爱的混血金毛巡回犬，它叫作爱丽丝。不过，作为幼儿园小朋友，我们的女儿在失去心爱的狗之后，她在大脑中产生的滞后性想法也是很有道理的：如果一条狗在年老之后会"一睡不起"，那么一个老人也可能会经历同样的命运。

2009年，美国加利福尼亚州拉霍拉市的临床心理学家乔纳森·盖尔建议：

当家庭遭遇重大变故时，比如家人离世或者父母离婚，如果孩子在几周内变得不合群，在学校里无法集中注意力，不能和同龄人正常相处，或者各方面的行为持续出现一些令人不安的变化，家长就应该去寻求专业人士的帮助。有时候，局外人能更好地看清问题的本质，帮助孩子度过艰难的过渡期，尤其是在家长自己也正陷入失去而导致的悲伤与焦虑中时。

尽管杰西卡的例子有些极端，但像这类对观点或事件的误解，在幼儿园小朋友当中很常见。如果你的孩子是在学校遇到了难题,你可以和老师约个时间谈谈,换个角度来了解事实。

5个关于学校的问题,让父母得到真正的答案

许多家长都会抱怨,每次问孩子在学校发生了什么事时,孩子就会说:"没什么事。"那么,你可以试着问下面这些比较具体的问题,让你们之间的对话持续下去,从而深入了解孩子是如何在学校里度过一天的:

1. 在今天的地毯时间①,你唱了哪首歌(或读了什么故事)?
2. 课间休息的时候,你和哪个小朋友一起玩?你们玩了什么游戏?
3. 今天你最喜欢学校里的哪门课?为什么喜欢这门课?
4. 今天你在课堂上和哪个小朋友一起合作?你们做了什么?
5. 你觉得今天哪些事情你可以表现得更好?

家校沟通

家长可以给学校打电话并留言,或者给老师发电子邮件,约个时间一起谈谈。请记住,除非老师打算调整课程表的安排,否则在开学

---

① 地毯时间(rug time),指在美国的小学课堂上,学生们与老师围成一圈坐在地毯上,一起唱歌、讲故事等。——译者注

前或上课时约见的话，会占用到校园活动或学生上课的时间。通常，在每天放学以后，老师会很愿意与家长面对面聊聊，或电话沟通。

家长向老师提出的问题要委婉一些，不要太咄咄逼人。比如，我们可以问老师："我的孩子对我说，____，您能告诉我今天课堂上发生了什么吗？"

老师可能会补充一些孩子没有说的内容，比如老师的指示被孩子理解错了，或者另一个孩子有意或无意间说过伤人的话。这些能让事态变得更明朗，从而找到解决办法。当家长知道了事情的全貌以后，通常问题就可以迎刃而解了。

不过，如果是你的孩子在学校出现行为不端或其他问题时，又该怎么办？

可怕的来电

收到坏消息的感觉很糟糕，尤其是当坏消息与孩子有关的时候。在幼儿园，最常见的行为问题都会在教室里解决，比如不愿分享、不守秩序、缺乏自控力或者没有完成作业等。通常，老师不会打电话找家长，除非这件事必须由家长来协助解决。比如，你的孩子觉得某些学习活动让他压力太大，不愿意做，老师可能想要调整一下活动的方式，让你帮助他在家里完成。

我有一个好朋友，曾经接到来自她儿子学校负责人的电话。她的儿子平时性格温和，那天却往另一个同学的背上扔香蕉皮。于是，两个孩子以及他们的爸爸妈妈、老师一起开了个小会，解决这件事情。

如果你因为孩子在学校出了事或犯了错而接到电话，记住这一点很重要：你和老师是站在同一边的。但老师打电话的目的并不是因为孩子的问题行为而向你打小报告，或者责怪你，而是想寻求你的帮助。

你可以和老师约好时间面谈，深入讨论孩子的情况。你们可以一起来想一个在家庭和学校都长期适用的办法，来纠正孩子的不良行为。我要很高兴地告诉大家，经过一番沟通，又重申了校规以后，我朋友的儿子不再乱扔香蕉皮了，两个孩子也成了好朋友。

行为契约

当孩子的老师打电话来告诉你，你的小天使并没有那么乖巧时——先喘口气，这并不意味着你就是一个糟糕的家长！儿童是能够独立做决定的个体。身为父母，你的职责是将孩子的不良行为重新导向积极的方向，并将其转化为学习的机会。等雨过天晴，这件事就变成了一个有趣的小插曲。

我发现，要改善孩子在学校里的不良行为，最好的方法是让老师、家长（最好是爸爸和妈妈一起）和孩子共同制定一份行为契约。

行为契约的要点

如果你想要获得最佳效果，请按照以下的内容来做：

● 把你对孩子的期待行为写下来，但不要超过三种。

● 制作一张图表（老师或家长都可以），每天在学校和家里轮流传递。

● 把孩子在学校的一天划分成小段，作为可执行任务的时间块。

- 用符号来标注每个时间块内任务的完成与否。

- 每一方都要在契约上签字，包括孩子。

- 如果孩子完成了任务，就要奖励他。将一天中的表现分为2分、3分、4分和5分，并给予不同的奖励（比如，晚餐后的棋盘游戏、特许的看视频时间、和妈妈或爸爸去公园里玩，等等）。请注意：不要给他们垃圾食品、玩具或金钱等物质性的奖励。如果你为孩子完成他们理应履行的职责而"买单"，这种先例一开，后果会不堪设想。

- 如果孩子没有完成任务，要马上让他承担相应的后果（比如，要求孩子做一些额外的家务活等他不喜欢做的事情，或者不让孩子做他们喜欢的事情，像玩电子产品）。请注意：电子产品既可以用来玩游戏，也可以作为查找信息或完成家庭作业的工具，所以你要区分清楚，并采用不同的处理方式。

- 要有耐心。如果你每天都与老师交流，这个过程可能得持续几个星期，因为让孩子养成新习惯需要时间。

- 善待自己。如果在这个过程中你出了错，请不要自责。只要尽力去弥补，然后继续努力就可以了。

行为契约的示例

1. 在课堂提问时，布兰迪会先举手，等老师点到她的名字后，再回答问题。

2. 上课时，布兰迪可以管好自己的小手和学习资料。

3. 布兰迪会完成她的作业。

行为						
上午的地毯时间						
第一小组						
第二小组						
点心时间／课间休息						
下午的地毯时间						

老师／家长的评价

周一：表现得不错，不过在第二小组的活动时间里，布兰迪在别的孩子的纸上涂画。

周二：除了地毯时间，一整天都表现得不好。因为推搡了别的孩子，所以小组活动的时候只能单独坐着，并在课间休息的时候罚站。

周三：迄今为止表现得最好的一天！课间休息时也很遵守秩序。

周四：一个好的开始，会越来越好。

周五：看来我们的方法已经奏效了，布兰迪没有推搡或大叫，还友善地分享资料。

老师签名：　　　　家长签名：　　　　孩子签名：

注意缺陷与多动障碍（ADHD）

过去，人们经常会谈论那些教室里精神兴奋、注意力不集中的孩子。近年来，通过正电子发射型断层显像（PET）及其他影像技术，科学家们发现，一些孩子大脑中的神经递质和电脉冲和其他人不太一样。

在美国，每10个孩子中就有1个被诊断为注意缺陷与多动障碍（ADHD），即我们俗称的"多动症"。患儿在参与对话、关注任务、保持坐姿、记住东西和入睡等各个方面都可能存在障碍。尽管一份课堂的行为契约能在家校之间建立稳固而持续的联系，但对于多动症患儿来说，有时候还是需要更多的帮助。

当学生出现多动症的症状时，老师通常都能察觉到，但他们不具备诊断的资格，只能建议父母征求儿科医生的意见。只有医学专业人员才能对多动症进行法律意义上的确诊。如果孩子还不满6岁，大脑发育可能不够成熟，医生一般也不会下确切的诊断。

大多数儿科医生（或者精神科医生等专家）会让家长填写问卷，评估儿童是否存在注意力方面的障碍。每个问题的答案都对应一定的分值，如果总分在给定范围内，儿童可能就会被诊断为多动症。为了让患儿集中注意力或放松下来，在课堂上有更好的表现，医生会开一些药物来治疗或干预，也会推荐其他治疗方案来提高注意力，如行为疗法和教育策略。

在用药之前，你可能想看一下孩子的脑电图，上面会显示不同部位的脑电活动。有时候，你会惊讶地发现，孩子的大脑活动在脑电图上看起来一切正常，在这种情况下，再给他一点时间，先让他试着去遵守一些具体的行为准则，并承担持续性的后果，包括积极的和消极的，从而提高他的注意力与自控力；反之，要是孩子的大脑活动真的有异常，那么脑电图也可以帮助医生制定最佳治疗方案，改善他的注意力不集中和性格冲动等问题。

有时候，"眼见"并不"为实"

我的大女儿在幼儿园的时候，出现了疑似多动症的症状。她的老师建议我去找儿科医生谈一谈，因为她上课时常常走神，不知道老师下了什么指令，做任务的时候注意力不集中，还会忘记上交做完的作业。当我们带她去看医生时，他给了查克和我各一张诊断表，让我们分开填写。诊断表的结果赫然显示，我女儿需要接受多动症的药物治疗。

但是我们不敢贸然给五岁的孩子服用精神类药物。她的爸爸和我都认为，除了行为观察和记录在表格上的分数以外，我们还需要更多确凿的"证据"来证明我们的女儿真的病了。因为医疗保险不能报销，所以我们又付了额外的钱，为她做了脑电图，上面会显示我们女儿的大脑正在发生什么。

和大家通常所想的不一样，ADHD药物其实是一种兴奋剂，能使神经元更快、更有效地放电，从而控制冲动，实现更长时间地集中注意力。然而，在我女儿的脑电图中，并没有看到电波移动缓慢的区域。相反，她的神经元放电太快，导致她容易分心，以致注意力不集中，在学习的当下老是忘了自己正在做什么。如果我和查克给她服用了医生开的兴奋剂，可能会给她带来更大的问题——让已经处于高速运转状态的大脑加速，显然不是一件好事。

根据脑电图的结果，我们得以选择有效的治疗方法，以及在家里就可以轻松实施的策略。比如，我们把放家庭作业的文件夹用不同的颜色分类，让她能更容易地找到对应的作业；在交作业之前，和她一起制作并核对清单，以免有所遗漏；鼓励她主动向老师提问，而不是在不清楚老师指令的情况下去胡乱猜测老师的想法。

以上的经历，让我们的女儿学会了如何应对生活以减少挫折，不管是在学校的课堂上，还是生活的其他方面。当然，我并不是说进行药物治疗不好，在某些情况下，用处方药的效果会很好，只不过在用药之前，一定要做一些功课，找到对你的孩子来说最有效的方法。

幼儿园阶段的兴趣保持

无论在课堂内外，让幼儿园的所有小朋友一直专心完成任务都是一项挑战。在这个年龄，孩子们对一切都很好奇，他们会问出五花八门的问题，比如："太阳晚上的时候去哪里了？"但是，当你回答这些问题时，这个五六岁的孩子可能又跑去追一只飞蛾了。

孩子的大脑年轻又充满生气，为了让他们保持专注力，你可以试着在回答问题的时候让孩子也参与进来。比如，当你解释白天是如何变成夜晚的时候，让他将手电筒光束对准你的身体，观察你转圈时会发生什么变化。然后，对换一下你们俩的位置，把光照在他——你的这颗小"星球"——身上，再让他转个身，观察从亮到暗的变化。如果那只飞蛾对他来说还是很有诱惑力，你也别担心，他们有足够的时间来了解这些生活小知识。

值得关注的是，著名的医生、教育家和哲学家玛利亚·蒙台梭利（Maria Montessori）曾提出"敏感期"的说法。她指出，当一件事引起了孩子的好奇心，如果这种求知欲可以一直持续下去，就能将他的学习推向新的高度。父母是激发孩子兴趣的最佳"催化剂"，我们可以提供有关空间、动物园里的动物、恐龙、阅读、数硬币或其他任何能让孩子兴奋起来的概念。比起一间教室里全是孩子的学校，在家庭中培养孩子即时兴趣的灵活度会更大。在接下来的这几页，我们会介绍一些提升学习能力的趣味小游戏，它们可一点也不像是完成任务，是可以让父母与孩子变得更加亲近的方法。

启发幼儿语言艺术的 5 种方法

1. 阅读。图画书、待办事项的清单、麦片盒、街道标志……任何印刷品都可以阅读。读图画书可以让孩子充分享受表达的乐趣，你和孩子也可以一边用手指着上面的文字，一边读。你们会有一些特别心仪的图书，可能已经一起读了无数遍，那就让你的孩子看着书上的图片，把故事内容复述出来。对幼儿园小朋友来说，这个游戏能够建立他们的词汇库，提升理解能力，在不知不觉间，你的孩子就已经把书上的字词都记住了。

2. 在车上玩"猜一猜"。在你的视线范围内，选一个东西——比如，有一列火车（train）正呼啸而过，你就可以用"火车"的第一个字母 T 来开始这个游戏。你说："我的大（绿）眼睛看到了一个东西，是用字母 T 开头的，猜一猜它是什么？"车上的其他乘客可以再问你关于这个东西的三条线索，比如"它有轮子吗"或者"它是活着的吗"等。玩家共有三次猜测的机会，猜出正确答案的玩家就可以选择下一个猜测的东西。如果三次都猜错了，你就要把正确答案说出来，然后开启下一回合。这个游戏能让孩子们乐此不疲地玩上半天，还能培养他们的观察能力，以及对字母和字音的识别能力。

3. 唱"名字游戏"歌。1964 年，雪莉·埃利斯（Shirley Ellis）首次录制了《名字游戏》（*The Name Game*）这首歌，从此以后，人们就开始利用家人和朋友的名字，再加入一些无意义的音节来创作歌曲。比如：

鲁本，鲁本，博-布-本 / 博-纳-纳 范娜 佛-福本 /
费 菲 莫-穆-本 / 鲁本！
单达，单达，博-班-达 / 博-纳-纳 范娜 佛-范达 /
费 菲 莫-曼-达 / 单达！
珍妮，珍妮，博-班-妮 / 博-纳-纳 范娜 佛-范妮 /
费 菲 莫-曼-妮 / 珍妮！①

这个游戏能够让孩子产生音位意识，增强他们对声音的敏

---

① 鲁本、单达、范娜和珍妮是姓名，其他的是一些无意义的音节。——译者注

锐度。通过这个游戏，孩子可以将字母的发音组合起来，从而学会读写单词。即使你的孩子已经有了一定的阅读能力，用人名来创作歌曲也是一件很有趣的事情。

4. 播放一些儿童歌曲。一直和孩子保持互动并不容易，所以你可以利用一些工具。音乐就是很棒的工具，在美妙的旋律声中，欢乐而又富含知识的儿童歌曲能长久地回荡在孩子的脑海里。

5. 随心押韵。如果你和孩子坐在车里，或者在牙医的办公室候诊，想要打发时间的话，可以编一些无意义的韵语。让你的孩子也参与进来，这是一种很好的消遣。

你说："我的手套（mitt）掉进了坑里（pit）。"

孩子说："我坐（sit）在这里，大发脾气（fit）。"

你也可以和你的孩子轮流说出一个单词，说得越多越好，这些词可以是真实存在的，也可以是虚构的，但要有相同的尾音和不同的首音。比如：yellow、mellow、wellow、cello、bellow、dellow、fellow、hello、kello、Jello。这个游戏还可以帮助孩子区分不同的音节，为日后的阅读打下基础。

手指训练：请不要揠苗助长

我对学校教育最大的不满之一是，当幼儿园小朋友的手指力量或协调能力还没有发育好，无法正确地将铅笔夹在大拇指、食指中间，并放在中指之上时，老师就会要求让孩子学习写字。

现在，幼儿园对五六岁孩子的要求是会写数字、句子和简单的故事，但让他们把两三根手指并起来，和大拇指一起夹住铅笔，会让手指变得很疼，写字也成了令孩子身心俱疲的苦差事。别担心，下面介绍的这些趣味游戏可以连接孩子大脑的神经通路，培养他们手握铅笔、钢笔和蜡笔的灵活性。

　　1. 用盐写字。在饼干片或烤盘底部撒一层薄薄的盐，让你的孩子练习"手指书写"，把他们本周在课堂上学习的字母和单词写下来。触感强的盐粒和大幅度的动作有助于巩固孩子的字母书写能力，还能锻炼手指肌肉。

　　小提示：当你的孩子完成这个游戏后，可以试试用盐做橡皮泥，这也很有趣。配方如下：1 杯面粉、1 杯温水、2 茶匙酒石奶油、1 茶匙油、1/4 杯盐，以及一些食用色素。将所有配料混合起来，最后加入食用色素，用中火加热并搅拌，直至面团变得光滑。将面团从锅中取出，揉搓到完全混合均匀为止。冷却之后，放入塑料袋或密封容器中保存。

　　2. 滚蛇游戏。说到橡皮泥，你的孩子可以把橡皮泥滚成一条"长蛇"，用来拼写单词。这种图形制作本身也能增强手指的力量，让写数字和字母变得非常轻松。如果你手头没有橡皮泥或模型黏土，又没有时间自己动手做，那也可以去玩具商店买，价格很便宜。

　　3. 小小建筑师。孩子可以尽情地发挥想象力，用扑克牌、乐高、积木、麦片盒、罐头或者食品储藏室里的任何东西来建造房子、城市等任何能激发孩子想象力的东西。捡拾、堆叠、平衡和将物体拼接在一起的精细动作，都可以很好地锻炼孩子的手部肌肉。

4. 制作首饰。让孩子将塑料或木制的珠子穿成首饰，送给祖母、阿姨、堂兄弟姐妹和朋友们。穿珠可以增强手指的协调性，也会给收到礼物的人带来温暖。

5. 缝补东西。在你修补袜子、把掉落的纽扣重新钉好，或者做其他家务的时候，让你的孩子也加入进来，用适合儿童尺寸的针和线（在玩具店可以买到）来缝东西。缝补可以建立良好的运动协调性，是一项很好的技能。

50个高频词：语言学习的好帮手

掌握高频词，有助于提高孩子的阅读和写作能力，能起到事半功倍的效果。在车上或在商店门口排队时，你可以大声地拼读这类单词，并让你的孩子"猜一猜"这个单词是什么。如果你的孩子已经掌握了不少单词，那就换成他来拼，你来"猜"。

晚上，当你们俩一起读书的时候，你可以指出书中的一些高频词，但不要太频繁地打断故事，否则可能会干扰孩子的情绪。过一段时间以后，孩子自己就能把书上的高频词指出来。这时候，你可以让他选择书中的几页进行"寻宝"，找出他认识的所有高频词，并在下面表格中对应的词语旁做标记。

当孩子能够看懂和拼写所有这些高频词时，你们可以庆祝一下，比如奖励一趟到图书馆、公园或当地博物馆的出游。

a（一个）	all（全部）	an（一个）	and（和）	are（是）
as（像）	at（在……）	be（是）	but（但是）	by（在……旁边）
can（能）	each（每个）	for（为了）	from（从）	had（有）
have（有）	he（他）	his（他的）	how（如何）	I（我）
in（在……里面）	is（是）	it（它）	not（不）	of（……的）
on（在……上）	one（一）	or（或）	other（其他）	out（出来）
said（说）	see（看见）	some（一些）	that（那个）	the（这）
there（那里）	they（他们）	this（这个）	to（给）	up（上）
use（用）	was（是）	we（我们）	were（是）	what（什么）
when（当……时）	with（和）	word（单词）	you（你）	your（你的）

幼儿数学启蒙的 4 种趣味方法

本着游戏的精神去发现数学的乐趣，有许多轻松的方法，你为什么还要让孩子只做练习题呢？这可能会打击到他对学习数学的兴趣哟！你可以到商店里买一些数学练习册让孩子练习，但是，就算你的孩子一开始兴致勃勃地在上面填空，一旦题目做腻了，等到他要做家庭作业和完成学校任务的时候，也会感到厌烦。数学启蒙工具随处可见，完全不必让孩子做更多的练习题。当你的孩子学会了怎么玩以下游戏，在你做家务的时候，他就可以自己玩自己的了。

1. 美味的模型。水果圈、混合坚果或任何能归类、分成不同的颜色组或重复组的美味食物，既可以是可口的下午茶点心，也是学习数学概念的完美工具。（提示：数学中充满着"重复"这一模式，将腰果、杏仁和山核桃按一定顺序排列，就可以在大脑里形成与数字学习相关的神经通路。）

2. 隐藏的加减法。先拿出五颗葡萄干、麦片圈或小熊胶糖，让你的孩子把这些物品放在平坦的桌面上，用小手盖住不同数量的物品，然后问他，根据他现在能看到的物品数量，说一说他的手里藏了多少。一开始，孩子全靠自己蒙，但很快他就能算数了。你还可以用手指点数的方法，给他一些小提示。游戏结束后，这些有趣的零食就当作奖励，全部归他啦！

下一次，让他选择一个介于1和10之间的数字（你也可以帮他一起选），再玩一次"隐藏游戏"。一开始，他可能需要像上次那样，盖住不同数量的数字后才会玩，但他很快就能玩得很溜了。通过操作不同物品的方法来理解数字，可以为孩子学习数学概念奠定坚实的基础。

3. 将硬币变废为宝。如果你的钱包或家庭储蓄罐装满了硬币，可以让孩子把它们按照元、角、分来分组。这项简单的游戏能帮助孩子学习比较大小和分类。

4. 给任何东西分类。玩具、鞋子、袜子、储物罐、水果、蔬菜、蜡笔、纽扣——让孩子给任何具有相似属性的东西分类。这项游戏能增强孩子分类的能力，对他以后学习代数或其他数学方法都有帮助。

（提示：这些游戏还可以增强手部肌肉，让孩子写字写得更好。）

人生中最好的东西往往是免费的

什么是孩子最好的学习方式之一呢？就是你和孩子一起出去，创造机会让他能在日常生活中时不时用上学校里学到的知识。举几个例子吧，比如去公园观看音乐会、去图书馆里参加故事会、到社区中心参加各种活动，还有去自然保护区徒步旅行，等等。

你可以去了解所在社区或者青少年活动中心举办的活动，好好开发一下孩子丰富的好奇心。你永远也不知道孩子的下一个"敏感期"或学习热情会出现在哪个领域。在跟随孩子一起探索的同时，你也能拓展自己的世界。

当你的孩子和别的幼儿园小朋友不一样

在学习字母发音或数硬币时，如果你家孩子怎么也学不会，你该怎么办？又或者，他觉得这些都太简单了，你又该如何应对？比如，你的孩子已经能在家里大声地朗读绘本；当你答应给他五颗巧克力豆，但从袋子里拿出两颗后，他主动要求再来三颗时，那么，学校老师布置的作业还会让你的孩子感兴趣吗？

你要知道，每个孩子的学习效率各不相同，所以不要感到慌张。作为父母，你可以做很多事情，帮助你的孩子把学习赶上来，或者继续保持对学习的积极性。

还记得《龟兔赛跑》里的乌龟吗？

孩子在上幼儿园的时候，如果他比班上大部分同学都学得慢，请你要保持耐心。他可能得花上几个月的时间来完成幼儿园布置的一项任务，但是，等到上了一年级，同样的任务只需要几天就能完成，因为他的大脑里已经形成了学习这个概念的神经通路。

如果你能做到每天给孩子读书，经常一起玩游戏，坚持辅导作业，那么你就可以放平心态。只要尽你最大的努力，让你们俩之间的互动保持趣味性就可以了。孩子的成长有自己的节奏，并不总是遵循大人为他们制定的时间表。就像《龟兔赛跑》里的那只乌龟一样，步速缓慢但稳定，往往会赢得比赛。

"红绿灯"游戏：教孩子分辨"b"和"d"

按照下面这几个简单步骤来做，就能帮助你的孩子正确分辨"b"和"d"这两个难以对付的字母。这样一来，你和孩子的世界就都得到了解放。你们还可以连着玩上好几天"红绿灯"游戏，孩子的字也能越写越好！

1. 如果可以的话，请找出一张间距比较宽的横格纸。用一支绿色蜡笔，在字母起笔的地方画一个点（绿灯，代表开始）；再用一支红色蜡笔，在字母落笔的地方画一个点（红灯，代表停止）。蜡笔的效果最佳，因为孩子能感受到蜡写在纸上的触感，比铅笔的石墨或钢笔的墨水都更有手感。

从第一行开始，写下小写字母"b"的竖线，一直画到最后一行，然后提笔往上到中间行，绕一圈后，画出"b"的"肚皮"部分。当孩子在练习写字母"b"时，你们俩可以一起说："往下，向上，再绕一圈。"小写的"d"则是从中间行的正下方开始落笔，向上到中间行，绕一圈，画出"d"的"屁股"部分，然后一路往上，连到第一行，再向下延伸到最后一行。与此同时，你可以和你的孩子一起说："绕一圈，向上，再往下。"

2. 在孩子刚开始学写字母的时候，你可以用一些绿点来标记字母，并在落笔处画上一个红点，让孩子顺着点的位置来写。你要在一旁监督他，确保孩子起笔和落笔都写在了正确的位置上。

3. 如果你的孩子已经能得心应手地顺着点的位置来写字母，那么，你可以把大部分用来做标记的点都擦掉，只在字母的起笔处画一个绿点，在落笔处画一个红点。[友情提示：买一个蜡笔卷笔刀（普通的铅笔卷笔刀也可以），如果蜡笔太钝的话，画出来的红点和绿点就太大了。]

4. 学会了怎么玩"红绿灯"的游戏以后，要是你的孩子还是会把"b"和"d"两个字母弄反的话，你可以试着让孩子用绿色蜡笔把整个字母写下来，帮助他建立触觉记忆，再轻轻握住他的手，带着他用铅笔尽可能连续地将这个字母描画10次。

巧用红绿灯的变化，学会从左往右写单词与句子

1. 拿出一张横格纸，告诉孩子，绿色代表"开始"。

2. 用一支绿色蜡笔和一把尺子，在纸的左侧边缘画一条粗竖线，或在每一行的开头画一个绿点。

3. 用一支红色蜡笔，在纸的右侧边缘空白区域画一条粗竖线，或在每一行的末尾画一个红点。（注意：之所以使用蜡笔，是因为它和铅笔、记号笔或钢笔不一样，能让孩子们感受到蜡的边缘触感。）

4. 绿点或者绿线代表"绿灯"，让你的孩子从"绿灯"旁开始写字。

5. 当你的孩子写到位于纸右侧的红点或红线时，这就意味着："红灯到了，要停下啦！"（友情提示：你还可以使用一些音效，比如汽车加速时的引擎声、踩刹车时的嘎吱声等，让孩子更有身临其境的感觉。）

6. 要是你的孩子喜欢玩这个游戏，就让他继续下去吧，再从第二行的"绿灯"开始写。你可能会惊讶，这么小的孩子竟然能一口气写这么多行字。

7. 当孩子要在家庭作业的习题纸上填空或者写单个词语的答案时，你可以在空格的开头画上"绿灯"或绿点，在空格的结尾画上"红灯"或红点。

8. 如果你觉得孩子学得差不多了，就把蜡笔递给他，让他自己在横格纸或作业纸上画上"绿灯"和"红灯"。

小提示："红绿灯"游戏有助于培养孩子控笔的方向感。真正地理解"左"和"右"的概念，对孩子学习阅读有极大的帮助。这个游戏还能帮助孩子学会在一张纸的规定范围内写字，他们将来学习写段落、随笔和故事也会更加容易。

如何对待天资聪颖的孩子

几乎没有人是十全十美的。有些孩子学习成绩好，但是不太会握笔，玩游戏的时候不想着好好玩，总是跟玩伴争谁先谁后，或者压根不喜欢和同龄人一起玩。他们也可能不擅长跳绳或接球。

如果你的孩子今年5岁，比同龄人都要聪明，你想让他跳级，直接上一年级的话，那么在下决定之前，你也要明白这一点：在学习这方面，幼儿园的小朋友很快就能赶上来，而且在学校里要学的也不仅仅是数学和阅读。与同龄人一起上学有利于孩子在人际交往、情感和学习等各方面的均衡发展。不过，对一些颇有天赋又较为早熟的孩子来说，通过跳级和智力水平相当的同学一起学习，还是有帮助的。（Makel 等，2016 年）

重要提示：记住，如果你的孩子很聪明，要表扬他平时的努力，不要表扬他取得了多好的成绩。如果孩子被夸赞的是他的聪明，而不是他解决问题时的毅力，他们往往会在遇到困难时怀疑自己的能力，甚至想要放弃。（Klein，2000 年）想要说服一个受挫的天才儿童，让他相信在成功的道路上遇到挫折是正常的（如果他以前并不需要克服这些挫折的话），虽然难度很大，但值得一试。但更糟糕的是，孩子可能会在心里暗暗认定自己并不像大家所期待的那么聪明，从而不再愿意在学习或考试时努力。

老师会关注学生的教育需求，尽可能为他们量身制订学习计划。大多数老师都熟知"差异化教学"这一教育理念，也就是说，对于那些能完成难度较大任务的孩子而言，他们应当接受所学科目框架范围内更具挑战性的任务。但事与愿违的是，根据学生的能力水平来制订不同的学习计划会导致其他问题，比如，要是有学生被"重点关注"，其他学生的家长就会投诉或者发牢骚，认为自己的孩子被老师忽视了，没有被学校同等对待。

如果你的孩子想要完成比课堂作业更有挑战性的活动，可以尝试下面列出的活动。你、你的孩子和老师还可以签一份"合同"，组成工作小组，共同满足孩子的学习需求。（请参阅"给天才儿童的合同"，第88—90页）

9 大主题活动，让聪明的孩子在学校里保持积极性

如果你的孩子在学校表现得很好，有余力完成更有挑战性的作业，那么你可在家里安排一些事情来丰富他的学习内容。首先，从老师那里了解本学年计划的学习主题，比如：步行安全、即将到来的假期或者社区工作者（治安干事、消防队员和图书管理员等），然后用下面这些想法来扩展主题，让你的孩子保持积极性。

1. 找老师帮忙。你可以问一问老师，按照课程安排，有哪些活动是你和孩子可以在家里进行的。如果老师知道了你的想法，在学校的时候，他可能还会让你的孩子向全班同学分享这

些活动。

2. 将课堂主题融入生活。带你的孩子去当地的博物馆，上网查资料，让他有机会应用课堂上学到的知识。

3. 探索与发现。参观图书馆，搜寻一些与课堂主题有关的书籍。

4. 做剪报。如果你的家里订阅了杂志，可以把杂志上的图片剪下来，做成主题性的剪报集。

5. 开展家庭实验。介绍一个适合在秋天做的有趣小实验：在处理完南瓜之后，可以保留一些南瓜子，观测它们的发芽情况：先将一块纸巾打湿，上面放上一些南瓜子，然后将包裹着南瓜子的纸巾放在玻璃杯里。每天加一点水，纸巾就可以保持潮湿，从而让种子发芽。记住，要把南瓜子放在阳光充足的地方，几周后，南瓜子就会长出足够的根来，再让你的孩子把它们移植到院子里。到了明年秋天，你们一家人就能拥有自己的南瓜地。

6. 打造一个艺术柜。这种柜子可以放入各种各样的手工材料，当你的孩子突然来了灵感，想要用珠子、橡皮泥、贴纸、颜料、剪刀、胶水、马克笔、蜡笔还有美术纸来做手工时，就可以从艺术柜里取出来。

7. 制作一张藏宝图。在图纸上写下简单的指示，或者画出图片提示，让孩子利用这些信息，在家里、后院或公园里找出你藏起来的东西。

8. 给故事换一种结局。在睡前阅读的时候，你可以问你的孩子："如果 _____，会发生什么？"然后一起来想一个与原来的故事不一样的结局。过不了多久，不用你来提问，孩子就能自然而然地想出一个新的结局。

9. 给故事换一个背景。比如，可以对经典童话进行这样的改编：如果小红帽在前往她外婆家时，中途穿过的是大城市，那她会在路上遇到谁？谁会装扮成她的外婆？

给天才儿童的合同

如果你的孩子很聪明，一学就会，那怎样才能保持他的学习积极性呢？你可以把你对孩子的期望行为系统性地写成一份合同，和孩子还有孩子的老师一起努力去完成。

应该怎么做？

1. 和老师预约一次会谈。

2. 会谈时，请你跟老师说明一下，促进任务（enrichment）对于保持你孩子的学习积极性有多么重要。

3. 了解课堂上的教学主题，你们一次可以讨论几个不同的主题，这样就不必经常约见了。

4. 与老师一起集思广益，为孩子创建一个在家完成的任务列表，这些任务要与学校教育主题相关。

5. 制作一张日程表，内容包括：孩子如何完成这些促进任务，以及这些任务如何与全班其他同学分享。重要提示：你的孩子可能需要一周或一个月的时间来完成这些任务。不要给他增加压力！毕竟，这样做的目的是让你的孩子保持学习兴趣，而不是给予他更重的学习负担。

6. 邀请这一促进任务的所有参与者，在合同上写下书面性的短评。这些评语会激励孩子去努力完成任务。注意：关于这份合同，孩子的老师需要投入多少精力，完全根据他自己的意愿而定。要知道，除了你的孩子以外，老师还要操心更多的学生。

合同示例

主题：南瓜

家庭	学校	评语
买一个小南瓜，猜一猜里面有多少颗南瓜子。把你的猜测写下来。	把南瓜带到学校，让同学们都来猜一猜里面有多少颗南瓜子。	星期一（孩子）：我在自己的南瓜上画了一张脸。
把它切开来，数一数南瓜子的数量。看看你的猜测与实际数量有多接近。	把种子放在一个塑料容器里，带到学校去。告诉同学们，你是怎么数南瓜子的，以及实际数量是多少。	星期二（老师）：谢谢你把南瓜带到课堂上来。弄清楚南瓜里有多少种子是一件很有趣的事情。

将一些南瓜子种植在一个装有盆栽土的小容器里，再把另一些种子裹在浸湿的纸巾里，然后放进玻璃杯中。	向全班同学展示这两种发芽的方式，大家一起来猜一猜，哪一种长得更好。	星期三（孩子）：虽然有点难，不过我们还是干完了。
将剩下的南瓜子放在350℃的烤箱里烤5分钟，拿出来撒上盐后，再烤15分钟。	在点心时间，与全班分享烤好的南瓜子；检查土壤和湿纸巾里的南瓜子是不是发芽了。	星期四（老师）：很美味的小吃！谢谢你的分享。再给没发芽的南瓜子几天时间，好吗？
查找一些有关南瓜的趣味小知识，用一张纸打印出来或者画成图。	把这张纸贴在教室里，展示给全班同学看，有时间的话还可以分享小知识。记得观察南瓜子的生长情况。	星期五（孩子）：这是我度过的最愉快的一周。

提示：如果你的孩子还不会写字，可以让他口述，你来写。

在社区活动中心、图书馆、博物馆和一些户外设施，你都可以为孩子找到丰富多彩的促进任务。公园和政府的文体部门也经常举办具有教育意义的趣味活动。 另外，许多网站上会提供各种思维游戏与活动，以满足孩子们对科学、地理、历史、音乐和艺术等领域的兴趣。

如果你已经试过这几种让聪明的孩子保持学习兴趣的办法，但还是觉得孩子的需求没有得到满足，而且，如果你认为他在社交方面已经足够成熟，与年龄较大的孩子一起上学也很自在，那么，可以考虑和学校相关部门谈谈，看能不能让孩子跳级，直接上一年级。荷兰的一项研究发现，在优等生群体中，没有跳过级的学生在社交和情绪管理方面都比跳过级的同龄人表现得更好（Hoogeveen，2012 年），不过情况并非总是如此。如果你的孩子大脑发育速度确实遥遥领先，而不仅仅是因为这五年里你们一起做了许多有意思的事情，让孩子看起来比其他孩子更聪明，那么跳级是一个可行的选择。但记住，这个世界上不存在唯一的正确方案，也没有完美的解决方案，你可能得权衡各种因素，以确定哪种方案对你的孩子来说是最有利的。

🍃 幼儿园阶段的饮食与护理方式

现在，让我们来聊一聊健康大脑的四大要素——睡眠、食物、水分和运动，还有帮助孩子完成作业和讲卫生的一些小贴士。只要培养一些省时省力的日常习惯，你就能始终保持理智，轻轻松松地满足孩子和你自己的需求，让一切都变得大不一样！

睡眠：决定学习好坏的关键因素

先前，我们已经讨论了睡眠时间对孩子的大脑产生 δ 波与 θ 波的重要性，这两种脑电波是建立、恢复并维持大脑健康所必需的（请参阅第 25—32 页）。要知道，如果孩子连着几周都因为太忙而睡得不够，他们在学校就会表现得像三岁小孩一样。要是你在家里建立了规律的就寝仪式，大部分日子（包括周末）都能在同一时间上床睡觉，那对你的孩子和你自己都大有裨益。

2007 年，以色列特拉维夫大学的阿维·萨德博士（Dr.Avi Sadeh）发现，连续三个晚上少睡 30 分钟，会导致小学生的认知能力比所处年级的平均水平低两年。更糟糕的是，还有一项研究表明，如果儿童期存在睡眠障碍，则预示着到了青少年阶段可能会出现心理健康问题。（Gregory 等，2009 年）以色列理工学院的睡眠研究实验室是与睡眠研究相关的世界知名实验室，位于以色列的海法，那里的研究人员发现，除了影响智力以外，睡眠不足的孩子还可能患有与多动症相关的症状。（Golan 和 Pillar，2004 年）孩子都已经困得无法思考了，他们还怎么去学习阅读、写作和算数呢？

让我们以小切特为例。这个男孩每天晚上睡 12 个小时左右，从幼儿园回家后，还得休息一两个小时。他的妈妈在家工作，到了晚上，爸爸妈妈都喜欢待在家里，而不是出去社交，所以，小切特的睡眠时间可以得到保证。

阿拉塞利却不一样。她一到周六就睡到很晚才起来，因为上学那几天睡不够，想趁着周末补回来。而且，阿拉塞利全家都会在星期天早上睡懒觉。在每周上学日的夜晚，无论是喝花草茶、让妈妈读睡前故事还是在卧室里播放舒缓的音乐，都没办法让阿拉塞利早睡，她要在晚上 10 点或 11 点以后才能睡着。又因为第二天妈妈要准时上班，所以她必须在 6 点钟起床，然后去幼儿园上整整一天的课。到了午饭时间，阿拉塞利总是坐在餐桌前，耷拉着眼皮，几乎吃不下东西。课间休息的时候，她强打着精神去做游戏，但到了下午就再也支撑不住了，困得直打瞌睡。星期五，吃过午饭后，戴伊太太会让她趴在桌子上小睡一会儿，因为她一到每周的最后一个上学日都会痛苦得哭哭啼啼的。

卡里也总是睡不够，她的哥哥姐姐们常常拉她一起听音乐或看电视节目。她们一家人还总是去她的表姐家，等回到家，早就过了卡里睡觉的时间。卡里的父母觉得，卡里在学校表现得很好，就是有时候反应慢、记不住新东西，还经常听不到老师的指令。每当卡里困到开始发脾气时，戴伊太太会让她在地毯时间趴桌子上休息，但她不喜欢这样，还是想和其他孩子一起唱歌。

肖恩每晚需要睡 10 个小时，他也是这么做的。他家有一条严格的规定：一到晚上 8 点就关电视，他的哥哥只能用耳机听音乐。肖恩在白天是个精力充沛的孩子，总是蹦蹦跳跳的，等到了晚上，他的脑袋一挨上枕头，就像断了线的木偶似的，一下子安静下来——他进入了梦乡。第二天，回到学校，肖恩又变得活力十足，精神抖擞，为新一天的学习做好了准备。

你孩子的睡眠模式可能与上面提到的几种情况相似，也可能截然不同。重要的是，你要知道孩子的睡眠时间会对他大脑的发育产生很大的影响。

为什么越来越多的孩子长不高还发胖？2008 年 2 月，研究人员参考了来自美国和欧洲的 17 项调查成果，得出如下结论：持续的睡眠不足也会导致儿童肥胖。（Chen 等）为了抵制垃圾食品的诱惑，避免过度增重，研究人员之一、来自美国约翰斯·霍普金斯大学人类营养中心的医学博士王友发（Youfa Wang）建议：5 ~ 10 岁的儿童每天至少要睡 10 个小时，包括午睡在内。（Hitti，2008 年）

王友发博士坦言，由于生理需求不同或睡眠质量的差异，一些孩子需要的睡眠时间可能比 10 小时要少。虽然关于睡眠时间的长短与额外增重之间的关系还需要进行更多的研究来论证，但他还是指出了三个诱发因素：（1）更多的清醒时间意味着更多的食物摄入时间；

（2）困意会让孩子变得懒散，不愿意进行体育锻炼；（3）睡眠不足可能会导致某些激素分泌，增加饥饿感。简而言之，父母应当尽力保证孩子获得充足的睡眠。（Hitti，2008 年）

请参阅第 26—29 页的"如何充分获得大脑必备的 δ 波"，找到帮助孩子获得足够睡眠的方法。

放学后的家庭仪式，帮助孩子更好地成长

安妮·斯坦思是一位幼儿园老师，也是一个妈妈。在 2008 年，她分享了自己家放学后的家庭仪式，这些仪式对她的家人来说很有帮助。她承认，有时候想要执行家庭仪式会遇到各种各样的阻碍，但全家人应该将其作为日常惯例来坚持。

斯坦思的儿子吉米下午从幼儿园放学回家，喝一杯牛奶，吃一份点心——饼干、苹果片或涂有花生酱的芹菜条。吃饱之后，他就玩玩具，或者和弟弟布莱恩特一起玩上大约一个小时。

接着，吉米会去卫生间洗手，坐在厨房的桌子旁做作业。斯坦思开始做晚饭，吉米则会花上 20 ~ 30 分钟来完成当天的数学和语言作业。如果吉米遇上做不出来的难题，斯坦思会放下手头的活儿指点他。他们会一起做一两道例题，然后吉米再自己完成剩下的题目。当他做完以后，斯坦思就开始检查作业，他们一起把做错的题目改正。

吃晚饭之前，吉米和布莱恩特会看 30 ~ 60 分钟的电视，具体时间取决于吉米当天作业的完成效果。他有好几次都因为作业一团糟而不能看电视，后来他就几乎再也不会因为作业而错过自己最喜欢的午后节目了。等斯坦思喊孩子们吃饭时，他们就会关掉电视。之前有一次，孩子们没有乖乖地关掉电视坐到餐桌旁，于是爸爸取消了他们两天看电视的特权，在那之后，兄弟俩就得到了教训，再也不会犯同

样的错误了。

全家人坐下来一起吃晚饭时，每个家庭成员都会轮流讲述他们一天的见闻。

"在家庭时间和孩子们相处，是我和丈夫最享受的时刻，这让我们觉得自己为抚养孩子所做的一切都是值得的。"斯坦思说，"晚饭后，我们喜欢一起玩棋盘游戏、带着狗散步或者随便逛一逛。"

接着，就到了泡澡或淋浴的时间，全家人准备上床睡觉了。吉米穿上蝙蝠侠睡衣，用夜光牙刷刷好牙，再读上一会儿故事书。两个男孩每天会轮着从书架上选一本书，让爸爸或妈妈读。读完故事后，小家伙们躺在床上，灯全关上了——只有一盏小夜灯还开着，有了它，壁橱里的怪物就不敢胡作非为了。

这就是斯坦思的家庭仪式。或许你不能把它照搬到自己家里，但至少知道了家庭仪式是怎么一回事——在睡觉以前，按照特定的顺序，安排好自己的一系列活动。如果你觉得很难坚持下去，可以召集全家人坐在一起，共同写一份计划表，把它贴在浴室的镜子或卧室的墙上，以便随时都能看到。记住，一个新习惯的培养需要几周的时间。让孩子在睡前把作业写完，可以给你省去很多麻烦。等孩子上床睡觉后，你也会很珍惜这段独处的时光。

如果家长很忙，用 3 种方式确保孩子完成作业

1. 向托儿所寻求帮助。如果你的孩子放学后会去托儿所，麻烦工作人员在你去接孩子之前监督孩子写完家庭作业。等接孩子回家后，你还是得检查他的家庭作业，帮他一起改正，但

这比写完全部作业所花费的时间要短。毕竟，家庭时间和晚餐时间也很重要！

2. 在车内放一个工具包。如果你忙得团团转，可以在车里放一个家庭作业工具包，在里面装上铅笔、橡皮擦、剪刀、胶棒、蜡笔以及彩色铅笔等。这样一来，不管去哪儿，孩子在车上随时都能写作业。记住，回到家后，你们一定要一起检查作业！

3. 坚持睡前阅读，读什么都可以。这一睡前仪式既能培养孩子对书籍的兴趣，也能保证每天阅读作业的完成。珍惜这段宝贵的亲子时光，在轻松的心情中进入梦乡吧！

饮食能反映一个人的健康状况，不管是你还是你的孩子

无论你喜不喜欢，愿不愿意，孩子总是围着你转，热切地注视着你。当你吃东西的时候，就和做其他事情那样，都处于孩子侦探般的监督之下。如果父母想让孩子吃得健康，就必须以身作则，树立好榜样。留心你摄入的食物，承认垃圾食品是一种放纵，这样一来，你的孩子就会知道不健康饮食和偶尔放纵的区别。

早餐怎么吃？

你知道吗？很多孩子在上学前都不吃早餐。有些孩子肚子不饿，有些是早上没时间吃（我的两个女儿恰好就分别属于这两种情况）。就像你不能不加油就开车，孩子们也不能在没吃东西时好好开动脑筋。此外，一个鲜为人知的事实是，不吃早餐会增加体重。如果早上没有

食物来打破夜间睡眠的禁食状态，身体的新陈代谢就无法正常进行，热量消耗就会更慢。这也意味着身体——尤其是大脑——会运转得很慢，只有吃了东西才能加速。这可不是开玩笑。

一个鸡蛋、半片小麦吐司，再加上半个橘子或苹果，对于幼儿园的孩子来说就是一份不错的早餐，但是很多家长早上都没有时间准备。如果你们家的早餐是冷麦片和牛奶，可以检查一下营养成分标签，尽量选含糖量最少、纤维量最高的那种，还要确保你的孩子把碗里的牛奶全部喝完。对于大多数加工谷物来说，维生素的成分都是在工厂的时候加工进去的，如果碗里剩了一些牛奶，维生素也就留在碗里，并没有被孩子吸收。

如果你没有时间让孩子吃完一碗麦片，可以给他一根香蕉或一份苹果片，再加上一根低糖、高纤维、含有适量蛋白质的燕麦棒，比如卡诗（kasha）[①]牌的产品。这些食物能给孩子提供学习所需的营养，在坐车上学的路上吃也很方便。

注意，别让你的孩子吃太多的甜食，那会让孩子的大脑兴奋大概20分钟，随后大脑就会陷入空虚乏力的状态。这是因为糖分会阻碍身体吸收 B 族维生素，而这种维生素是认知思维、协调能力和记忆力发挥作用所必需的营养元素。

---

① 卡诗（kasha）是美国食品巨头家乐氏（Kellogg）旗下的谷物品牌。——译者注

提高孩子思维能力的 6 份快速早餐

下面列出的这些早餐可供你选择，它们都含有用于快速补充能量的碳水化合物、促进维生素吸收的脂肪，以及维持体力的纤维素和蛋白质。如果上学前来不及，这些东西大多数也都可以在车里解决。

1. 半份花生酱或坚果酱、果酱三明治、牛奶或水。

2. 一根麦片咀嚼棒（或其他品牌的低糖、高纤维能量棒）、一根香蕉——香蕉饱腹感很强，而且富含钾元素，钾是保持大脑、心脏、肾、肌肉组织和其他器官系统处于良好状态所需的电解质。

3. 一份涂着花生酱或坚果酱的苹果片或香蕉片和牛奶。

4. 加了甜味的新鲜水果（浆果、苹果或香蕉片）的纯即食燕麦，一杯牛奶或水。把燕麦片放在微波炉里热一分钟，然后加入水果和一些坚果，用来增强营养。还可以淋一点枫糖浆，吃起来会更美味。

5. 一个煮熟的鸡蛋（富含有益大脑发育的Omega等维生素），一根香蕉或一个容易剥皮的橘子。

6. 谁说孩子们早上必须吃传统的早餐？如果你的孩子喜欢吃剩菜，可以把前一天晚餐剩下的意大利面、肉丸或鸡爪热一下给他吃。

午餐怎么吃？

在接下来的故事里，来找一找你的孩子或他同学的影子吧！

"嘿，看呀！"莫妮卡举起一个塑料袋，炫耀着装在袋子里的点心，"我有巧克力饼干！"

"别忘了你妈妈说过的话。"戴伊太太说，"你得把盘子里的食物吃完，才能吃这些好吃的零食。"她每隔一段时间都会这么提醒一遍，但这些孩子往往听过就忘了，或者只记住了他们想听的话。

教室外的两张蓝色野餐长凳上坐满了幼儿园的小朋友，他们正在木制顶棚下吃零食或者用午餐。

"我也有一个肉馅三明治。"莫妮卡笑嘻嘻地看了看餐盒里的食物，拿起了一小块三明治，那是她妈妈那天早上抽时间做的。

"我妈妈给我做了花生酱和果冻，因为我就喜欢吃这些。"鲁本拿起半块用面包做的长方形三明治，咬了一大口。他的脸颊变得鼓鼓的，就像一只花栗鼠，杰克和莫妮卡见状大笑起来。

杰西卡的爸爸很忙，所以他准备了一盒金枪鱼罐头，可以涂在小份的饼干上。她默默地把这些她爸爸称为"好东西"的食物先吃了，但她最想吃的还是金枪鱼罐头旁边的巧克力薄荷糖。对她来说，糖果才是最好的东西。

布兰登安静地坐着，手里拿着一袋薯条，一边喝混合果汁一边嚼着巧克力蛋糕。在上学的第一周，他就知道了不要跟别人炫耀自己的零食。否则，戴伊太太可能会给他一些花生酱，并且只允许他在果汁和甜点当中选一种来吃。她认为太多的糖分容易让孩子感到疲劳，但是布兰登喜欢吃自己的午餐。

"你有什么好吃的？"莫妮卡问杰克。

"我……嗯……苹果片……"

"杰克，在说话前先把你嘴巴里的食物咽下去，好吗？"戴伊太太提醒他。

杰克咽下了食物。"好的。"

他指着午餐盒里的东西，挨个儿说："我有苹果片、一些葡萄、一根奶酪棒，还有带吸管的巧克力牛奶，看到了吧？"他又举起手里的小盒子给朋友们看。

"你没有三明治吗？"莫妮卡又咬了一口她的火鸡奶酪小麦三明治。

"没有。我回家后会吃一个，这只是一份点心。"

吃了两口三明治以后，莫妮卡就吃腻了，开始在塑料袋里翻找："看！我也有一些紫色的葡萄！"她对杰克说，然后马上吃了几颗。

"能给我吃一点吗？"鲁本已经吃完了他的花生酱和果冻，这些橘黄色的点心看起来并没有莫妮卡的葡萄那么吸引人。

"给你。"莫妮卡把塑料袋递给鲁本。他拿出两颗葡萄，又还给莫妮卡。

"不用，你可以拿着继续吃。"莫妮卡说。

"谢谢！"

莫妮卡没有葡萄了，于是她又吃了几口三明治，然后把剩下的四分之三份三明治放回包装，丢进自己的海绵宝宝午餐盒里，盖上了盖子。她开始吃巧克力饼干，很快就吃得一干二净。说来也有趣，甜点总是比其他食物更容易吃完。接着，她又喝了一杯含有10%樱桃果汁的饮料，将刚才吃的甜点一起冲进胃里。

去操场之前，莫妮卡得把食物清理干净，所以她把午餐盒里剩下的所有东西（包括大半个三明治）都扔进垃圾桶里，又把有海绵宝宝图案的午餐盒和其他人的午餐盒一起放在墙边，然后跑到攀岩城堡边，打算趁着午休结束前再玩一会儿。

在几分钟前，布兰登就吃完了他那份高糖分、热量炸弹般的午餐，现在正从攀岩城堡的滑梯上迅速地滑下来。滑到底部后，他绕着城堡乱窜，用壮实的身体猛地撞向莫妮卡。莫妮卡一下子从梯子上摔下来，飞到下面的海绵垫上——这些垫子就是为了防止孩子摔伤而设计的。这一撞让莫妮卡觉得又疼又害怕，她大哭了起来。

"布兰登·温克尔！"戴伊太太循声匆匆赶来，"你应该对莫妮卡说什么？"

"对不起？"布兰登耸了耸肩。看来，如果老师不问他，他根本意识不到自己做错了。

"没错，我认为你得先道歉。"

"对不起，莫妮卡。"

"留点神，布兰登。"戴伊太太警告说，"否则你就得在外面待上一阵子。"

"好吧。"

戴伊太太检查了莫妮卡的膝盖，她受了点伤，但不太严重。"阿拉－卡扎姆－阿拉－卡兹，让可爱的小膝盖好起来吧！"老师一边说一边在伤口上挥了挥手。然后，她吹了吹伤口，完成了这项"魔法咒语"仪式。这是戴伊太太的小妙招，几乎能让所有小朋友一下子感觉好起来。"现在怎么样？"她问她的小病人。

"我觉得好多了。"莫妮卡睁大了眼睛，说道。她的老师会魔法吗？

"你现在可以去玩了吗？"戴伊太太又问。

"没问题！"莫妮卡又回到了操场，不过这次她打算去跳绳。

杰克和鲁本吃完零食，清理干净以后，和其他孩子一起在操场上玩耍。当戴伊太太按铃喊孩子们列队集合的时候，他们俩正在双人跑道上骑着红色三轮车比赛谁骑得更快。

到了该上课的时间了。孩子们回到教室里，学习硬币的多种排列方式，再想一个和它们相关的故事。杰克和鲁本表现得很机灵，他们刚吃了花生酱、奶酪棒和巧克力牛奶，这些食物含有的蛋白质能给他们正在成长的身体补充足够的能量，葡萄和苹果富含维生素，又让他们很快就进入学习状态，跑步和骑三轮车的锻炼也让他们的大脑转得更快。两个男孩一起合作，想出了所有能构成硬币的数字组合，还编了一个很棒的故事，关于蜘蛛侠和他拯救的五个人。

可怜的布兰登却没"电"了。甜点让他兴奋了20分钟以后，困意很快袭来，他的眼皮也耷拉了下来。和单达一起从地毯走到课桌前讲故事，这对于他来说简直比登天还难，单达滔滔不绝，而布兰登只想哭。

杰西卡和莫妮卡搭档，编了一个小故事。杰西卡在午饭的时候吃了金枪鱼，里面含有蛋白质、Omega-3和Omega-9等营养元素，这些都能帮助她开动脑筋，好好地计算硬币。莫妮卡却像个布娃娃一样恹恹的，那几口三明治提供不了大脑运作所需的能量，饼干和樱桃汁饮料的含糖量高，又让她消耗了过多的能量，所以她只能对着桌上的硬币干瞪眼。

你也许会在这群孩子中看到自己家孩子的影子，也许不会。重点在于，小朋友的大脑都需要持久的能量来学习新知识，不能让孩子在学校里吃垃圾食品。家长常常会觉得，一块饼干、一袋薯条或一杯果味饮料可以让午餐盒看起来更诱人。但是，就像莫妮卡那样，孩子们往往会直接"跳过"健康的食物，只把好吃的零食全吃进肚子里，结果脑子就转不动了。

不过，孩子放学回家后，可以吃一些饼干配牛奶，这是一项古已有之的饮食传统。

斯坦思夫人说："对于吃过早餐而且只上半天幼儿园的小朋友来说，半个切片苹果、一根奶酪棒、一小瓶水或一些牛奶，就是一顿能很好地补充能量的零食。"如果孩子上的是全日制幼儿园，就再加上一整个切片苹果，这样的话剩下的苹果可以在晚些的零食时间吃。

如果你的孩子是饿着肚子回家的，你可以问问老师，看看孩子是不是用自己的食物和别的小朋友交换饼干了，还是为了去玩而直接把午饭扔进垃圾桶。如果都不是的话，可以根据斯坦思夫人提供的营养食物列表（见下），给孩子的午餐盒再增加一些食物，让他能活力满满地度过在校的一天。

斯坦思夫人最爱的食物，给孩子的大脑"充充电"

能稳定且慢速释放能量的 5 种碳水化合物

1. 切成四块的半个苹果——幼儿园的小朋友不太能直接啃一个完整的苹果，而且对他们来说，一整个苹果的量也太多了。

2. 橘子瓣——留几瓣橘子连着橘子皮放在一起，让孩子可以自己剥橘子，或者把半个正常大小的橘子切成四片，方便他们食用。（老师们要帮孩子插牛奶盒的吸管，还要做别的事情，所以你可以让孩子学着更独立一些。）

3. 一些小胡萝卜——这种零食口感松脆，又健康，还富含维生素 A 和纤维素。

4．较小的水果——比如葡萄、樱桃（去了核的）和草莓（摘掉顶上的部分）等，既能解渴，也很有营养。

5．一小盒葡萄干，最好配上一些水，关键时刻会很管用。

能持久供给营养的 7 种蛋白质

1．奶酪棒——吃起来方便又好玩。

2．一个煮熟的鸡蛋——根据最新研究成果，曾经被视为不健康食物的鸡蛋被重新定义为最重要的营养品。（Wallace 和 Fulgoni，2017 年）友情提示：你可以多买一些彩蛋工具套装，给鸡蛋涂色，那么在这一年里，吃鸡蛋都会变得很有趣。

3．半份三明治——三明治里的花生酱、果酱、肉类或金枪鱼都可以提供增强脑力的 Omega-3 和 Omega-9。

4．用金枪鱼、肉或奶酪搭配饼干（四块左右）——它们能让孩子的大脑恢复活力，更好地思考。

5．昨晚的剩菜——用昨晚的肉卷切成的一口大小的肉块、一根鸡腿、一小份炖菜或者奶酪通心粉。不少孩子都喜欢在学校吃和家里人一起吃过的食物，这让他们感受到家庭的氛围。

6．一把坚果或烘干的豆子——可以提高咀嚼能力，强化大脑的功能。

7．一小盒农家干酪，搭配水果片或苹果酱——这是一份营养均衡的小吃，让孩子更善于思考。

在繁忙的日程中，准备一顿既方便又健康的晚餐

有时候，如果工作很忙，家长往往会准备一些很简单的食物。让孩子偶尔吃一次盒装的通心粉、奶酪或是比萨不会有什么坏处，但不能经常吃。孩子的大脑需要摄入Omega-3、Omega-9和B族维生素。他们也不必吃得太复杂，因为大脑和身体的生长发育只需要维生素、矿物质、健康的脂肪、蛋白质和碳水化合物。

与其到外面的餐馆吃比萨或者叫个外卖送到家里，都不如在周末煮一些鸡蛋或者买些煮熟的鸡蛋，再配上一片全麦吐司、苹果片或橘子瓣。这样一顿饭的准备时间，与煮一锅意大利面的用时差不多。把晚餐当成早餐来吃，也是一种更健康的生活方式。你也可以在超市购买切好的蔬菜和水果，留到晚餐的时候吃。买这些食物花去的钱会多一些，但比起饥肠辘辘的时候去外卖店买一大堆垃圾食品来填饱自己，其实并没有贵多少。如果你的预算有限，也可以买一些营养成分健康又便宜的罐头汤，吃起来很方便。

有时间的话多做点菜，这样一来，你就可以在这周的晚些时候再

吃一顿稍加调整或完全一样的菜。以前，如果周日下午我们不用出门的话，我常常会做上一大锅鸡肉和蔬菜汤，或者做一大锅肉和菜的炖锅。说实在的，在冬天热上几顿美味的家常汤和炖菜来吃，没有比这更方便的事情了。

如果孩子要喝水的话，给他一杯牛奶或一瓶水，这些才是最解渴的饮料。要是你在晚饭前后能抽出时间，可以让你的孩子到处跑跑、跳个舞、跟着视频锻炼、跳跳绳，或者和你一起快步走——任何能让他出汗的活动都行。一些有营养的食物和持续的锻炼，可以让孩子的思维变得更清晰，记性更好，睡得也更香。

幼儿园阶段的牙齿保健

每个孩子都是不同的个体，有的换牙早，有的会晚一些。不过，位于孩子下颌的两颗中切牙通常都是在 6 岁或 7 岁时脱落，紧接着是位于上颌的两颗中切牙。

2016 年，儿童口腔科专家克里斯托弗·休斯（Christopher Hughes）和杰弗里·迪恩（Jeffrey Dean）对牙医的建议是：告诉孩子的父母或家庭医生，帮孩子刷牙的做法至少要坚持到他们年满 6 岁。专家认为，当孩子从家人帮忙刷牙变为自己刷牙之后，父母就要主动承担监督的责任。

休斯和迪恩还表示，根据孩子刷牙的熟练度和责任感，你可能需要提醒孩子，有时候还要亲自示范，告诉他们如何清洁口腔中的某些特定区域，一直到他们年满 12 岁。在孩子过渡到自己刷牙的前两个月，你帮孩子刷牙的时候就要开始使用两分钟的计时器（通常与儿童牙刷一起售卖），确保在最短的时间内充分清洁这些小小的牙齿。这样一来，当你的孩子准备好自己上手时，使用计时器就已经成了牙齿清洁习惯的一部分。

这可能看起来有些夸张，近似于"直升机父母"的育儿行为，但研究表明，在6岁之前，大多数孩子都没办法清理到口腔内的边边角角和所有缝隙。美国医学会表示，龋齿是儿童最常见的慢性疾病，因为乳牙中的蛀牙还会影响到下面的恒牙。

乳牙比我们许多人想象的还要重要。它们帮助孩子们养成良好的咀嚼习惯，为恒牙腾出空间，让它们在合适的位置萌出，还能抵住舌头，使孩子能够发出诸如 /d/、/l/、/s/ 和 /t/ 之类的声音。而且，长蛀牙会很痛，长歪的恒牙会让孩子觉得难为情。

到了孩子6岁生日前的一个月左右，在他们准备开始给自己刷牙的时候，你要好好看待这个阶段，因为这是他迈向独立的一大步。你们可以开始一步步地讨论彻底清洁牙齿的全过程，告诉孩子牙刷要涂上豌豆大小的牙膏，这样他就不太会把含牙膏的水咽下去。尽管氟化物有助于牙齿的健康，但大多数牙膏中的化学物质都不利于消化（正如喝了带肥皂的洗澡水对身体不好一样）。

你可以向孩子展示，在把牙刷放进嘴里之前，怎样把牙刷打湿，然后怎么通过牙刷的上下移动来有效地去除糖分和牙菌斑。你们还可以给口腔各个区域设定好刷牙的顺序，确保每个牙齿都能刷干净。当孩子已经很熟悉刷牙的整套流程时，考考他：先做什么，接下来怎么做，等等。让你的孩子涂上牙膏，打湿牙刷，在你的监督下给自己刷牙。

在你的孩子6岁生日当天，等吃完蛋糕和冰激凌以后，你就把自己刷牙这个光荣的职责作为奖励移交给他，这也是生日仪式的一部分，宣告孩子真的长大了，更有能力照顾自己了。

不过，国际儿童牙科协会（IAPD）建议：在孩子八九岁之前，家长还是要负责用牙线帮他们清洁牙齿。因为在那之前，大多数孩子还没办法把牙齿彻底清洁干净。IAPD 还建议：在孩子 6 岁左右，第一颗磨牙萌出后，家长应该带孩子去做窝沟封闭。因为新萌发的磨牙较软、窝沟深，很难用牙刷清洁，容易导致蛀牙。

你肯定知道保护牙齿就得让孩子少吃糖果，但你知道果汁和精制碳水也会伤害牙齿吗？比如比萨饼皮、贝果、意大利面和松饼这些食物，跟巧克力饼和冰激凌一样，一旦与口腔中的细菌结合，就会产生酸性物质，腐蚀牙齿，导致蛀牙。家长要让孩子适量吃这些食物，并做到每天早上和晚上都认真刷牙，从而养成健康的好习惯，并一辈子都能拥有坚固的牙齿。

🍃 你是哪种类型的父母？

😠"把电视关了，我们该走啦！"杜兰戈夫人一进厨房就喊起来。

"好吧。"5 岁的珍妮丝应了一声，发现自己忘了刷牙。但是她妈妈现在很忙，没法帮她刷牙。

杜兰戈夫人将一袋薯条、一根奶酪棒和一袋果汁一股脑儿塞进午餐盒，然后拿起她的公文包。她心想，今天的晚餐一定要做得丰盛点儿。唉，时间都到哪里去了？"珍妮丝！我们得出门了，快迟到了！"

"来啦！"珍妮丝按下电视遥控器上的关机键，拿起书包，冲出家门。

"天哪，我忘了点儿东西。"杜兰戈太太说，"你先上车，我去去就回。"

珍妮丝钻进后座，系好了安全带。书包背起来有点轻，她打开想看看是不是忘了带什么。然后，她慌慌张张地解开安全带，从车上跳下来。

"你要去哪里？"杜兰戈太太抓住珍妮丝的胳膊，叫道，"我们要迟到了！"

"我得去拿我的作业夹和图书馆的书！"

"你刚才就该收拾好自己的东西，不应该看电视的。"杜兰戈太太把女儿拽回到车里。

"但是，妈妈——"

"对不起，亲爱的。我们没有时间去找你要带的东西了。这次就算是个教训吧，下次你就不会忘记了。"杜兰戈夫人字斟句酌地说，她知道自己的话很"虚伪"，但她必须准时参加工作会议。

在上学的路上，珍妮丝静静地坐在车里，双眼噙满泪水。杜兰戈夫人打开收音机，试图让自己放松一下。

车开到了学校前面的人行道旁，杜兰戈夫人让珍妮丝下车。今天没时间陪女儿去教室了，她的客户还在等着她。

"再见，珍妮丝。今晚见！"她朝车窗外喊道。

当她开车离开时，她 5 岁的孩子正无精打采地往学校走去。

🦉 "杰里米，我们去刷牙吧。"斯坦纳太太说。

"好的。"杰里米从桌子前站起来。他的麦片碗还放在桌子上，等着妈妈来帮他放进水槽。

母子俩走进洗手间，斯坦纳太太从架子上取下杰里米的牙刷，涂上牙膏，帮他刷牙。

"该走了。"她一边用手巾帮他擦嘴巴一边说。然后，斯坦纳太太走出洗手间，来到前门，拿起儿子的书包。她知道他的家庭作业、阅读笔记和图书馆的书都在里面，因为这些都是昨晚她亲自放进去的。

"哎呀，差点忘了你的午餐盒。"她又急忙把杰里米的午餐从冰箱里拿出来，放进他的书包里，然后一起上了车。

没过多久就到了学校，斯坦纳夫人把车停在停车场，牵着儿子的手，将他送进教室。

"再见，妈妈。"杰里米抱了抱她。

"放学后，我们在冰激凌晚会①上见。"她说。

"哦，对啦！我都把这件事给忘了。"杰里米开心地笑起来。然后他走进教室，坐在了地毯上。

斯坦纳夫人从杰里米的书包中取出文件夹，放在教室前装作业的篮子里。她感到有点内疚，因为在前一天晚上，她费了半天的劲儿才让杰里米写完作业，还不得不帮他填完了最后几个空格。但这总比把没写完的作业交上去好，对吧？然后，她把他从图书馆借来的书放进红色小推车，班长之后会统一送到图书馆归还。走出教室前，她又把书包挂在墙边的钉子上。

👦"珍妮，请把你的碗放到水槽里。"戴维斯先生一边把自己的麦片碗放进水槽，一边问，"你吃维生素了吗？"

珍妮穿过房间，打算去拿麦片碗，顺便往嘴里塞了一把紫色的复合维生素。

"吃过啦！"她笑着说。

---

① 冰激凌晚会（ice cream social）是美国小学的惯例之一，在当天傍晚，全校的老师和家长们会聚在操场上，一边吃冰激凌一边互相认识。——译者注

"干得好。"她的爸爸也笑了,"我们去刷牙吧,五分钟后出门。"

"好的。"珍妮跑进洗手间,戴维斯先生跟在她的后面。

爸爸看着她把豌豆大小的牙膏涂在儿童牙刷上,然后在水龙头下把牙刷打湿。接着,珍妮把牙刷递给了爸爸。戴维斯先生开始给女儿做每天的牙齿清洁工作,给她口腔里的每个区域都刷上 8 次,仔细地清洁着牙齿的内部、外部和咀嚼表面。他正期待着女儿在 6 岁生日以后能自己刷牙。

"你在白板上看到今天放学后要做什么事情了吗?"往门口走的时候,戴维斯先生问珍妮。

"托儿所要举办冰激凌晚会,"珍妮拎起门口的背包,说,"然后妈妈会来接我上舞蹈课。"

"噢,没错,你还要上舞蹈课。"

戴维斯先生在厨房的墙上挂了一块白板。如果有他和妻子需要关注的家庭活动,他们就会在对应的日子做标记。他们会给这些活动画一些简单的对照图片,比如一个冰激凌蛋筒和一个跳舞的小人儿,这样一来,珍妮也可以"看懂"白板上的内容。在过去的几周里,他们的女儿也在白板上画了一些图片,提醒她的爸爸妈妈不要错过那些活动。

戴维斯先生说:"我们来检查一下书包吧。"

"好的。"珍妮打开了她的凯蒂猫图案的书包,仔细地看着里面的东西。

"你需要带什么?"她爸爸问道。

珍妮拿出她的作业夹,说:"我的作业夹放在这里,阅读笔记放在上面。看,你和妈妈每天都在笔记上面签字。"这个 5 岁的小女孩举起笔记本,露出灿烂的笑容。

"你这周表现得很好。"戴维斯先生微微转过头，眉毛一挑，"不过，你是不是漏了什么？"

"什么？"

"今天是星期五。"他给了个暗示。

"啊，图书馆的书！"珍妮跑进客厅，书通常都会放在沙发旁边的茶几上。"在这里呢！"她拿起那本《大红狗克里弗》，带着书一起回到车上。

"干得好！"戴维斯先生说，"你会记得把这周的书放在红色小推车里吗？这样的话，你今天就可以在图书馆挑一本新的书了。"

"当然会啦。"珍妮抬起头，用她那双快活的棕色眼睛注视着她的父亲，"今晚你能给我读新书吗？"

"当然。"他吻了吻女儿的脑袋，"来吧，我们出发了。"

他们很快地开到了学校，戴维斯先生停了车，带着女儿走进教室，又看了看手表——就算遇上交通堵塞，他也有足够的时间去上班。他本来想提醒女儿把作业夹放在篮子里，把书放进红色小推车，但是他克制住了。如果总是由他来提醒，不让她犯任何错误，她又怎么会从中学到经验教训呢？所以，他只是抱了抱自己的小宝贝，说："希望你能度过愉快的一天，我的小鸡宝宝。"

这是他们父女间的"暗号"，珍妮大笑着说："你也是，爸爸。"

戴维斯先生隔着教室里的窗户，悄悄地往里面张望。虽然爸爸并没有提醒，但珍妮还是记得把作业夹和图书馆的书放到了对应的地方。他微微一笑，准备去上班了。

根据自身情况的不同，我们多少都会与这三位家长中的一位有相似之处。不过，多花一些时间去成为"天使父母"，会让你得到更多的回报。问一问孩子，有没有把自己上学需要带的东西都收拾好。如果都是你来帮他把书放进书包，孩子就很难培养责任感。而且，确保孩子在前一天晚上就把作业夹从沙发上拿下来，并放进书包，也可以给你省去不少麻烦。谁会希望承担更多的压力呢？你不想，你的孩子也不想。所以，从现在开始，给孩子树立一些规矩吧，这样的话，在他整个上学期间，你们一家人都会过得更开心。

随着孩子的长大，他们可能会犯一些更糟糕，也更难以纠正的错误。在孩子逐渐脱离掌控以前，幼儿园阶段正是纠正这些错误的好时机。不过，作为父母，你不可能一直都做得很完美。我们的目标是认识到亲子之间正确的互动方式，如果我们做对了，对自己笑一笑；如果有什么地方处理得不好，就尽最大努力去改善。

本章小结

看到这里，你会觉得自己已经掌握了与孩子玩耍的诀窍，同时也打下了亲子关系的良好基础。你的家庭拥有了一套核心的交流方法，这种方法可以通过白板，也可以利用你家里任何一种更有效果的东西。

你已经为你的孩子制定了一套生活常规：放学以后，先休息一会儿，然后完成家庭作业，和家人一起做些好玩的事情。就寝仪式也已经安排好了，你的孩子通常都能得到足够的睡眠，让大脑产生必需的、能恢复活力的 δ 波和 θ 波。

经过一些尝试以后，你找到了适合孩子的几种健康菜谱，就算工作很忙，也可以很快地准备好。关于孩子的学习，你也和老师或家校辅导员保持着良好的沟通。

就这样，仿佛一眨眼的工夫，幼儿园阶段就结束了。

在即将升入新年级的假期，你可以继续和孩子一起玩游戏，让全家人都过得更快乐。在玩游戏的过程中，不管是给东西分类、唱歌、做饭，还是猜一猜新书的故事内容，你们都可以度过一段愉快的时光，还能让孩子的神经通路发育和成熟，避免因为不用它而萎缩的情况。

很快，你的孩子就要上一年级了，一年级的要求比幼儿园要高得多。不过，别担心，接着往下读吧，我们会确保：无论在精神、人际交往还是身体方面，你和你的孩子都会为接下来这一年的巨大变化做好准备。

第 四 章

一年级阶段：

小小的人儿，大大的改变

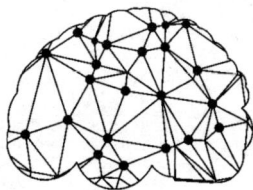

通常来说，一年级的孩子会真正萌生对周边环境的求知欲。你的孩子可能会从泛泛的好奇转变为渴望了解整个世界运转的细节。你可以和六七岁的孩子一起分享有趣的知识，还能来一番哲学性探讨，是不是听起来挺惊人的？这种强烈的、想要了解一切的欲望，会帮助你的孩子从幼儿园教室的社会环境过渡到学习氛围更浓厚的一年级阶段。

一年级阶段的大脑发育

对于一年级的孩子来说，与沟通相关的神经通路变得更有效率，也就是说，神经元和大脑各部分之间的信号更加同步。这意味着他们的粗大运动控制能力（通过大脑前额叶调节）变得更顺畅，也更协调。因此，你可能会发现，当孩子长到六七岁的时候，他们会更擅长跳绳、接踢球和骑自行车。

同样地，这个年龄的孩子的精细运动能力也会提高。他们的手指变得更加灵活，尤其是如果你的孩子经常玩黏土塑形、给小东西分类的话，就能有效地连接神经元，加强小肌肉群。（请参阅第76—78页的"手指训练：请不要揠苗助长"。）

在一年级阶段，孩子会觉得写字、画画、使用剪刀和操作触摸屏等行为变得更简单了。大脑的枕叶区（位于大脑后部）也更善于处理视觉刺激，所以孩子会更容易追踪并看懂印刷品的内容，无论是数码的，还是写在纸上的。

如果你因朋友的孩子在幼儿园毕业时就可以自主阅读，但你的孩子仍然不知道所有字母的发音这样的情况而感到担心，那恐怕有点杞人忧天了。只要你经常和孩子一起读书，很快孩子的神经通路就会帮助他把音素或字母的发音相连，并拼成单词。你也可以陪着你的孩子，学习本书每一章中的高频词，给孩子大脑的海马体区域增加词汇储备，这一区域是负责长期记忆的。

记住，不同孩子的大脑发育速度并不相同。你还会发现书中提供了很多游戏，这些游戏既可以刺激大脑神经连接的形成，又能保持孩子对阅读的兴趣。从另一个方面来说，如果你因为你的孩子比同龄人更早地开始阅读而感到自豪的话，你也要知道，他的同学可能很快就会赶超上来。当然这也有好处，让他可以与同学们一起分享和讨论故事内容。

你可能已经意识到，如果每次只给孩子一条指令，他的执行效果最好。一旦你又加上了一两条指令，孩子要么会抱怨事情太多，要么会把大部分指令忘了，只记得其中一条。在一年级阶段，尽管孩子大脑的神经通路变得更加清晰，但他记住并处理一系列指令的能力在未来几年内都不会有所提升，这并不奇怪。希腊雅典国立卡波蒂斯坦大学的神经科学家哈里斯·乔治（Harris Georgiou）2017年在对功能性磁共振成像测试结果进行大量分析后，在报告中指出：当人脑在执行"视觉—运动"任务时，会有大约50条独立的神经通路同时开始工作。

因此，对于一个6岁的孩子来说，既要处理当前指令，还得记住其他的指令，实在是要耗费太多脑力了。

🍃 一年级阶段的社会特征

上一年级以后，你的孩子会想要更独立一些，还希望得到除家里人以外的大人的认可，比如：老师、教练、阿姨和叔叔等。所以，你会觉得自己不再是孩子最好的朋友。别担心，这种社交的扩展是正常的，也是健康的。

亲情

在你的表扬下，孩子会继续茁壮成长。但是，你还是要记住，要表扬他的努力、创造力和解决问题的能力，而不是智力。否则，你的孩子每次遇到有难度的概念或任务的时候，都会怀疑自己的智力，这肯定不会是你希望看到的。如果一项任务变得很难，或者很无聊，孩子仍然坚持完成，而你表扬了他一番，那你就为他在未来的人生中获得成功打下了基础。另外，你还要不断地鼓励他，比如说："干得好！"因为他的大脑还是没有学会处理负面反馈，比如说："你做错了。"

友情

对一年级的孩子来说，他们把朋友看得和父母或老师一样重要。

你会发现，你儿子最近总是发出奇怪的噗噗声，这是他从班上的另一个男孩那儿学来的；又或者，你女儿的最新口头禅就来自她刚结交的最要好的朋友。一年级的孩子有很强的性别意识，所以男孩喜欢与男孩一起玩耍，女孩喜欢与女孩一起玩耍。

男孩可能会经常换玩伴，也可能一整年都和一个或几个同学一起玩。他们的朋友往往来自身边的同学，或者课间一起玩游戏的玩伴。如果有同学在球赛中不遵守秩序，其他人会叫他出列，或者打一下他的胳膊，不过他们常常很快就会忘记他的犯规行为。

另一方面，女孩之间的友谊变化同样快。今天，两个女孩还是最好的朋友，到了第二天，两人的感情可能就会因其他同学而"破裂"，或者其中一个女孩又和别的同学成了"永远的、最好的朋友"（"Best Friend Forever"，缩写为 BFF）。你应该和你的孩子多聊聊他和朋友们的事情，但不要太担心孩子之间的友谊变化。对于这个年龄段的孩子来说，不管是男孩还是女孩，都不太在乎玩伴的来来去去。

男孩和女孩的另一个共同点是，他们都觉得其他人认知世界的方式和自己是一样的。具体到一年级的小朋友玩游戏这件事上，孩子们都知道玩游戏必须遵守规则，但他们不想输掉游戏，所以会选择性地遵守其中的一部分规则，还默认其他的小朋友也会遵守同样的规则。这样一来，因为每个孩子选择的规则不一样，就会时常出现试图歪曲或改变规则的状况，怒火从而一触即发。

值得庆幸的是，到了六七岁的时候，大多数孩子已经学会用对话（更像是大喊大叫）来解决"公平"问题，而不是靠着挥舞拳头、拽拉头发。在劝架之前，先看看他们能不能自己解决冲突，从而学会合作和妥协。不过，如果孩子们正在玩游戏，最好还是看着他们，以防有孩子被欺负，或者争吵一时失控，导致大打出手。

等孩子的其他朋友都回家以后，你可以利用这段可施教的时机，和孩子谈谈必备的人际交往能力，这些技能与别的技能一样值得学习。或许，在你的帮助下，孩子才能真正了解别人的想法。比如，你可能要向孩子解释：为什么他的朋友去上厕所时，他没有帮着在游戏队伍里保留位置，朋友会有点不高兴。

与其告诉孩子，让他的朋友重新回到队伍里来，不如问他一些问题（见下），让他意识到自己是怎么造成这个问题的。这样一来，他就能学会审视已经发生的事情，并在未来做出更好的决定。你们之间的对话能让他产生同理心，变得更礼貌、更有自信——这些都是非常重要的品质，帮助孩子学会如何在生活中与同龄人相处。

让一年级的孩子在冲突中培养责任感

如果你的孩子跟同班同学或老师发生了一点小摩擦，你可以问他以下 4 个问题，但不要带任何个人判断——包括询问时的语气，然后耐心地听他回答。通过这种方式，他就会意识到自己的问题：

● 你觉得你的朋友 / 老师 / 同学为什么会有这样的反应？

● 如果是你遇到这种状况，你觉得你会有同样的感受吗？为什么？

● 在同样的情况下，你觉得你会怎么做？

● 你觉得自己可以做些什么、说些什么来解决问题吗？如果可以，那你会怎么做？

一年级阶段的学习能力

在孩子升入中学以前，一年级会是他变化最大的时期。在这一年，你的孩子要学会阅读并讨论图画书、社会研究和科学文章，并能用完整的句子来回答问题。对他们来说，数字、几何图形、硬币和时间都拥有了新的含义。这会是一段惊喜不断的发现之年！

对于孩子来说，坚持体育运动一直都很重要，但在一年级尤为关键，因为运动能增强他们的自控力。尤其是当幼儿园到一年级学习时间的调整和改变，孩子常常要坐在桌子前待上好几个小时，你就更得督促他每天运动会儿，出出汗，做到劳逸结合。

一年级阶段应该掌握的学习能力

语言能力

- 根据故事或文章的内容，进行提问和回答。
- 复述故事的内容，理解中心思想。
- 分辨有暗示性或感情色彩的单词和短语。
- 知道故事是由什么人来讲述的（即叙述视角）。
- 将故事中不同角色的经历进行比较。
- 阅读一年级水平的故事、文章和诗歌。
- 讲述小说与非小说的区别。
- 描述人物、事件、观点或信息之间的联系。
- 通过提问和回答，弄清单词和短语的意思。
- 通过标题、词汇表或电子目录找到相关的信息。

- 通过故事中的图画和情节，了解这个故事主要讲了什么。

- 知道作者是用哪些理由来论证自己的想法的。

- 比较同一主题下的两篇文章的异同。

- 在句子开头使用大写字母，结尾使用句点。

- 将普通专有名词大写，比如人名和星期。

- 用一年级水平的基础语音来书写和标注不熟悉的单词。

- 流畅地通读课文，理解文章内容。

- 参与和一年级课程主题、课文相关的讨论。

- 描述人物、地点、事物和事件。

- 用图画来表达自己的观点、想法和感受。

- 在大人的帮助下，写出观点性、信息性和叙述性的段落。

- 根据上下文或参考指南，联想单词和短语的含义。

- 使用从对话里听到的或者课文里学到的单词和短语。

数学能力

- 解出加法和减法的算术题。

- 知道加法和减法之间的关系。

- 知道从 1 到 20 的加减法运算。

- 能从 1 数到 100，并写下来。

- 知道 1 作为个位数、十位数和百位数时的不同位值。

- 用相等单位的工具来测量长度，比如木块或回形针。

- 表示并解读数据，比如涂着孩子最喜欢的颜色的柱状图。

- 看懂并写出整点的时刻，比如 1:00、2:00……12:00。

- 具备形状思维，比如知道怎么摆出四边等长的正方形。
- 在讨论的时候用数学概念来论证自己的观点。
- 尝试用不同的方法来寻找答案，直到把题目解出来。
- 用图形或实物来解题。
- 寻找并利用架构，并反复推理。

一年级阶段应该掌握的高频词

把下面这张表格复印一份，或者直接把这本书放在车里，当你们开车出门的时候，你的孩子就可以来一次"寻宝游戏"，找出表格里提到的单词。不管是街头标志、海报还是麦片盒……在各种出乎你的意料的地方，孩子都能找到这些高频词。当他可以阅读和拼写所有的高频词以后，记得好好庆祝一番！

一年级第一学期的 50 个高频词

am（是）	ate（吃）	away（离开）	big（大）	black（黑色）
blue（蓝色）	brown（棕色）	but（但是）	came（来）	come（来）
did（做）	do（做）	down（下面）	eat（吃）	find（找到）
four（四）	from（来自）	funny（有趣）	get（拿到）	go（走）

good（好）	help（帮助）	here（这里）	into（进入）	jump（跳）
like（喜欢）	little（小）	look（看）	make（做）	me（我）
must（必须）	my（我的）	new（新的）	no（不）	now（现在）
our（我们的）	play（玩）	please（请）	pretty（漂亮）	ran（跑）
red（红色）	ride（骑）	run（跑）	saw（看）	say（说）
she（她）	so（所以）	soon（很快）	too（也）	want（想要）

一年级第二学期的 **40** 个高频词

box（盒子）	by（通过）	could（能）	every（每个）	fly（飞）
give（给）	going（前往）	has（有）	her（她/她的）	him（他）
just（仅仅）	know（知道）	let（让）	live（生活）	may（可能）
next（下一个）	old（老）	once（曾经）	open（打开）	over（结束）
put（放）	round（圆的）	stop（停止）	take（拿）	thank（谢谢）
them（他们）	then（然后）	think（想）	three（三）	two（二）
there（那里）	under（下方）	walk（走）	well（好）	went（去）
white（白色）	who（谁）	will（希望）	year（年）	yellow（黄色）

提升一年级孩子语言能力的 4 种方法

1. 图片环游。每当你和你的孩子开始读一本新书时，先翻阅一遍，看图说话，猜一猜书里会发生什么样的故事。猜得对不对并不重要，好的读者能对故事内容做出预测，并在阅读的过程中进行有意识的确认或修正。这个游戏可以提高一年级孩子的理解能力。

2. 拼写单词。如果孩子在课堂上阅读的故事后面附有一份听写表，或者故事里有一些不认识的单词，那么，他怎么才能记住这些词呢？一个好方法就是使用拼字板来拼写单词。将合适的字母块放在一起的过程，会让孩子获得更多与生词相关的触觉和视觉刺激。如果老师布置了家庭作业，要求孩子默写单词，你可以把字母块遮住，看看你的孩子能否记住某个单词的字母顺序。你也可以在平时的聊天中用上一些符合语境的生词，让孩子更好地理解词义。

3. 即时分享。在亲子共读的时候，你可以把自己对整个故事或段落的想法告诉孩子，找出故事里的角色是怎么解决矛盾冲突的，以及你会如何处理这些问题。一般来说，孩子也会把自己的想法告诉你，要是他说不出来，你可以给他提一些开放性的问题："你觉得汉塞尔和格雷特怎样才能走出森林？"① 或者"如

---

① 这个故事来自《格林童话》，汉塞尔和格雷特是一对兄妹，在后母的逼迫下被父亲两度抛弃在大森林里。第一次，汉塞尔在沿途用石子做记号，和妹妹重新回到了家中；第二次，他用面包屑做记号，却被鸟儿啄食干净，结果迷了路。——译者注

果我们被留在森林里，你觉得该怎么做？"（就算你只是在提问，也要用"我们"，而不是假设让孩子单独一个人，这可能会让他做噩梦，甚至是更糟。毕竟，这个年龄段的孩子只能理解话语中的字面意思。）

4. 猜猜接下来会发生什么。睡觉之前，你的孩子可能想要自主阅读一些图画书，或者让你读一些章节书①。试着读一读下文列出的这些有趣的书吧。先读上一会儿，在继续往下翻之前，你可以让孩子猜猜接下来会发生什么。同样地，不管孩子给出的答案是对还是错，都不重要。这会让睡前的阅读时刻变得更有趣，还能轻松地提高孩子的理解力。当你家里的一年级小学生可以自主阅读章节书时，下面这些家喻户晓的故事将是一个很好的开始。

增强小读者阅读兴趣的 10 本系列丛书／故事书

让一年级的孩子爱上阅读的最好方法，就是给他们看一些有意思的初级读物，和你一起享受阅读的乐趣，直到把书上的字都认全。下面列出了一些深受孩子喜爱的故事书或系列丛书，它们能够很好地激发孩子们对阅读的兴趣。

---

① 在西方国家，章节书（chapter books）通常指的是针对 7 ~ 10 岁儿童的中级阅读故事书。孩子在经历了图画书阅读阶段之后，就迈入了章节书阅读阶段。——译者注

1．"青蛙和蟾蜍"系列（Frog and Toad series），全套共4册，作者为艾诺·洛贝尔（Arnold Lobel）。每册都讲了五个关于青蛙和他的朋友蟾蜍的故事，内容简单有趣，拥有动人心扉的力量。

2．"亨利和玛奇"系列（Henry and Mudge series），目前出版了29册，作者为辛西娅·赖蓝特（Cynthia Rylant）。这套书讲述了小男孩亨利和他的大狗玛奇的经历。

3．"你给我读，我给你念"系列（You Read to Me, I'll Read to You series），全套5册，作者为玛丽·安·霍伯曼（Mary Ann Hoberman）。这套书收集了各种各样简单的短篇童话、寓言、恐怖故事以及其他小故事等。

4．"少女侦探简森"系列（Young Cam Jansen series），全套共20册，作者为大卫·阿德勒（David Adler）。这是一套儿童侦探小说，主人公也是个孩子，拥有相机般惊人的好记性。

5．"小企鹅特奇"系列（Tacky the Penguin series），全套共7册，作者为海伦·莱斯特（Helen Lester）。本书的主角是一只企鹅，他很有趣也很特别，书中讲述了他如何通过努力被伙伴们接纳的故事。

6．《我希望我有鸭蹼》（*I Wish That I Had Duck Feet*），作者为西奥·莱西希（Theo. LeSieg），又叫苏斯博士。苏斯博士还写过许多作品，都值得一读，孩子们喜欢他笔下的各种古怪角色和趣味韵语。

7．《艾米莉上学记——小学一年级100天快乐生活》（*Emily's*

First 100 Days of School），作者为罗斯玛丽·威尔斯（Rosemary Wells）。这是一本将数字与孩子的日常生活相结合的作品，书中的小兔子度过了有趣又充满冒险的一年级生活。

8.《喜欢单词的男孩》（*The Boy Who Loved Words*），作者为罗尼·舒特（Roni Schotter）。书中塑造了一个喜欢用荒唐可笑的方式来玩文字游戏的男孩，以此来介绍词汇和构词模式。

9.《史密斯小姐不可思议的故事书》（*Miss Smith's Incredible Storybook*），作者为迈克尔·加兰（Michael Garland）。书中描述了一位老师正在讲述魔法书中的故事时，故事里的人物活了过来，并和学生们一起进行有趣的冒险。

10.《吞下苍蝇小子的老奶奶》（*There Was an Old Lady Who Swallowed Fly Guy*），作者为泰德·阿诺德（Tedd Arnold）。这是一个妙趣横生又情节曲折的故事，深受一年级的孩子喜爱，他们很容易就能读懂故事的内容。

10 的构数游戏：启蒙一年级孩子的数学思维的趣味方式

构成 10 的所有数字组合有哪些？0+10、1+9、2+8、3+7、4+6、5+5、6+4、7+3、8+2、9+1、10+0。虽然看起来并不难，不过，如果你的孩子已经全都掌握的话，他们就更容易理解其他数学概念。我们生活在一个以 10 为基数的世界里，在货币、百分比、小数、分数、度量单位乃至时间中，这类构数组合都会通过个位数、十位数和百位数等形式不断出现。

如果你的孩子学会了10的构数组合，而且真正理解了其中的计算模式，你可能会发现，无论你在家里用什么算术题来考他，他都能将答案脱口而出。

那么，如何巩固孩子大脑中10的构数组合，让他牢牢记住呢？你可以试试下面的几种方法：

1. 准备一些用来计数的趣味小玩意，比如坚果、谷物、葡萄干、纽扣、硬币等，让你的孩子数出10个对象。

2. 将其中一个对象单独拿出来，放在右边，再将左右两边的对象进行计数。让他大声地说"9+1=10"。

3. 继续上一步，不断地将更多的对象移到右边，直到你的孩子说出"0+10=10"。

4. 现在，从"10+0=10"开始，也就是右边有10个对象，左边没有，再重复上面的过程。这次，让你的孩子不断地向左移动对象，一边移动，一边说10的构数组合：9+1=10、8+2=10……0+10=10。这种方法能够巧妙而直观地展示等式的交换性质，即a+b=b+a。你不需要说出数值的大小，更重要的是体验过程。（提示：要是你的孩子觉得玩得差不多了，想要吃点麦片什么的，那就结束这一天的游戏吧。等到下一次你们再玩这个游戏的时候，重复前面四个步骤，然后再进行第五步。要是你的孩子玩得停不下来，那就继续吧！）

5. 拿出一个透明的杯子，孩子可以看到杯子里面的东西。

让他重复第二步到第四步，再将杯子倒过来，盖在移动后的对象上。让孩子挑战一下，在不朝杯子里面看的前提下，大声说出 10 的构数组合。

6. 现在是最重要的步骤：随机选择一些数量的对象，用透明的杯子盖住，看看你的孩子能否在不看杯子的状态下，"猜"出杯子下面的数量。（提示：要是孩子猜错了，就让他先数一下透明杯子下面对象的数量，然后转向桌上剩余的对象，继续数到 10。比如，如果杯子下面有 6 个对象，他会从 7 开始，继续数放在杯子外面的对象。这样做可以培养孩子数数的经验，这也是一年级需要掌握的能力。）

7. 如果你的孩子想做点别的事情，你们可以先结束游戏，改天再继续。不过，如果孩子还想继续玩，那就把透明的杯子换成不透明的，再考一考他，能不能根据放在杯子外面对象的数量，猜出杯子下面的数量。然后把杯子拿起来，看看答案对不对。

8. 像这样玩了几次以后，你们就会开始关注生活中的数字。也许，你会在公寓或办公室的门上看到"7"，那就把这个数字指出来，让你的孩子找出 7 的"搭档"来构成数字 10。你也可以鼓励你家的一年级学生去发现一些需要找"搭档"的数字。孩子会在哪些有趣的地方发现数字，你永远也猜不到！

9. 类似的游戏还有很多。比如，在商店里买东西的时候，让孩子用 10 的构数组合来算出要找多少零钱，然后大声地说出来。

夯实一年级孩子数学基础的其他 7 个趣味游戏

1. 整点时间旅行。一天之中,在马上要到整点的时候,你可以让孩子留意一下时间,再聊聊你们正在做的事情。比如,早上 7 点左右,让孩子看看时钟上指向数字 7 的短时针,或者数字时钟的小时位置上的数字 7,再想想你们现在正在做什么(比如早上刚起床或吃早餐)。然后,你可以说几件做过的事情,按照时间次序问孩子他是在什么时候做这些事情的。这个游戏能强化孩子对整点的概念、对时间的认知,还能提高他的记忆力。

2. 描述形状。这个游戏是"猜一猜"的升级版。由你们俩当中的一人来描述一件在房间或别的地方的物品的形状,让另一个人猜一猜到底是什么。比如:"我看到的东西,上面是一个正方形,每个角都长着一根长方形的柱子。"这题的答案是餐桌。你可能会惊讶地发现,孩子能对一件东西进行生动描述。通过这个游戏,孩子可以学习二维和三维形状,还能将这种描述的能力运用在阅读和写作上。

3. 美味的加减运算。这个游戏与"10 的构数游戏"类似(请参阅第 129—131 页),你可以拿出一些好吃的小点心,让孩子把这些东西移来移去,模拟从 2 到 10 的加减运算。比如,数字 5 的加减运算包括 2+3=5、3+2=5、5-3=2 和 5-2=3。通过移动这些东西来直观地呈现数学关系,对孩子理解数字及加减法来说帮助很大。(友情提示:孩子玩过这个游戏以后,等他们开始学习代数，就能更容易地求出未知数。）

4.将冰棒棍子捆成100根。冰棒棍子价格便宜，可以在任何手工艺品店或杂货店里买到，它们能很好地帮助孩子们了解十进制的原理。

a.让你的孩子数出10根棍子，然后用一根橡皮筋把它们捆在一起。

b.接下来，让孩子数11、12、13……一直数到20根，把这10根棍子也捆起来。

c.然后让孩子数21、22、23……数到30根以后，再把这一批的10根冰棒棍子捆起来。以此类推，一直数到100根。

d.当他把100根棍子都按批捆起来以后，让他把其中的一捆10根解开，试着用单根的冰棒棍子和10根一捆的冰棒棍子，进行不同数量的加与减，从而更直观地了解加减运算的过程。比如，2捆和6根（也就是26），加上4捆和3根（也就是43），答案等于69。捆上、解开和移动冰棒棍子，能解决孩子对十进制运算的困惑，还能把数学新概念的学习过程变得更有趣。

5.硬币组合。你可以把硬币从钱包或零钱罐里倒出来，让孩子数数硬币能用几种不同的方式来组合成10美分。等他能轻松地完成这些组合后，再给他一个25美分的硬币，告诉他这个硬币值多少钱，并指导他把刚才那些硬币组合成25美分。你会惊讶地发现，孩子很快就能运用他已经掌握的计算能力，算出一个更大的数字，比如50美分。这个游戏不仅能教给孩子有关金钱的概念，还能培养他们的逻辑思维和数感[1]。

6. 跳100下绳。让你的孩子试着一边跳绳一边数到100，在数的过程中，不能漏掉任何数字。为了让锻炼效果更好，你们俩可以轮流跳，看谁能先数到100，并且不漏掉任何数字。这个游戏有利于培养协调能力和数感，还能强身健体。在跳绳过程中，教你的孩子做几个较小的跳跃。这种节奏似乎能让神经通路为阅读做好准备，是不是很有意思？

这可不是开玩笑。2016年，美国佐治亚州的一位脑部基础学教师帕特·琼斯表示，她发现她的学生们在一个月内掌握了连续跳绳中间的小跳跃以后，无论年龄大小，他们的阅读能力都有了显著的提高。

7. 拍100下球。就像跳绳一样，让你的孩子试着拍100下球，中间不能停下，球也不能从脚边溜走。关于在运动过程中计数会如何影响大脑，还需要进行更多的研究才能确定，不过在这个过程中，孩子们似乎都会把节奏与数字相联系，类似于音调、节奏和计数组成音乐那样。

---

[1] 美国的硬币包括1美分、5美分、10美分、25美分和1美元等多种面值，我国目前流通的硬币是1角、5角和1元。如果想让游戏玩起来更加丰富多样，可以在过家家的时候自制小圆币，标上相应的多种面值。——译者注

旺盛的求知欲

一年级的孩子常常会对一些特定的主题或活动感兴趣。恐龙、太阳系、地理或奥运会都可能让他们激动不已。有时候，读一本书或者去野外玩，也会燃起孩子们对某种动物的喜爱之情。要是他们迷上了马或海龟，就会如饥似渴地看各种相关的故事与图片。

如果你恰好是这样的孩子的家长，那么你很幸运，请充分利用他旺盛的求知欲去学习吧。借相关的书，玩一些游戏，去各种地方，都可以进一步激发他的兴趣。你可以带着你六七岁的孩子，去自然历史博物馆看恐龙骨骼，或者到天文馆看宇宙模型，分享他快乐的心情，给彼此留下难以忘怀的记忆。

一年级的孩子在吸收新知识方面特别敏锐，尤其是从生活中学习的时候。当你们俩一起散步、购物、在医院诊室候诊，或者做其他任何事情时，不管你从周边环境中观察到了什么，都可以说出来，再提一些问题，并鼓励孩子也这样做。

有时候，特别是对 6 岁的孩子来说，如果他们觉得很兴奋，大脑就会常常跟不上说话的速度。除非这种口吃影响了正常的交流，否则通常来说，你都没什么好担心的。等孩子长大以后，就能流利地说出自己想说的话。

如果孩子提出一个问题，你却不知道如何回答时，你可以大大方方地承认自己不知道，然后和他一起用手机或电脑来查找答案。这样做可以给孩子树立一个好榜样，让他们知道每个人都有知识盲区，而且你还给他展示了找出答案的途径。还有一个好处是，你的孩子可能会从中学到：做任何决定都要有依据，不能信口胡说。

黑白分明的是非观

一年级的孩子会逐渐意识到，他们做出的行为会产生相应的结果，而有时候是不好或不愉快的结果，所以他们的自控力在不断地提升。不过，这个年龄段的孩子会比幼儿园阶段的小朋友更"吹毛求疵"。他们的世界中没有灰色地带，对就是对，错就是错，一切都是黑白分明的——至少他们都是这么看待别人的，对自己就不一定了。

当你做的事情和你一年级孩子的世界观相悖的时候，要是这个孩子比较文静，他就会用表情来告诉你：他不赞同你的做法，要是他个性活泼、能说会道，那么他可能会告诉你所有的朋友：你做了一件过分的事情。对于孩子来说，就算他只是刚认识这个做了错事的人，或者对方是个成年人，他都会这么做。

有趣的是，一年级的孩子总是揪住别人的错误不放，却常常为自己违反规则找借口。比如，你的孩子知道吃过晚饭后不应该看电视，但他会解释说，因为晚饭前的图书义卖会结束得比较迟，所以你一定不会介意他打开电视再看一个节目。这个年龄段的孩子会觉得，既然他在晚饭前没有时间像往常一样看电视，那么"晚饭后不应该看电视"这条规则就不作数了。

遵守家庭规则很重要，因为一旦你允许"破例"，孩子就会时常在各种状况下随意"审改"规则。在不知不觉之中，孩子开始把作业拖到最后一刻才完成，上床睡觉的时间也变得越来越晚。这样一来，你就得重新树立规则，花上更多的时间和精力才能让家庭生活再次回到正轨。

一年级阶段的家庭作业

孩子在一年级阶段会学习各种新概念和新技能。上幼儿园的时候，你的孩子差不多已经学了字母和发音，知道怎么将它们组合成简单的单词，还掌握了一系列高频词，如"of"（的）和"the"（这）。

到一年级结束的时候，孩子应该可以流畅地读完一本图画书，写出完整的句子。他应该知道从 1 到 20 所代表的数值，可以数到 100，还要掌握加减运算法则和个、十、百位数的位值。他应该能用 100 及以上的数字进行各种计算，比如算出他的班级需要募集多少义款，才够付某项特定活动的经费。

一年级学生的大脑正在忙于开发和连接不同的神经通路。有些神经通路会在大脑的海马体中生成并储存信息，形成长期记忆，这就需要不断地重复新吸收的信息。"熟能生巧"这句俗语听起来有些夸张，但重复性练习确实能让知识在我们的大脑中扎根发芽。

家庭作业给孩子提供了练习的机会，同时教会了他们什么是责任感。正如美国全国教育协会（National Education Association）所指出的："在初等教育阶段，家庭作业有助于让学生培养良好的学习能力和习惯，也能让家人了解到孩子的学习情况。"

尽管有很多人还在质疑家庭作业到底有没有用，但美国杜克大学的一项研究经过汇总了超过 16 年的数据后，发现家庭作业能够提高孩子的学习成绩。（Cooper 等，2006 年）这一研究成果对初中生和高中生来说更有说服力，但如果孩子到了六七年级才开始做作业，这种行为将使他们身上不会具备有效处理作业的能力和纪律。

美国全国家长教师协会（National Parent Teacher Association, NPTA）建议，一年级学生每天晚上要做 10 ~ 20 分钟的家庭作业。老师应该给孩子布置能应用到课堂上所学知识的作业，而不能搞题海战术，不过，让孩子进行适量的练习还是有必要的。比如，学习数学运算法则，能帮助孩子更好地掌握高阶的数学应用题概念，而不用再掰着手指来数"5+3"到底等于多少，后者会影响孩子进行更高层次的思维能力训练，比如演绎推理。

问一问你的孩子，这周他在学校读了哪个故事。如果可以的话，你也可以自己读给孩子听。在读书的过程中，你可以扩展故事的主题，问孩子更多的问题，还能聊聊他在学校里做了些什么，这会让你们之间的对话变得更有意义。

记得花上几分钟的时间来检查一下孩子的作业。你可以找出作业里的错误，和孩子一起改正，还能发现他在课堂学习过程中的一些误解。而且，当你在检查你家一年级学生的作业时，还能激发一些育儿的灵感，等下次开车或者在商店排队时，你就知道要从本章中选择哪些游戏来和孩子一起玩了。

不过，要是你的孩子得花很长时间才能写完作业，你可能得想一些办法，帮他提高学习能力，培养好的学习习惯。试一试计时器吧，不要让作业"窃取"了宝贵的家庭时间。如果这个问题依然存在，你可以联系孩子的老师，谈谈孩子的学习状况，因为总是写不完作业可能表明你的孩子存在一些其他问题，需要老师和家长一起来解决。

厨房计时器：让做作业变得更快乐的魔法工具

给你的孩子专门安排一个地方，让他每天都能在同一个时间、同一个地点做家庭作业（参阅第53页的"6个简单的步骤，让你孩子的作业完成得更好"）。不过，有时候这种生活常规并不能让一年级的孩子彻底改掉做白日梦和写作业拖拉的习惯。如果你不想让孩子在做作业上花太多的时间，那么在他放学或参加完课外活动之后，先不要打开作业夹，让孩子休息一下。记住，大脑在放松的精神状态下才会产生 α 波，这种脑电波对学习来说最有利。有时候，想让孩子集中注意力，只需要让他的大脑先放空一下。

要是通过短暂的休息来抑制大脑产生活跃的 β 波，还是不能让孩子保持专注，该怎么办？厨房计时器可以派上用场，这个小工具既能帮助孩子完成家庭作业，也会让整个过程变得更有趣。具体怎么做呢？往下看吧：

1. 设置计时器。首先，给孩子设定一个比较短的时间，让他在这个时间内做完作业的第一道题，比如，用一个新学的动词来造一个句子，需要在 30 秒或 1 分钟内完成。

2. 对孩子说："准备好了吗？开始！"告诉你的孩子，他要在计时器响起之前把句子写完。这就像一场比赛，会激发孩子的兴奋感，同时让他知道自己在全力以赴的状态下写完一道题大概要花多久的时间。

3. 多次重复性计时。如果你的孩子要过一段时间才能进入做作业的状态，你可能得在每次造句前都设置一次计时器；如果你的孩子脾气比较倔或者不太能坐得住，当他需要完成好几门课的作业时，你可能得在每次造句或做每道数学题前都设置一次计时器。不过，通常在完成几个定时任务后，孩子就会掌握学习的节奏。这样的话，你可以一次性设置几分钟的计时器，孩子会在计时器响起前把更多的作业写完。

4．提供奖励。如果这几天孩子状态不好，觉得很累或者很困，那你可以在他完成计时任务后，用一个小的但能起到激励作用的奖励给他加油打气，比如，允许他多玩五分钟的接球或跳绳游戏，或者在临睡以前多讲一个故事（如果你给他读的是长篇小说，可以多读一章）。最好不要用玩电脑或者糖果作为奖励，一旦孩子得到过这样的奖励，他们就会讨价还价，不愿在没有"报酬"的情况下做作业。

5．保持耐心。通常，在你连续使用几次计时器以后，孩子就不再需要这种额外的帮助了，他们会把独立完成作业当成日常生活的一部分。

* * *
发生在身边的故事

计时器意味着什么？

我们的大女儿特别容易分心，所以，在她上小学的时候，我和丈夫会时不时地拿出计时器来，协助她专心完成作业。每当她前一天晚上没睡好，或者在学校遇到了一些烦心事的时候，我们就得重新启动计时器。

相对而言，我们的小女儿从来不需要用计时器。因为她一心想要像她的姐姐那样读书、写字，数学也要学得一样好（按照她的年级水平）。孩子们都是独一无二的个体，所以，你完全可以根据自己孩子的情况，对本书提供的任何游戏或建议进行调整或者组合。

家庭动态

一年级的孩子面临着各种各样的新想法和新影响，他们需要从中进行选择。如果他们成长在一个能保持日常沟通的稳固的家庭结构中，就能在社交或学习方面做出更好的决定。

一年又一年过去，孩子会觉得世界变得越来越复杂，对他们的要求也越来越高。如果你问他："你今天在学校做了什么？"他常常会回答你："什么都没做。"因为他还没有能力把一天拆分成许多件事情。

你可以试着问孩子一些具体的开放性问题，让他学会专注于事件本身，而不是一整天的所有经历。你可能会发现，这样一来，六七岁的孩子就会更擅长描述这一天发生了什么。

6 个问题，让你从孩子那里得到真实的答案

1. 今天在学校你和谁搭档？一起做了什么？

2. 你现在在读什么故事？讲的是什么内容？

3. 在课间休息的时候，你做了什么？和谁一起玩？

4. 今天的数学课上，你学到了什么？感觉怎么样？（有趣、无聊、简单、困难……）

5. 你今天学到的最棒的东西是什么？

6. 你希望课上哪些内容能变得容易一些？

根据孩子给出的答案，你可以选出在车里或准备晚餐时玩的游戏，用做游戏的方式来提高他的能力，让学习变得更加有趣。

每当孩子进入新阶段的校园生活，通过家庭白板或墙历进行亲子沟通就变得越来越重要。（请参阅第54—55页的"家庭沟通：白板的力量"，温习一下建立家庭沟通模式的要点。）

所有的家庭成员都应该参与白板的记录，这对家庭沟通来说是很有帮助的。孩子也要养成记录并定期查看白板的好习惯，这样的话，无论你们一家人平时有多忙，彼此之间都能保持良好的交流。

通常来说，孩子上一年级以后，你就可以鼓励他在白板或墙历上写字，而不再用图画符号来表达。把自己想要做的事情写下来，能给孩子带来一种力量和责任感，也能提高他们的书写能力。在当下的世界，大家总是通过电子邮件和短信来进行即时通信，所以把词语连贯地组合在一起的能力比以往任何时候都重要。事实上，你可以让你的孩子来当家里的小小记录员，多多练习如何记录。在下面的列表里，我们提供了一些有趣的写作灵感。

让一年级孩子写字的 5 个机会

1. 生日清单。让你的孩子写一份生日礼物清单，在上面写下他在生日当天想收到的礼物——他一定会很开心地完成这个任务的。

2. 购物清单。在你的车里放一叠纸，和孩子一起想想要去商店买些什么东西，让他把清单列出来。此外，当你在厨房里查看菜谱、橱柜和冰箱里的食物时，也可以让孩子帮你写清单。

3. 待办事项或任务清单。在你出门或者准备开车去办事前，让孩子把你需要完成的事情写成清单。

4. 节日清单。每当你们一家人准备庆祝某个节日时，记得要让你的孩子来写清单，写下他打算送给别人的礼物。这样做会让孩子同时体会到赠予和收获的快乐。

有一年，我的两个女儿为家里的每个人都准备了挂在圣诞树上的装饰礼物。一个女儿写了"送给大人的礼物清单"，另一个女儿写了"送给孩子的礼物清单"。另一年，我们一起为女儿们的阿姨、叔叔、堂兄弟姐妹和祖父母做了姜饼，还把它们装饰得漂漂亮亮的。现在你知道应该怎么做了吧？

5. 家庭便条。我得再说一次，对于孩子来说，没有比父母更好的老师了。如果你希望孩子长成什么样，就得以身作则。所以，如果你写便条，你的孩子也会学着写。当他们在厨房的台面或客厅的咖啡桌上找到写给自己的便条，一定会很高兴的。

接着，你就会收到孩子写给你的便条。我最喜欢的收藏品之一就是我们的孩子写给我丈夫和我的便条。写便条还有一个好处，就是当孩子养成了这种习惯以后，等他上了初中和高中，你还可以通过短信和便条和他进行更好的交流。在孩子的成长过程中，你可能还会收到他写的一些充满爱意的"情书"。

全家人一起玩游戏：不仅能享受美好时光，还能收获更多

现在，随着孩子逐渐长大，你会发现他对参加家庭互动类的游戏越来越感兴趣，不管是玩棋类游戏、跳大绳，还是练习投篮。你可以拿出一副牌，教你家里的一年级学生打扑克。孩子们都很喜欢卡片，你会惊讶地发现，六七岁的孩子已经开始悄悄收集人物卡片了。游戏不仅可以提高孩子各方面的技能，还可以培养融洽的家庭氛围，让全家人享受彼此之间的陪伴。

给一年级学生及其家庭的 10 种游戏

1. 三子棋①。这是个简单易玩的游戏，孩子能从中学会运用策略与规划。

2. 大富翁游戏（青少年版）。在这个版本的大富翁中，玩家仍然可以进行购买、交易和支付租金等活动，不过游戏从整体上针对青少年群体进行了简化。

3. 扭扭乐②。这是个非常有趣的身体对抗类游戏，能够加强大脑左右半球之间的联系。

---

① 三子棋（Tic-Tac-Toe），又叫井字棋，是一种在 3*3 格子上进行的连珠游戏，和五子棋类似。——译者注
② 在玩扭扭乐（Twister）游戏时，由裁判负责转动塑胶板上的指针，当指针指向某个区域，参加者就必须做相应的指定动作。谁能够坚持到底不倒下，谁就是赢家。——译者注

4. 播棋①。这个经典游戏有利于锻炼孩子的精细运动协调能力，培养其战略性思维。你可以用弹珠和一个牛奶盒来玩这个游戏，也可以在玩具店购买木制版本。

5. 跳棋。谁小时候不喜欢玩跳棋呢？

6. 麻烦桌游②。孩子们都喜欢玩这种投骰子的游戏，它可以培养孩子的计数能力和战略思维。

7. 拼字游戏（青少年版）。对于每周都需要学习拼写的孩子来说，拼字游戏里的卡片是很好的工具和激励，可以让他们在玩游戏的过程中增加词汇量。

8. Uno桌游。这种卡牌游戏能加强孩子的分类能力，帮助他们了解数字的排列次序。孩子们都很喜欢玩，因为它很容易学，上手快，还可以根据玩家的水平来调整玩法。

9. 叠叠乐。在这个游戏中，玩家要从积木塔中抽出小木块，同时不能让塔倒塌，这对于锻炼孩子的精细运动协调能力和战略思维都很重要。

---

① 播棋（Mancala）是一种两人对弈的棋类游戏，两个玩家轮流播种，按照顺时针次序在棋盘上放一个棋子，最后比较哪一方获得的棋子数量更多。——译者注

② 麻烦桌游（Trouble）是一种棋类游戏，棋盘分为四个部分，由四个玩家轮流投骰子，根据骰子上的数字来移动自己的棋子，率先把自己的四个棋子都移动到终点的就是赢家。——译者注

10. 四子棋[①]。这个游戏有助于培养孩子的思维模式和策略能力，不过一次只能由两个玩家参与。

当你的孩子和别的一年级学生不一样

有的孩子在一年级的时候就可以进行无障碍阅读，不管是书、路标还是包装盒上的文字，另一些孩子却对认字不怎么感兴趣，更不要说读故事了。他们宁愿去跳绳、跑步、踢球或者玩电子游戏。（提示：科学家建议，孩子每天的屏幕时间不得超过两个小时，请参阅第36—38页。）

还记得《龟兔赛跑》里的乌龟吗？

在秋季的家长会上，如果你发现你的孩子有好几门课都学得很吃力，先不要担心，你可以问问老师自己能在家里做些什么，以及老师会在课堂上采取哪些方法来帮助孩子培养一年级水平的相关能力。你可以试着制定一份有明确目标的学术合同，类似本书在第68—70页提到的"行为契约"。通过你、孩子和老师之间的积极的、努力

---

① 四子棋（Connect Four）是一种两人对弈的棋类游戏，类似五子棋。在棋盘中，任何一方先让自己的四个棋子在横、竖或斜方连成一条直线，即可获胜。——译者注

的交流，你很有可能找到激发孩子的学习兴趣、弥补学习差距的方法。

当你采取了老师建议的干预措施以后，在接下来的几周里，你可以观察你的孩子做家庭作业和进行睡前阅读的状态，并把值得注意的细节记录在笔记本上，标注好日期。比如，孩子是不是更能按照要求来完成作业了？大声朗读的时候变得更流利了吗？标注日期的书面记录能帮助你实事求是地了解孩子的进步情况。有时，我们会质疑孩子是不是真的学到了什么，但只要翻回到一开始的观察笔记，就会发现他们的能力确实有所提升，尽管可能慢了点儿。

然而，如果你的孩子在 4 ~ 6 周内没有表现出进步的迹象，你应该再次联系老师，问问他，你的孩子在学校里是不是还没有跟上学习进度。

尽管一般认为，给一年级孩子做测试以确认他们是否存在学习障碍还为时尚早，比如 2016 年，圣地亚哥的一位注册教育心理学专家苏珊·克拉达克（Susan Cradduck）表示："按照法律规定，除非儿童的学习水平比同龄人至少落后两年，否则我们不能对其做出患有学习障碍的诊断。有些一年级学生的年龄尚在学龄前阶段，正处于大脑发育的交接期……"

你也要记住，每个孩子都是独立的个体，大脑的发育速度也各不相同。如果你的儿子或女儿在阅读或求解数学题方面有困难，可能只是因为相应的神经通路尚未连接起来。先不要断言孩子成绩不佳就是因为患有学习障碍，你可以再给他一个机会，通过本书中的一些游戏活动来增强孩子的学习能力。

如果你的孩子在掌握数学概念方面有困难，请翻到第 129—131 页，玩"10 的构数游戏"，直到他能将这些数值的意义都记在脑子里；

如果想要提高孩子的阅读水平，请试试第126—127页的与提升语言能力相关的游戏，学一学第124—125页的"一年级阶段应该掌握的高频词"，再玩一玩第155—156页的游戏，不仅能改善孩子的多动问题，还可以提高他们的记忆力。对一年级的孩子来说，他们可能只需要多一点的时间和练习，就可以赶上同龄人。

✳✳✳
发生在身边的故事

杰基的故事："慢"可能代表着另一回事

我第一次对大脑如何运转产生兴趣，是在丹佛大学教书的时候，我的学生们在学习时展现出的不同方式让我觉得很有意思。没过多久，我就开始越来越关注自己孩子的教育了。

当我的一个女儿上一年级时，她被安排在了"慢班"，我被学校邀请去参加家校会议。据她的老师所说，我女儿对如何学习阅读并不感兴趣，而这引发了各种各样的麻烦。我知道她并不是一只学得很慢的"小笨鸟"，所以说服老师让她在"快班"待上一周，看看会发生什么。

我从图书馆借了一些适合不同阅读水平的图书，并把它们放在家中各处。在周末的时候，我女儿挑了其中的一部分书，简直看得入了迷，连我喊她吃饭都不肯过来。她的理由是："别打扰我，我在看书。"

她怎么这么快就学会了阅读？

我女儿告诉我，她从前一阵子开始就偷偷地躲在被窝里，打着手电筒读姐姐的书了。接着，我的问题变成了：她是如何自学阅读的？

看来，当我女儿按照自己的节奏进行独立探索的时候，她的大脑能在学习方面发挥最好的效果。传统意义的教学方式对她来说不起作用，因为一旦她觉得某件事情很枯燥，就会心生反感。我们怎么花了这么长时间才弄清她身上发生了什么。

她的经历让我开始研究大脑是如何学习的。我发现，大脑需要在特定的时候学习某些特定的技能。我应该给予孩子独立的空间，这样她才能找到自己的前进方向。

我的研究生也展现出了各种各样的学习风格，这一点儿也不让我感到意外。在他们当中，有的喜欢自主学习，有的则喜欢得到教授明确的指导意见。

让聪明的孩子保持对学习的兴趣

当你的孩子完成一项任务时，你有没有表扬他在这个过程中展现的精力、智慧、耐力以及解决问题的能力？这种表扬方式能让聪明的孩子变得更棒，但如果你一味地夸他聪明，反而会起到适得其反的效果。（Mueller 和 Dweck，1998 年）像"资优教育（GATE）①"以及其他类似的项目，通常也是一种特殊教育服务，因为对于成绩遥遥

---

① 资优教育（Gifted and Talented Education）针对的是具备先天性的、异于平常的智能的孩子，由于天才儿童的成长是异步的，他们心智的成长速度总比身体来得快，难免会在心理健康及行为方面出现问题。——译者注

领先的孩子来说，他们会和相对落后的孩子一样，在学校里感到尴尬和孤独。

有时候，天资聪颖的一年级孩子会对学习丧失兴趣，因为他们觉得在课堂上所学的全是自己已经知道的内容。如果你的孩子是这样的状况，请再次阅读第86—88页的"9大主题活动，让聪明的孩子在学校里保持积极性"。你要和老师一起集思广益，找到一些与课堂主题相关的、更具深度的任务，让孩子愿意参与进来。

如果你有足够的组织能力来执行"给天才儿童的合同"（参阅第88—90页），那么这就是一种将校外活动与课堂内容相关联的好方法。要是家长和老师都比较忙，有时候会觉得很难贯彻执行合同的内容，但如果你能继续让孩子参加与学校的阅读活动和社科研究相关的校外活动，孩子会觉得自己更像是群体的一部分，而不是一个局外人。相应地，你的孩子也会更乐意参加课堂活动。

发生在身边的故事

我认识的最聪明的孩子

或许你并没有意识到，一个天才的成长其实并不容易。我教过一个一年级的学生，他叫尼克。他会把别的孩子的铅笔和剪刀藏起来，或者在课桌下做各种小动作，不肯参与课堂讨论或活动。但是，每当我向他提问的时候，他都知道答案。

问题在于，当别的孩子在学习数字10的构数组合和如何阅读绘本时，尼克在看小说、做代数题，用拼装玩具搭建复杂的建筑，还会在家里和身为美国海军少校的父亲一起玩大人的填字游戏。尼克就是我创作《给天才儿童的合同》的灵感来源。

尼克的妈妈和我一起尽力地去满足他的需求。按照他的智力水平，我给他布置了更有区分度的作业，我们俩还想出了一些符合课堂主题的家庭项目。那一年，我和班上的其他同学都很开心地看着他展示一些高难度的科学实验，还有他精心制作的邻里地图，让同学们能在地图上找到他们自己的房子。

在一个与社会研究相关的课堂单元结束时，我让孩子们挑选一些在社区工作的对象（比如图书管理员、消防员、邮递员等），用几句话来解释为什么这个人对我们社区做出了重要贡献。我布置了这个任务以后，尼克看起来心事重重，他试着去写，写了半天后沮丧地把纸揉成了一团。于是，我又给了他一张纸，打算劝劝他。

"我们生活在一个很大的世界里，我不能只写一个人。"他说。

"你说得对，这个世界很大。"我赞同他的说法，"不过现在我希望你思考一下，一个人可以产生多大的影响。你、我——我们都只是一个人，但我们做的事情可以影响到很多人。"

"可我想不出来！"他用拳头抵住自己的耳朵，叫了起来，"一个社区需要的远远不止一个人！"

我知道一旦尼克钻入牛角尖以后，就需要空间来好好想想。所以，我建议他去趟洗手间，拿杯水喝，让大脑放松一下。

大约10分钟后，他回到教室，径直走向自己的桌子，开始奋笔疾书。

铃声响起，放学的时间到了。尼克用那双严肃的绿眼睛看着我，问道："我能把这个带回家吗？"他扬起几张纸，上面的正反面都写满了字，"我想再查点儿东西。"

第二天早上，尼克把一个装订好的黄色文件夹带到教室里，交给了我。

"这是什么？"我问他。

"这是昨天的作业。"他说完后就回到了自己的座位上。

我打开了文件夹，大吃一惊。尼克写了大约20页关于冰岛的信息，正反面全都写得满满当当，包括政府结构、习俗、人口、货币和经济等各个方面。他希望通过这份作业，让我知道治理和组织一个"社区"所需要的群体构成。之所以以冰岛为例，是因为他推断冰岛的人口只比丘拉维斯塔市（Chula Vista）——我们市的相邻城市——多10万左右；我们住在博尼塔（Bonita），这是位于圣地亚哥市的一个小的、还没有并区的行政区域，所以，按照他的话来说，"用我们住的地方来对照是不合适的"。

在课间休息时，我和尼克一起讨论了他的这份可以被称为学期报告的作业。报告上的这些信息以及尼克的论点，可能会让其他孩子感到茫然。尽管冰岛与我一开始布置的作业无关，但我还是给了他一个 A+ 的分数。

第二年，尼克的父亲被派驻到了美国的另一个地区，所以当他上二年级时，全家都搬离了这里。那已经是20多年前的事了。我经常会想，尼克现在住在哪里，正在做什么。

🌿 一年级阶段的饮食与护理方式

有许多一年级的孩子很难安静地坐着，这很正常。他们的大脑正忙于建立和加强大脑左右半球之间的联系，用来协调思维和运动能力。如果父母和老师怀疑孩子有多动症方面的问题，不妨让这个年龄段的孩子多多进行体育锻炼。锻炼能让氧气进入血液，从而输送到大脑，这让孩子的神经突触也得到训练。

要知道，当孩子处于六七岁的年龄段时，他们的精细运动和粗大运动这两类能力正在均衡发展，大脑左右半球之间的电脉冲也更加同步。我妈妈以前经常跟我说，在大多数下午她需要提神时，就会幻想着把我那些无处释放的多余精力装进一个瓶子里，抹在自己的手腕上。所以，对于还没上二年级的孩子，医生通常不会做出患有注意力缺陷与多动障碍的诊断。

因为孩子的身体会在这一年迅速地成长变化，所以健康的饮食、充足的水分、规律的运动和充足的睡眠这四大要素，对于他们取得良好的学习效果至关重要。这些要素还能帮助一年级的孩子调节过剩的精力，让一家人都过得更幸福。

睡眠时间

你此前为孩子建立的睡前仪式，还能确保他拥有充足的睡眠吗？还是说你得做出一些调整了？到了这个年龄段，我们常常需要调整孩子的睡前活动。你可以再翻回第 26—29 页的列表，根据列表上的建议修改睡前活动，或者尝试一些新的活动。比如，你可以将白噪声从舒缓的音乐改为大海的声音，看看能不能让孩子的大脑更容易放松到 θ 波的状态，进而产生更慢、更利于恢复活力的 δ 波。

你还要检查一下，看看自己是否忽略了睡前准备的关键因素——补充水分。比如，你可以在吃晚饭的时候或晚饭之后给孩子一杯8～12盎司的水，这样一来，等他入睡时，身体就会处于良好的工作状态。记住，如果身体脱水的话，孩子就不容易睡着，睡眠质量也不好。

锻炼时间与游戏时间

对于一年级的孩子来说，一有空就到处跑跑，尽情地释放精力、发挥想象力和缓解压力都非常重要。如果你每天都给孩子安排至少一个小时的锻炼时间，你和你的孩子都会过得更快乐。选择那种可以加快孩子心率，让他们畅快地流汗的锻炼强度。你还可以带着六七岁的孩子到附近的公园逛一逛，或者去后院里玩耍，既能给他提供锻炼的机会，也是玩假装游戏①的好时机。饭后散步或慢跑同样是很棒的锻炼方式，孩子一般都会喜欢和爸爸妈妈或保姆一起外出走走。

如果你们生活的地方不太方便到外面玩，你可以鼓励你的孩子在家里进行跳舞、跳绳及其他体育运动。你还可以考虑购买一台游戏机或类似产品，这些产品能提供诸如《歌舞青春3：毕业生舞会》（*High School Musical 3: Senior Year Dance*）等体育视频游戏，孩子们可以在这些游戏中与角色一起尽情玩耍，还能自行设计动作，既有趣，又能充分达到锻炼的效果。

在美国田纳西大学2014年开展的一项研究中，研究人员发现，

---

① 假装游戏（pretend play）是在儿童成长过程中必然出现的一种特殊游戏类型。该游戏以"好像"的状态为特征，儿童在准确地感知到真实情境的前提下，有意想象出非真实的情形，并根据这种想法做出非真实的行为。——译者注

动态的视频游戏可以为孩子们提供所需的锻炼强度。(MacArthur 等)该大学的健康饮食和体育实验室主任、营养学副教授霍莉·雷纳(Hollie Raynor)表示："我们的研究表明，能让孩子全身参与的视频游戏可以成为体育锻炼的手段之一。"

改善一年级孩子多动问题的 5 种方法

1. "蹦蹦跳跳找伙伴。"你可以试着和孩子一起，从停车场跳着进入杂货店买东西，或者干别的事。周围的人看到后会觉得很有趣，你们自己也会忍不住开怀大笑，还能加强孩子大脑左右半球之间的联系，这与大脑在阅读过程中经历的模式类似，是一个让孩子的大脑进入更好的学习状态的有趣途径。

2. "走钢丝。"做晚饭的时候，你可以随口编一个离奇的故事（比如，你的孩子要去救一只困在山那头的小狗），要求他从房间的一边走到另一边，并且得在瓷砖之间的缝隙或者厨房地板上任何一条"钢丝"上保持平衡。平衡感的训练可以刺激大脑的前庭系统，这一系统与视觉中枢、听觉中枢协同工作，在孩子的语言发展中发挥着重要作用。你还可以设想一些场景，让你的孩子在公园里走平衡木，或者沿着人行道的中心线走。接着，孩子很快就能自己想出富有创造性的故事，来展现自己的平衡能力。这个游戏既可以改善孩子的多动问题，还能提高语言能力。

3. 跟着节奏舞动。跳舞可以燃烧多余的能量，把认知思维与小脑的肌肉记忆相结合，改善孩子的学习情况。(Bergland,

2013 年）

4．拍皮球。让孩子站在原地，用双手前后来回运球，这样做可以协调大脑左右半球之间的功能，从而提高孩子的阅读能力。

5．跳绳。孩子可以通过跳绳来排汗和释放精力，这项运动并不需要占用太多的空间，而且对一年级孩子来说还有其他的好处。2016 年，有着超过 35 年教龄的老师帕特·琼斯表示："根据我的经验，如果孩子能学会以固定的节奏完成双跳的话，他们阅读的流畅度通常会在两周内得到提高。"

一年级阶段的牙齿保健

如果你的孩子还没有换牙，6 ~ 7 岁正是换牙的黄金时期。首先掉落的是下排前侧的四颗乳牙，接着是上排对应位置的四颗，这会让孩子露出可爱的"南瓜灯"笑容。新换的恒牙在生长过程中特别容易受到甜食、果汁以及精加工的碳水化合物（如面包、饼干和意大利面）的影响。

要是你的孩子偶尔会吃这些东西，只要他坚持早晚两次彻底清洁牙齿，就不会影响到牙齿的生长发育。如果你还没有给孩子使用牙线，那么从现在起，把它列入日常惯例吧，这样做可以预防孩子以后长蛀牙；如果你一直在用牙线清洁孩子的牙齿，那可真是太棒了！请坚持下去。恒牙的间距比乳牙挨得更近，牙线能够清洁到牙刷刷不到的牙缝位置。

在这个年龄段，你也可以从牙医那里或者网上购买牙菌斑染色药片了。这种药片能让你家的一年级学生检查自己牙齿的清洁情况。具体的使用方法是：在刷牙和使用牙线后，让孩子含着药片进行咀嚼，等30秒左右，在药片融化以后，再将这一团红色的液体吐到水槽里。如果刷牙时没有清洁到位，他就能在镜子里看到牙齿上出现黑色斑点。孩子会把整个过程当作一场有趣的冒险，去除这些丑陋的污渍也会让他们很有成就感。

你可以每月来一次"突击检查"，查看一下孩子的刷牙情况。如果你发现有的部位还需要多加清洁的话，那就告诉孩子，同时你也要表扬他做得好的地方。如果刷牙时用的计时器放错了地方或者坏了，一定要记得更换。刷一次牙至少需要两分钟，保证刷牙时长对孩子未来的牙齿健康至关重要。

营养

在一年级阶段，你的孩子吃得怎么样？如果你的孩子并不是一个爱吃糖的小孩，反而喜欢吃蔬菜，我会为你鼓掌，甚至还有点儿嫉妒你。要知道，比起西蓝花和甘蓝，我的女儿们更喜欢巧克力饼干和小熊软糖。

孩子的成长发育需要摄入大量的蔬菜，尤其是那些钙含量高的蔬菜，比如西蓝花、西红柿和西葫芦，它们可以增强骨骼和牙齿的韧性。孩子想要保持身心健康、快乐成长和大脑发育，需要纤维、维生素和微量营养素，蔬菜就是这些营养物质的主要来源。在一年级学生的食谱中，植物类食物所占的比重一般不会太高，所以你更得仔细看看下面的提示。

让一年级的孩子爱上蔬菜的 7 种方法

1．小小蔬果采购员。让你的孩子为全家人挑选苹果、葡萄、橘子、胡萝卜、芹菜、西蓝花、莴苣头和花椰菜等蔬果吧。要是他参与了采购全过程，就会更乐意吃下自己亲自买的健康食物。

2．如果孩子爱吃的新鲜蔬菜过季了，可以给他吃罐装水果和冷冻蔬菜。如果你买不到新鲜的桃子或青豆，做不出他们喜欢的菜，最后大概只能买一些包装漂亮但徒有其表的罐装或盒装食品。但是，为了让你的孩子获得思考和成长所需的营养，是否该多花点钱，买一些优质的罐装水果或冷冻蔬菜呢？

3．编造故事。比如，假设你的孩子是个巨人，他必须吃"树"（也就是西蓝花和花椰菜），才能帮助杰克找到魔豆的藤蔓[①]。（小提示：当一年级的孩子开始学着编故事的时候，他们的想法可能会逗得你哈哈大笑。）

4．告诉孩子，蔬菜能让他快快长大。如果你告诉六七岁的孩子吃蔬菜会让他们变得健康，其实没什么用，孩子对"健康"这个词并没有概念。但一年级的孩子很想快点长大。所以，你要对孩子说，吃蔬菜可以长高，这样更能激励他多吃蔬菜。

[①] 这个设想源自童话《杰克与魔豆》，讲述了小男孩杰克用一头奶牛换了一颗魔豆，魔豆长出了巨大的藤蔓，杰克就顺着藤蔓爬到了天上的巨人国。——译者注

5. 在烹饪好的蔬菜上洒一点米醋。孩子们的味蕾很敏锐，能尝到蔬菜本身的苦味，加点米醋可以中和苦味，让蔬菜尝起来更鲜甜。

6. 生吃蔬菜。没有烹饪过的蔬菜味道更甜，孩子们会觉得更好吃。以前我常常买袋装的半成品蔬菜，等上完课以后和孩子一起吃，不管是在教室里、车里、去运动的路上，还是在餐桌前做作业的时候，都可以随时来上一口。生的蔬菜富含维生素和纤维素，口感松脆，吃起来既美味又营养，还不至于把肚子填得太饱，导致晚饭吃不下去。

7. 一起烤蔬菜。让你的孩子把锡纸放在烤盘上，上面放好西蓝花和花椰菜等蔬菜，再喷上一层薄薄的橄榄油。你负责帮他在蔬菜上撒好盐、大蒜或其他香料，设定176℃的烤箱温度，烘烤50～60分钟。烤出来的蔬菜美味可口，而且一年级的孩子往往会更想吃自己亲手做的食物。

一年级阶段离不开健康的早餐

我们很多人早上都感觉不到饿，但无论如何，吃早餐是非常重要的。大脑需要能量才能使神经元有效地放电，你也希望自己的孩子脑筋转得更快，不是吗？而且，规律吃早餐有利于控制体重，让身体机能变得更活跃，并将全天的血糖水平维持在更稳定的状态。（Adolphus 等，2013 年）从现在开始，让家中的一年级小朋友养成良好的饮食习惯，这能为他未来的健康生活打下坚实的营养基础。

说到脂肪，我们往往谈之色变，但事实上孩子的早餐必须保证摄入一些健康的脂肪，以缓慢释放能量，并坚持到吃午饭的时间，再补充能够快速释放能量的碳水化合物。而且脂肪能够促进某些营养素的分解，比如维生素 A、维生素 E、维生素 D 和维生素 K。

如果你并不喜欢一大早就吃东西，那么想让你的孩子养成吃早餐的习惯会是个挑战。大人在生活中不愿意做的事情，就很难让孩子们去做，为人父母的难关之一就是孩子会非常关注我们的一举一动。不过你也可以想想好的方面，如果你们都养成了吃早餐的好习惯，在上班或上学前都吃一些健康的食物，就可以为这一天的大脑工作做好充足的准备。早餐可以吃什么呢？试试下面列出的一些快速又简单的食物，记得要搭配一杯新鲜又清凉的水哟。要知道，想要增强大脑的思维能力，水分摄入产生的水合作用和脂肪、纤维以及维生素一样重要。

4 份快速早餐，让孩子拥有敏锐思维和健康体重

1.新鲜水果和一个鸡蛋——这份早餐富含蛋白质和营养素。要是你早上没时间开火，可以趁着周末有时间煮一些鸡蛋，放在冰箱里冷藏。去壳的煮鸡蛋可以保存五天，没有去壳的可以保存七天。

2．新鲜水果和一杯含有 2% 脂肪的牛奶——这份早餐含有蛋白质和营养素，还有一些能够代谢维生素的脂肪。

3．新鲜水果和半个用微波炉加热过的冷冻玉米煎饼——这是一份营养均衡的快速早餐，含有脂肪、蛋白质、营养素和纤维素。

4．不含糖的麦片粥搭配新鲜水果和牛奶（奶制品、豌豆奶、

杏仁奶、燕麦奶、椰奶或大豆奶）——这份早餐富含蛋白质、纤维素和营养素，而且饱腹感很强。

提示：你发现了吗？这个清单里面并没有含糖的麦片、甜甜圈、酸奶和早餐能量棒。因为这些食物的含糖量较高，糖分进入血液后，会在20分钟内让孩子变得极为兴奋，随后又陷入疲倦之中，很难集中注意力去思考。

一年级阶段的午餐

如果你打算让孩子在学校食堂里吃午餐，听上去是挺方便的，但你得先考察一下学校都提供哪些食物。菜单上会有健康的菜品吗？你的孩子会选择那些健康的菜品，还是高热量低营养的食物？不得不说，如果你能花点时间给孩子做饭，确保他的午餐中含有必要的营养素，那么他的大脑就能获得更充足的营养，从而运转得更好。

从幼儿园开始，你的孩子就已经是个小大人了，而一年级可能是他第一年要在学校里待上整整一天的阶段，这就意味着他的午餐盒里需要装上更多的食物。每个孩子都是不同的个体，所以你得多尝试午餐的不同搭配，看看孩子在上学的时候喜欢吃什么，需要吃多少才能在学校坚持一整天。而且，这些食物要含有蛋白质、脂肪和碳水化合物，这样才能让孩子获得充沛的能量和脑力。

另外，不管你的孩子是从家里带午餐盒，还是在学校的自助餐厅吃午餐，你都要记得给他的水杯里装上至少12盎司（约355毫升）的水。一开始，孩子可能会因为水喝得多而经常去洗手间，不过很快他的身体就会做出相应的调整，可以等到课间或午间休息时再上厕所。

一年级阶段的健康午餐建议

蛋白质

● 金枪鱼。如果你担心市面上的金枪鱼大多添加了味精，可以去健康食品超市购买不含味精的金枪鱼。

● 午餐肉。建议购买含盐量和化学添加剂少的午餐肉品牌。

● 煮熟的鸡蛋或者鸡蛋沙拉。

● 牛奶（奶制品、豌豆奶、杏仁奶、燕麦奶、椰奶或大豆奶）。学会阅读食品标签，对比一下营养信息。

● 奶酪。奶酪制品的类型多样，可以调整不同的类型和形式，比如奶酪棒、奶酪块或者奶酪片，以防止孩子吃腻。

● 各种坚果。多给孩子试一试，看他喜欢哪几种坚果（比如腰果、杏仁或山核桃）。最好不要吃花生，因为花生含有的营养成分相对较少，还容易引发孩子或身边其他同学的过敏反应。

● 坚果酱。花生酱经常会添加糖分，杏仁、腰果及其他坚果制成的酱营养价值更高，而且不太容易致敏。

● 豆制品（比如孩子早餐时吃剩的另一半玉米煎饼）。

（提示：如果午餐中还有其他菜品，最好搭配植物蛋白类食物一起食用，这样才能在人体内形成完整的氨基酸链，促进身体的健康吸收。比如，大米应该搭配斑豆一起食用。）

碳水化合物

● 任何新鲜水果。说到富含健康的维生素、矿物质和碳水化合物的食物，非水果莫属。大部分一年级的孩子在吃体积较大的水果的时候，最好切成片再吃。这里有一个有趣的小常识：给香蕉剥皮的时候，像猴子那样从底下剥更方便，而不是从顶部开始剥。

- 涂着坚果酱的三明治，搭配100%果汁含量的果冻。
- 水果干，比如葡萄干、枣干、小红莓干、杏干。在吃之前，请阅读上面的营养标签，确保这些食物没有额外添加糖和化学添加剂。（提示：当你的孩子吃完水果干以后，让他们喝点水，因为水果风干后产生的浓缩糖可能导致孩子的身体脱水，也会对牙齿造成不良影响。）
- 全麦面包，那种含有坚果和种子的面包，而不是那种看起来像精制面包，还会影响人体新陈代谢的黑面包——这种面包就是个糖分炸弹。

提示：不要让孩子把预包装食物当成午餐，因为它们含有大量的化学添加剂、盐和糖，还是让孩子在学校的自助餐厅吃饭吧。还有，不要给孩子带果汁饮料，就连100%果汁含量的饮料果汁也不行。让孩子带牛奶和水上学就可以了。像果汁这种风味饮料，和糖果和蛋糕一样，只适合在特定的场合吃一点儿。

你是哪种类型的父母？

😀吉尔帕特里克先生在书房里开电话会议，吉尔帕特里克夫人急匆匆地从食品柜里拿出番茄酱和芥末，而他们 6 岁的儿子乔丹正躲在正式餐厅里，家里人平时很少会去那儿。乔丹知道自己应该去帮忙摆好桌子，准备吃饭，但他参加完足球训练以后，到家已经很晚了，如果不趁着现在用妈妈的笔记本电脑玩会儿游戏，那今天就没有机会玩了。为了不让爸爸妈妈听到，他把电脑的声音给关了。

汉堡的香味飘了过来，乔丹的肚子里传来一阵咕咕叫。但是他马上要进入游戏的下一关了，现在可不能中途退出。

厨房里，吉尔帕特里克夫人把现成的沙拉倒进一个碗里，又加了一些用蓝纹奶酪调味的莴苣，然后放在桌子上。她心想，奇怪了，桌子上没有摆好盘子和餐具，而且乔丹简直安静得有点反常。她得喊他过来摆桌子，但是煎锅正在噗噗作响，转移了她的注意力——还是赶紧把那些汉堡翻个面吧。

乔丹的爸爸结束了电话会议，走进厨房，对妈妈说："嘿，亲爱的，我们快吃饭了吗？我饿坏了，吃完晚饭后，我还得去给客户公证一些文件。"

"沙拉在桌子上。"吉尔帕特里克夫人从碗橱里拿出一个盘子，又从锅里夹起一个汉堡，递给丈夫，"给你，乔丹和我马上就过来吃饭。"

"杯子和餐具在哪里？"吉尔帕特里克先生问道。

"乔丹不知道上哪儿去了。"

"乔丹！"吉尔帕特里克先生喊道。

乔丹听到了他爸爸的声音，但他现在没办法回答——他正忙着通关呢，以前他从来没玩到过这一关。

吉尔帕特里克先生叹了口气，说："算了吧。"他走到橱柜前，又拿出几个盘子，"还是我自己来拿更快，八点半的时候我必须得去见客户。"他迅速把餐具摆在桌子上，然后坐下吃起饭来。

"乔丹，吃晚饭了！"妈妈大喊着，急匆匆地走向餐桌。她一手拿着一盘汉堡包，另一只手端着盘子，上面放着一些小圆面包、奶酪和番茄片。

乔丹知道自己必须关上电脑，但他几乎就要打完这一关了，以前可从来没有这么好的战绩。他马上就要成功了……成功了！

"太棒了！"乔丹挥动着拳头，情不自禁地大声叫起来。

"乔丹·詹姆斯·吉尔帕特里克，马上到厨房里来！"

好吧，他妈妈的声音听起来不太高兴。乔丹单击鼠标，在第五关的地方保存好位置，结束了游戏。他冲进厨房，在门口撞上了吉尔帕特里克夫人。

"哦，对不起。"他绕过她，一屁股坐在桌子旁的餐椅上。

"你刚才去哪儿了？"他爸爸问道，嘴里塞满了汉堡，"我还得自己把盘子拿出来。"

"我……我……"乔丹看看爸爸，又瞧瞧妈妈。如果他说实话的话，那爸爸妈妈就不会再让他在放学后玩电脑了，所以他只得说："我在做作业。"

吉尔帕特里克夫人隔着餐桌看向吉尔帕特里克先生。"我想我们不能因为这个责怪他。"她说，"乔丹，你做得对。我们今天回家太晚了，待会儿吃完晚饭后，你就得准备睡觉了。"她夹了一个火腿汉堡，放在乔丹的盘子里，又夹了一个到自己的盘子里。

哦，天哪，那我什么时候才能"真正"地做作业呢？乔丹心想。

吃过晚饭后，吉尔帕特里克先生出门见客户去了。吉尔帕特里克夫人几乎没等乔丹收拾好桌子、刷完牙，就匆匆忙忙地把他带到床上，给他讲了一个睡前故事。她还得把最后洗完的一堆衣服放进烘干机，再把其他三个洗衣篮里的衣服叠好，这样的话他们第二天早上才有衣服穿。

在接下来的几周里，乔丹养成了晚饭前"做作业"的习惯，渐渐地，他再也不摆桌子了。他的妈妈有些自责，自己没有检查这个可怜的小家伙的作业，并帮他改正错误。因她总是忙于工作，又要陪孩子进行足球训练，还得做饭，哄他上床睡觉，做家务，简直忙得团团转。

乔丹的书包已经很脏了，所以在周六的足球比赛结束后，吉尔帕特里克夫人决定把它洗干净，连同乔丹的脏校服和足球训练服一起扔进洗衣机。她知道应该让乔丹来清洗书包，但督促他干还不如她自己直接做省力。

令吉尔帕特里克夫人震惊的是，她在书包里找到了皱巴巴的数学作业，老师还在上面贴了便条。原来，这三周以来，老师都要求家长陪着孩子一起练习 1 ~ 20 的加减法，但乔丹一直没有交作业，他好像还不太懂加减法的概念。更糟糕的是，他的午餐盒下面压着几张变形的空白的作业纸，还有一个皱巴巴的密封好的信封，正面手写着"致吉尔帕特里克夫妇"。看来，老师要叫他们俩去学校谈谈了。

🦉当珊德拉和她的新朋友在后院互相吼叫的时候，女儿尖锐而愤怒的声音马上吸引了韦斯特利夫人的注意。那个叫布伦达的女孩在找珊德拉的麻烦吗？韦斯特利夫人惊诧不已，连忙从滑动玻璃门的那边探出头来。

"这一轮该到我了。"珊德拉喊道，试图抢夺她这位新交的最好朋友带来的紫色皮球。

"要是我没打中球，你是不会让我打的。"布伦达反驳道，并转过身去，把球藏在珊德拉够不着的地方。

韦斯特利夫人眯起了眼睛，打量这个扎着歪歪扭扭褐色小辫的6岁女孩："我以为你带着那个球，是想着和大家一起玩。"

眼前这位大人的严肃表情让布伦达感到有些害怕，她的语气变得温和了许多："我是这么想的，但是珊德拉在耍赖。"

"把球给我吧。"韦斯特利夫人伸出手来，"你们俩可以去玩点别的。"

布伦达的眼睛涌出了泪水。"我可以打电话给我妈妈吗？"她问道，"我想回家了。"

😊"雅各，你在里面太安静了。"兰德里夫人一边把锅盖放在煎鱼的锅子上，一边问，"你们在干什么？"她没有听到回答。"雅各？"她又查看了一下烤箱里的西蓝花和花椰菜，"你在哪里？该出来摆桌子了。"

但她的儿子还是没有回答，兰德里夫人关掉了炉子——这样鱼就不会煮过头了，然后绕过厨房的柜台，向房间里张望着。

"轮到我了。"雅各正坐在沙发上，小声说着，伸手从朋友格雷格那里接过兰德里夫人的平板电脑。每周一，当男孩们结束武术练习，兰德里太太检查完他们的作业以后，他们俩就会玩上半个小时的电子游戏。但是游戏计时器响的时候，兰德里夫人正忙着把鱼放进煎锅里，所以孩子们趁着她没注意，又多玩了一会儿。

兰德里夫人心想：我了解雅各，因为他的朋友在这里，所以他就假装没听到计时器。她抱着胳膊，等着看孩子们什么时候发现自己已经注意到他们了。

"我们马上就来了。"格雷格猛地从雅各那儿拿回平板电脑，转身坐在沙发边上，敲打着屏幕。

"嘿，你在干什么？"雅各说，"现在该轮到我玩了！"他越过格雷格的肩膀打算去拿平板电脑，但他的朋友从沙发上跳了下来。

"得了，穿好你的裤子①！"格雷格说，他的手还在屏幕上乱按。

兰德里夫人笑了笑。儿子之前曾经自鸣得意地说过一句滑稽话，她告诉他，对大人说那样的话是不礼貌的。现在她在想，那句话会不会是从格雷格那儿学来的。

她刚想出声，责备他们玩电脑超时了，只听雅各说："好吧，那你会因为没关掉平板电脑而惹上麻烦。你已经挨过罚，下个周末不准出门，我想要是我妈妈把这件事告诉了你妈妈，那你这一个月都不能再玩游戏了。"

兰德里太太想，对于一个刚满 7 岁的孩子来说，他的处理方法是很聪明的。于是，她悄悄地走开了，让他们自己来解决问题。

"你要告发我吗？"格雷格的话听起来更像是在嘲讽。

"不。"雅各说，"我知道我妈妈刚才在盯着我们，她还以为我不知道。不过，她只看到了你拿着平板电脑。"

"噢，伙计。"格雷格呻吟了一声。

兰德里太太忍不住笑起来。她往他们那儿扫了一眼，看到格雷格把平板电脑递给了她的儿子。雅各关掉了它，把它放在咖啡桌上。

---

① 原文为 "keep your pants on"，美国俚语，意思是保持冷静。——编者注

"雅各？"兰德里太太喊道，两个男孩都跳了起来，"请摆好桌子，晚餐差不多准备好了。"

"好的，妈妈。"雅各瞥了格雷格一眼，"我们来啦！"

兰德里太太觉得很高兴，因为雅各成功地解决了他和朋友之间的分歧。等吃过晚饭以后，她会和孩子们谈论违反规则的问题，帮助他们理解遵守诺言的意义。她会把当前的状况和他们所能理解的事情相类比，比如，要是武术练习结束以后，她没有去接他们回家，他们会有什么样的感觉。这样一来，他们就会认识到守信的重要性。然后她会告诉男孩们，在他们重新获得她的信任之前，都不能再玩她的平板电脑。她会更频繁地进行突击检查，一个月以后，就会知道他们是不是已经吸取了教训，可以再玩平板电脑了。

在这三种父母类型中，你有没有看到似曾相识的影子？你是一个能让孩子完成家务（比如摆桌子）的"天使父母"，还是一个因为忙得团团转，所以没办法督促孩子做家务的父母？你有没有每天检查孩子的家庭作业，让他养成良好的学习习惯？（提示：每个周末，你都要让孩子清理自己的书包，这能避免他忘了上交做完的作业，你也可以检查他是不是没把作业做完。）生活总是忙忙碌碌、令人疲惫，不过，只要你现在培养好孩子的习惯，等他上了中学以后，一切都会变得越来越好。

要是孩子和他的好朋友闹了矛盾，怎么办？如果你是"天使父母"，你会让孩子自己解决同龄人之间的问题，同时也会在一旁悄悄地关注，确保他们当中没有人受到欺负。如果你是"直升机父母"，就会经常站在对自己的孩子有利的立场，干预和引导孩子之间的谈话。有时候，父母很难不插手孩子们的争论，尤其是当他们吵得很激烈的时候。但是，除非孩子们出现了言语或身体上的互相攻击，不然还是让他们与朋友一起解决问题吧，这样能够帮助他们培养宝贵的社交技能。

一年级的孩子渴望规则带来的基本秩序，他们还总是觉得自己需要公正地向别人指出这些规则。有趣的是，孩子们自己似乎总是能找到一个"好借口"来打破规则，但与此同时，他们又坚持认为其他人都得遵守同样的规则，谁也不能例外。

对于父母来说，把六七岁孩子的违规行为和他们此前亲眼见过，或通过之前经历能预见的事情联系起来，是一次教育子女的好机会。在上面的例子中，兰德里夫人打算把她对男孩们的承诺与他们对她的承诺相提并论，也就是说，她答应男孩们等武术练习结束后就接他们回家，和他们答应她每天玩半小时的平板电脑，两个承诺的性质是相同的。兰德里夫人希望他们能明白，只有履行承诺，彼此才能互相依赖。可以信任你所关心的人，是一件非常重要的事情。

兰德里夫人还可以把男孩们的违规行为与隔壁女孩的不诚信行为相类比。就在上周，那个女孩借走了雅各的篮球，直到格雷格回自己家以后才还回来，所以雅各再也不想让她玩自己的球了。还有一个例子，也和男孩们偷偷玩游戏很像，这是雅各告诉兰德里夫人的：他班上的一个孩子在课间踢足球的时候突然插了进来，抢走了格雷格射门的机会。所以，你举的例子越真实，孩子就越能将自己的违规行为和他知道的事相联系，也就更清楚自己的行为是不对的，以后应该怎么改正。

作为一种教育手段，你可以事先跟孩子说好，违反规则就要受到惩罚，这是必要的，也是最有效果的。如果你的孩子知道违规后等待自己的会是什么，他就能更好地吸取教训。比如，要是他偷吃了一块饼干，第二天就不能吃甜点，或者是他偷玩了电脑却不承认，就会被罚两天不能玩电脑。

在这个年龄段，要是你因为孩子违反规则而大声斥责他，或者说"我对你感到很失望"之类的话，只会伤害他幼小的心灵，反而阻碍了他从教训中收获学习和成长的能力。

本章小结

在这一年，你家里的一年级学生会成长得很快，不管是智力、体力、情感还是人际交往能力。到学年结束时，你和孩子可能会给对方写一些评语，你们家也已经建立了一套全新的睡前仪式和家庭作业惯例。同时，你的孩子也可以在白板或家庭日历上写字，不再是涂涂画画了。

在这一年，孩子可能会变成一个数学小能手，因为他的大脑神经通路已经牢牢掌握了10的构数组合，所以能轻松地算出加减法。如果你的孩子在学习方面存在一定的问题，无论是得赶上其他同学，还是需要进一步保持对学习的兴趣，你都已经和老师交流过了，那么上二年级以后，对孩子的学习干预应该会变得更容易。

到了放暑假的时候了，和孩子一起过个快乐的夏天吧！当然，我还是得强调，暑假里也要让孩子保持日常阅读的习惯，有机会的时候多玩数学游戏——用棉花软糖、纽扣或储蓄罐里的硬币等各种生活小道具，这两点非常重要。等孩子再次回到学校的时候，相信你们一家已经养精蓄锐，准备好迎接二年级的学习与生活了！

祝你们好运！

　　二年级阶段会扩展孩子在一年级学到的知识，并将它们应用到实际的日常生活之中。在这个年龄段，孩子渴望能够得到肯定，不过他们也很敏感，所以很容易受到伤害。在接下来的章节中，我们会介绍与二年级学生相关的各种信息、故事和趣味游戏，帮助你的孩子在社交、情感和智力上不断发展，度过美好的新一年。尽情享受这段旅程吧！

第 五 章

二年级阶段：

渴望得到肯定的孩子

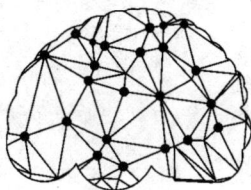

二年级孩子所拥有的思考问题能力、逻辑推理能力以及描述并区分物体的能力，可能会令你大吃一惊。在这个年龄段，他们会思考得更深入，从而扩展了对外部世界的认识，对社会的想法、感受和理解也会出现质的飞跃。你会很好奇，在你的宝宝身上究竟发生了什么，让他发生了如此大的变化。和孩子保持交流一向都很重要，但对于二年级的孩子来说，他们尤其渴望得到来自父母的认可和共鸣，来帮助他们理解层出不穷的新想法和新经验。

二年级阶段的大脑发育

到了孩子七八岁的时候，他们大脑中相当数量的神经元已经被剪除。这听起来是不是有点吓人？但是，正是这种对神经元的修剪，决定了你的孩子以后会成为什么样的人。2015 年，著名的脑科学家大卫·伊格曼（David Eagleman）在美国公共电视网（PBS）上发布了纪录片"深入大脑"系列，他在节目中指出："成为自己的过程，就是不断地修剪已经存在的可能性。你之所以能成为你自己，不是因为大脑中长出的东西，而是因为被移除的东西。"

在接受学龄前教育之后，孩子的大脑已经产生了大部分的神经元。在孩子的成长过程中，精确的神经元修剪可以创建更加发达的神经通路，并在经验和环境的影响下，让神经连接从一般化变得更加具体化。

一个两岁的孩子拥有的神经元数量是成年人的两倍，不过到了二年级，你的孩子会在不断运用神经网络的过程中，找出自己喜欢和不喜欢的东西。让七八岁的孩子体会到成就感的经历，会刺激他们大脑产生多巴胺，这种激素又被称为"快乐因子"，孩子也就更倾向于选择相同的活动作为消遣。比如，要是二年级的孩子发现坚持做并解出一道数学题的感觉很棒，他们就会认为数学是自己最喜欢的一门课。

当孩子第一次看完一本章节书，并觉得这本书很有意思的话，就会激起他看更多章节的渴望；当孩子在夏令营举办的艺术项目中做得很成功，他就会觉得生活中最有意思的事情就是拿着画笔画画；当孩子踢足球射门或持续地、不间断地跳绳的时候，来自玩伴们的欢呼声也会燃起他们对运动的热爱。

揭秘二年级孩子的大脑

如果大脑中未曾使用的神经元被修剪了，孩子的大脑如何继续发育呢？答案是，神经胶质细胞。神经胶质细胞会进行分裂和增殖，形成脑白质，脑白质会为大脑输送血液和营养。作为大脑的管家，神经胶质细胞还可以清除死亡的神经元细胞和其他碎片。

孩子的神经胶质细胞还有另一个功能：像电线周围的绝缘体一样包裹着神经细胞，帮助形成并保护构成大脑灰质的神经通路，而灰质是大脑认知思维的处理中心。这种包围结构能够产生并传导大脑的电脉冲，进行信息发送并产生反馈。

研究发现，神经胶质细胞甚至还会参与突触的形成和功能。突触是树突和轴突之间的间隙，让不同的神经元得到交流。随着影像技术的进步，我们可以看到神经胶质细胞是通过化学物质进行沟通的，而不是依靠电脉冲，它们不仅能互相交流，而且还能与神经元"对话"。（Perry，2010年）

当七八岁的孩子在新的生活经验中不断地形成并巩固现有的神经通路时，他们的大脑正处于神经胶质细胞大量生长的阶段。在这个快速变化的时期，为了迎接新的挑战，孩子的行为会发生很大的变化，大脑神经的可塑性变得更强。简而言之，你的孩子在这一年的身体发育和学习状态以及成熟度都会产生巨大的进步。

这就意味着当大脑处于持续学习的状态时，孩子需要健康的饮食和充足的水分，让大脑得到能量并冷静下来，这很重要。孩子还需要充足的睡眠，以便产生能够恢复大脑活力的 δ 波，为新一天的到来做好准备。定期的锻炼也必不可少，它能为大脑的发育提供高含量的氧气。

现在，你找到让孩子大脑良好运转的模式了吗？

但有时候，我们忙着安排孩子参加各种运动或其他活动时，会忽略了让他们好好休息这一点。事实上，放松和玩假装游戏也是提高学习能力的关键因素。2016年，资深教师帕特·琼斯表示："我认为我们家长给孩子安排了太多的计划。他们需要到处跑，玩一些放飞想象力的游戏，这些能帮助他们提高阅读能力和解决问题的能力。"

大脑神经胶质细胞的活动有助于磨炼和滋养神经网络，让七八岁孩子的注意力更持久。你可以一次性给他两个指令，而不是一个，如果你的指令简明扼要，那么孩子很有可能会完成这两个指令。此外，他们的神经通路变得更加精细化，能够进行更复杂的思考过程，所以二年级的孩子会对一个需要专注力和决断力的任务感兴趣，尽管就在几个月前，他们还没有能力完成这个任务。

在这一年，孩子的语言能力也会出现巨大的飞跃。他们所掌握的口语词汇量可能会增加到数千个单词，阅读故事更加流畅，理解力也得到了显著的提高。

电子游戏的魔力

正如第二章（请参阅第 36 页）提到过的，儿童之所以会被电子游戏吸引，是因为多巴胺在其中起到了重要的作用。游戏会不断地提供奖励，促使孩子的大脑释放出多巴胺这种快乐因子，每当他们开始新一局的游戏，就会得到更多的可用积分和魔法工具，这让他们很快就忘记了前一局的失利。当提醒孩子结束游戏的计时器响起时，家长们经常会听到孩子们嚷嚷着："我现在不能关掉电脑，马上要打到下一关了！"

但是你不要沮丧，记住，按照科学家的说法，如果孩子每天使用电子设备的累计时长不超过两个小时的话，就不会对大脑造成负面影响（请参阅第 38 页）。两小时的屏幕时间限制可能会引发孩子的抗议，但只要你保持坚定，孩子就会懂得规则是不能违反的，也不会再多加抱怨了。

发生在身边的故事

电子游戏与我朋友的儿子

　　我有一个朋友，是个单身妈妈，她控制儿子玩电子游戏的方法是看时间，差不多到点了就喊儿子关电脑，而不是设置计时器。当她很忙的时候，就会常常忘记自己的两个儿子还在另一个房间玩电脑。事实上，游戏能让他们俩安静地待上好一会儿，她可以趁这个空当做饭和做其他家务，不至于被孩子们打扰。忙碌了一天之后，这段时间会让她感到很放松。

　　现在，她的两个儿子都已经大学毕业了。大儿子并没有觉得小时候玩太多的电子游戏对自己造成了什么影响，但是她的小儿子却觉得自己之所以难以集中注意力，记性又不好，都是因为以前游戏玩得太多。所以在工作以后，每当他要提交项目报告的时候，常常得检查两三遍，看看内容是否完整，有没有错误。

🍃 二年级阶段的社会特征

　　在这一年，孩子变成了"社会动物"，他们会更积极地参与到校园生活之中。他们喜欢和朋友们一起玩，却不太愿意与大人打交道。二年级的孩子拥有旺盛的精力，但是随着他们自我意识的不断增强，也会感受到一些精神上的压力。

完美主义者

这个年龄段的孩子很想表明他们清楚自己在做什么。许多孩子会在这个阶段成为"完美主义者",他们担心学校的作业完成得不好,害怕在学校里发生冲突,很在乎老师和同学是如何看待自己的。如果孩子发现自己思考世界的方式和其他人不一样的话,他可能会跟你大大吐槽一番。当这种挫败感堆积得越来越多时,他们就会时不时来一场"火山爆发"。

亲情

在此,我要提醒各位家长,管束孩子的态度要温和,开玩笑也要注意分寸。二年级的孩子往往会极端敏感。一些无心的行为,比如你看到孩子的画上有几个地方涂歪了,觉得很可爱而忍不住笑了起来,注意啦,这可能会给你的孩子留下多年不散的阴影,让他觉得自己压根就不擅长画画。这听起来似乎很戏剧性,但我敢打赌,你以前肯定也曾经因为类似的可笑理由而做出过某些决定。你完全可以问问,你的孩子在画画的时候学到了什么,而不是评价他画出来的海洋动物就跟毕加索笔下的画那样不对称。

制定家庭规则

七八岁的孩子开始萌生内疚和羞耻的情绪。当你打算重新调整家庭规则,制定违规后的合理惩罚时,让你的孩子也参与进来。(记住,跟孩子说明规则的时候,要用正面陈述的方式,不要用诸如"错误"和"不要"之类的消极词汇。)有时候,你可能不得不忽略孩子的建议,因为二年级的孩子多少有点自大,他们自以为永远不会违反这些规则——至少在他们犯下不可避免的错误之前——所以可能会想出一些荒唐的惩罚措施。让孩子一起参与制定家庭规则的话，如果他犯了错，就会勇于承担责任，而不会觉得爸爸妈妈制定这种规则是故意侮辱自己，或者是对自己个性的否定。

家庭生活

在这个敏感的年龄段，来自兄弟姐妹的调侃可能会给孩子造成长久的心理创伤。你要留神孩子们之间的玩笑话，在大多数情况下他们都能自行解决问题，但要是其中一个孩子说得比较过分，你就要进行干预，和他们一起聊聊尊重他人的话题。

如果是你的孩子跟别人说了不好的话，你一定会想要严厉地纠正他，但是你要记住，孩子正在学习如何管理自己的情绪，严厉的指责可能会让他受到伤害，变得沉默寡言，不愿沟通——这不会是你希望看到的。在这一阶段的育儿之旅中，最有价值的手段是保持耐心和开放性的交流。

从好的方面来看，如果七八岁的孩子得到父母的信任，承担起新的家庭责任的话，他们往往会表现得不错，尤其是当他们的努力经常得到大人的鼓励和积极的反馈的时候。比如，如果你的孩子上一年级时负责的家务是摆好桌子，现在你可以加上晚饭后清理桌子和倒垃圾这两件事情。你也可以考虑交给他别的任务，比如给家里的小猫小狗喂食，每天检查邮箱等。任务的内容并不重要，重要的是他对家里的常规性的贡献。

新的职责体现了父母对孩子能力的更多的信任和尊重，这一开始会给二年级孩子带来兴奋感，就跟家里新来了一只小狗之后，需要进行大扫除一样。但是当孩子的新奇感消失后，让他们按时完成家务活可能会变得不那么简单。记住，新习惯的养成需要大量的重复动作，所以接下来你要保持冷静并坚持下去。等孩子上初中和高中的时候，在你持续跟进下养成的这些好习惯可以让家庭氛围变得更加融洽。

发生在身边的故事

什么是处女座？

七岁那年，我的姐姐把她的那本《青少年杂志》（Teen）落在咖啡桌上，摊开的那一页正好是星座专版。我看到以后，踮着脚尖来到走廊，瞥了一眼楼梯间——外面空荡荡的。我对自己的好运气感到一阵狂喜，接着就偷偷翻过这一页，希望能解开"处女座之谜"。

当我就要找到自己的星座标志的时候，耳边突然响起了一个声音："谁让你偷看我的杂志的？"

是姐姐来了！我吓了一大跳，脸烧了起来，心也扑通扑通地乱跳。我转身看着她，说："如果你不想让我碰它，那就告诉我什么是处女座。"

"我告诉过你，但你并不想知道。"她伸手来拿杂志。

我把它从桌子上拿下来，叫道："告诉我！"

她想把杂志从我手里抢过去，在争夺的过程中，有几页被撕坏了。

"都是你干的好事……现在它被撕坏了。"

我拿着杂志，飞快地跑到桌子的另一边："如果你告诉我，我就还给你。"

182

"那好。"她抱着双臂说，"处女座就是屁股的意思。"

我大吃一惊——怎么可能呢？

"看吧，"姐姐说，"我就知道你知道了以后会不高兴的。"她大步地走过来，从我手中夺过杂志，然后离开了房间。

虽然这听起来很荒唐，但我姐姐什么事情都知道，而且以前她也警告过我。我盯着电视上方墙上挂着的镜子，想知道自己为什么会在这样一个不幸的月份出生。我的鼻子一阵发酸，很快就忍不住啜泣起来，哭得眼睛和脸颊都肿了，又红又肿——就像一个大屁股！

门嘎吱一声响了，妈妈提着装得满满的洗衣篮从车库那边走了进来。她问我："亲爱的，你怎么了？"

"我是个屁股！"我尖叫着说。

"你说什么？"妈妈把洗衣篮放在沙发上，试图掩饰自己的笑容。

"这一点也不好笑！"我喊道，"你为什么要在九月份把我生出来？"

"九月和这个……有什么关系？"妈妈用充满理解的眼神注视着我，然后朝楼梯那边喊道，"简，下来！"

"怎么啦？"简的声音从墙后面传了过来，接着是一阵笑声。

"你跟妹妹说她是个屁股了吗？"

"不完全是这样。"简咧着嘴，笑嘻嘻地走进房间。

"那你告诉她什么了？"妈妈一边问，一边从洗衣篮里拿出几条牛仔裤，开始叠衣服。

> "她问我什么是处女座，所以我就告诉了她。"
>
> "处女座就是没有结婚的少女的意思。"妈妈把牛仔裤放在身旁，看着我说，"一个年轻的女人。"
>
> "嗯……"姐姐耸耸肩说，"我刚才说的也差不多。"
>
> "真的吗？你怎么认为差不多呢？"妈妈说着，开始大笑起来。
>
> 简也笑起来。我也跟着傻笑起来，眼眶里还含着泪。笑声果然是有感染力的，我很庆幸自己出生在一个代表着少女的月份，跟屁股什么的毫无关系。

友情

孩子在一年级的时候可能每周换一个朋友，但二年级这个阶段的友谊维系的时间更长，而且孩子会更喜欢结交和他们有共同爱好和个性的朋友。在进行户外游戏或课堂活动的时候，二年级的孩子通常会尊重自己的同伴，并在大人或同龄人的引导下，设身处地地站在别人的立场来看待事情。要是他们之间出现了问题，你可以像对待一年级孩子那样，先看看他能不能和玩伴一起自行解决，再视情况决定要不要插手。

你要做好心理准备，有时候你无意间说了些什么，可能会莫名招致孩子的反驳。在批评他之前，你要想到孩子的这种异常反应可能是源于当天在学校里发生的事。先做个深呼吸，再试着问他这样的问题："嘿，你是故意这么跟我说话的，还是因为别的什么事而难过？"

在这个年龄段，孩子处理人际关系的能力正在逐渐提高，所以你可以利用他的这种成长，让他好好地想想这个问题，从而意识到自己刚才的反应不太恰当。再给他一个说对不起的机会，让他学着用道歉修补与他人的关系。通过这种方式，你也可以找出孩子莫名其妙发脾气的原因，告诉他处理社交问题并疏解情绪压力的办法。

记住，只有当孩子的大脑感到安全的时候，才能发挥最佳的思维能力。如果在孩子的意识或潜意识中，有某件事或某种状况威胁到了他的情绪安全感，他的精力就会花在感知到的危险上，而不是花在学习上。展示耐心，提出问题，专心倾听，告诉孩子如何解决问题，这是为人父母的你需要掌握的重要技能。

二年级阶段的学习能力

在二年级，孩子们会学习如何运用他们在一年级时掌握的所有的数学知识和语言知识，并更深入地钻研这些概念。你的孩子将会继续提高阅读和写作能力，并在升入四年级之前，实现从学习阅读方式迈向在阅读中学习的转变。在数学方面，会更侧重于学习实用性的技能，比如测量、计时，以及在日常生活中运用数字。

来看看二年级的学习能力总表，了解一下你们今年一起玩各种游戏的目的。选择本章中的游戏活动不仅是为了好玩，也是为了给孩子建立信心、培养能力并提高他们的学习兴趣。

二年级阶段需要掌握的学习能力

语言能力

● 说出一个故事里的人物、内容、地点、时间、原因和方式。

● 复述故事、寓言和民间故事的内容，懂得这些故事里展现的教训或寓意。

● 解释字词是如何在故事、诗歌或歌曲中创造节奏感和意义的。

● 知道一个故事会在开头介绍人物和主要冲突，中间部分展现冲突，结局总结故事，通常还会解决故事里的冲突。

● 分辨故事中角色的不同观点及他们各自的叙述口吻。

● 用图片和文字讲述故事中的人物、背景和情节。

● 比较不同作者或不同文化背景下创作的同类故事的版本。

● 在二年级学年结束前，能看懂三年级初水平的故事和诗歌。

● 在写作和口语中使用正确的英语语法，包括不规则的名词复数，比如儿童（children）和人类（people）；反身代词，比如他自己（himself）、我自己（myself）；过去时的不规则动词，比如拿走（took）、找到（found）；还有形容词、副词，以及简单句式和复杂句式。

● 使用书写惯例（比如专有名词开头使用大写字母，缩略语和所有格使用撇号，信的开头和结尾的标点使用逗号）。

● 知道二年级水平的拼写规则，会用字典来查找单词。

● 通过故事的上下文，根据词语的前缀、后缀和词根的意思，以及查阅词汇表或词典，找出不认识的单词的含义。

● 能用具体事例来撰写观点性和信息性的段落，并阐释主题思想；能用具有开头、中间和结尾的叙述性段落描述一件或多件事情。

数学能力

● 用 100 以内的加减法解决一步和两步的计算题。

● 掌握 1 ~ 20 的加减法运算（如果你的孩子在一年级就学会了数字 10 的构数组合，那么他很快就能学会）。

● 通过对 1 ~ 20 的数字进行分组，理解奇数和偶数的特性，并且两个两个地数到 20。

● 能在同一行或同一列中进行 5 个数字以内的加法运算（为日后学习乘法运算打下基础）。

● 分别以 1、5、10 和 100 为单位，从 1 数到 1000。

● 能将四个两位数相加。

● 运用心算，计算一个数字加上或减去 10 或 100 的倍数。

● 知道 1 作为个位数、十位数和百位数的不同位值（如果想要又快又有趣地迅速掌握的话，可以使用实物对象来学习，比如第 133 页介绍的冰棒棍子和橡皮筋）。

● 知道为什么要用加法或减法来解决某道题。

● 使用直尺、标尺或卷尺等工具测量物体的长度。

● 用英制和公制单位（如英寸和厘米）来计算物体的尺寸。

● 用英制和公制单位（如码和米）来估算物体的尺寸。

- 通过测量来确定物体之间的长度差异。

- 四舍五入地说出并写下时刻，并标注"上午"或者"下午"。

- 数出硬币和纸币的价值，并用"$"（美元）、"¢"（美分）等符号标注[1]。

- 利用柱状图和图表中的数据来解决简单的数学问题。

- 说出、描述并绘制六条边以内的图形，包括立方体。

- 将长方形用行和列划分为等正方形，并进行计算（这是运用乘法求面积的基础）。

- 运用分数将圆形和长方形等分为两份、三份和四份（1/2、1/3和1/4），知道两个1/2、三个1/3和四个1/4加起来各等于一个整体。

与高频词相关的游戏——谁在捉迷藏？

在这一年，你的孩子掌握的阅读词汇量会扩充到数百个词语。你和孩子可以通过玩这个有趣的游戏来学习和拼写我们平常使用的词语，让阅读和写作都变得更简单。

许多孩子在做作业的时候会用到平板电脑，它具有给故事、作业和电子书做标记的功能。让你的孩子选择一种颜色来高亮

---

[1] 可换成人民币，用元、角、分等单位来标注。——编者注

显示高频词列表中的词语。因为这些词语经常会被用到，所以每一页都会出现类似的色块。

再问一问你的孩子，他能不能找出一个神秘的图形，比如一个大象脑袋或者一个火车头，如同在云朵中寻找图形那样。然后你们一起编个故事，用那些以颜色标记显示的词语来描述这个东西。

如果你的孩子平时不用平板电脑，可以在网上搜索一些故事，并通过单击鼠标来标记显示故事里的高频词。比起用家里的电脑，孩子们会更喜欢在图书馆的电脑上做这件事。试着来玩一玩吧！

above（上面）	air（空气）	always（总是）	around（周围）	because（因为）
been（曾经）	before（以前）	below（下面）	best（最好）	both（都）
buy（买）	call（叫）	change（改变）	cold（冷）	does（做）
don't（不要）	fast（快）	first（首先）	five（五）	found（找到）
gave（给）	goes（去）	green（绿色）	its（它的）	laugh（笑）
made（做）	many（很多）	off（离开）	people（人）	pull（拉）
read（阅读）	right（对）	sing（唱歌）	sit（坐）	sleep（睡觉）

tell（告诉）	their（他们的）	these（这些）	those（那些）	upon（上面）
us（我们）	very（非常）	wash（洗）	which（哪个）	why（为什么）
wish（希望）	work（工作）	would（将要）	write（写）	your（你的）

提高孩子的注意力、协调能力以及数学和语言艺术能力的 11 款趣味游戏

1. 重复节奏。在等红灯或者在车管所排队的时候，可以和孩子按照快和慢的不同顺序来玩拍手游戏，比如——快、快、慢、快、快。你先来，然后让孩子重复一遍。第二次，轮到你的孩子有节奏地拍手，你来重复一遍。也可以试着用两根手指轻敲掌心，避免发出太大的声响。节奏性的重复可以让大脑左右半球的几大区域进行交流，有助于孩子集中注意力，提升短期记忆功能。

2. 加一个动作。你先做一个动作，比如拍手或弹指，让你的孩子模仿这个动作后，再添加一个自己的动作。接着，由你来重复你和他的动作，然后再添加一个动作。就这么继续玩下去，直到你们当中有人一时疏忽，跳过了中间的某个动作为止。

由获胜的人开启下一轮比赛。在玩游戏的过程中，如果爸爸妈妈忘了动作，孩子们会觉得很开心。

3. 加一句歌词。《有一天我遇到了一只熊》《B-I-N-G-O》《吞下苍蝇小子的老奶奶》都是经典的添句类歌曲，在这些歌曲中，你会反复地唱着同样的内容，不过在每次重复时都要再加上一句歌词。这对锻炼孩子的短期记忆很有帮助。当然，任何音乐都可以强化大脑中负责记忆、运动、策划和专注力的各个区域。所以，在熟悉的调子里加入生词是一种非常有效的记忆方式。

4. 边数数边走路（或跳绳）。当孩子在走路或者跳绳的时候，让他从 1 数到 100，记住自己走了多少步，或者跳了多少下。然后，让他两个两个地数到 100，如果他很喜欢这么玩，那就五个五个或十个十个地数完全程。如果他还想继续玩下去，就让他以二十五为间隔，一直数到 1000。孩子在计数时做出动作和节奏都需要运用到多种感官，这可以巩固他在课上学习到的——那些重要的数字关系。如果孩子能在数学方面打下坚实的基础，以后学起来就会很轻松。

5. 数零钱。上幼儿园的时候，你的孩子可以一分一分地数硬币。到了一年级，他可以以 5 美分和 10 美分作为单位来跳着数硬币数。现在上二年级了，他就能以 25 美分为单位来数硬币，还能把各种硬币组成总价值 100 美分的硬币组合。当他知道了 1 美元可以分别由 4 个 25 美分、10 个 10 美分、20 个 5 美分或者 100 个 1 美分组成的时候，就可以数一数家里的储蓄罐或者你钱包里的硬币了。二年级的孩子很喜欢数零钱，要是数完以后，还能拿着一把硬币去冰激凌餐车买东西的话，那他们就会更积极了。

6. ABC 寻宝游戏。玩这个游戏需要说出周边环境中以字母表中每个字母开头的事物，并且要按照顺序排列，比如：苹果（apple）、书（book）、时钟（clock）、狗（dog）、肘部（elbow）。说这些单词的时候，你们既可以轮流说，也可以抢答，这两种方式都很有意思。[提示：除非附近有木琴（xylophone），否则你可能得跳几下，然后说出"锻炼"（exercise）这个词①，因为以字母 x 开头的名词并不多。]

7. ABC 路标。这个游戏和 ABC 寻宝游戏类似，在散步或者从车窗往外看的时候，孩子们会看到路牌、海报、招贴板以及其他各种印刷品，他们喜欢按照字母顺序从这些印刷品中找出各种词语，有些词语说出来会很有意思。

8. 超级线索——五个"W"。你先选一个名词（人、地点、事件或动物），然后用五个"W"——疑问代词"谁（who）、什么（what）、哪里（where）、什么时候（when）、为什么（why）"——作为线索描述这个名词，再加上一个动作（动词），让你的孩子来猜这个名词到底是什么。接着，换他来描述，你来猜。比如：

a. 什么（what）动物以 b 开头，会啃木头？——海狸（Beaver）。

---

① exercise 开头的发音和字母 x 相同。——译者注

b. 谁（who）帮助圣诞老人制作玩具，还穿着小衣服？——小精灵（Elves）。

c. 为什么（why）睡了一个好觉后，你的鼻子会痒痒的？——小狗在舔我的脸（The dog licks my face）。

9. 找反义词。当你在给汽车加油、做饭或找另一只袜子时，都可以随口说一个词，让你的孩子给出反义词。比如，你说"上来"，他说"下去"。他说"高"，你说"矮"。这类简单又明确的词语可以让对话节奏变得很快。再试试说一些不那么明确的词，比如：深奥和肤浅、微笑和皱眉、湿软和干硬。

10. 找近义词。这个游戏与上面的反义词游戏类似，区别在于第一个人说一个词，接着轮流说出这个词的近义词，比如：大、巨大、庞大、硕大，等等。一直说下去，直到你们俩都再也想不出其他的同义词。记得每次都数一数你们说了多少个近义词，看看能不能打破自己的纪录。

11. 写"情书"。多给孩子写一些便条吧！从深爱的家人那里得到一张便条，对孩子来说是最好的阅读和写作激励了。以前，我每周会写好几次便条，把它们放在孩子们的饭盒里，或者贴在他们的活页夹上，等他们把活页夹从书包里拿出来就会发现。你也可以在餐桌上留下便条，或在孩子的床上或枕头上放一张便条，给他一个惊喜。过不了多久，你也会收到他写的"情书"。

寻宝游戏：一款能够培养孩子多种技能的趣味游戏

这个游戏随时随地都可以玩。先给你的孩子描述一个有趣的场景——这个场景可以是博物馆、森林或者其他星球，任何地方都可以，来一趟心灵之旅。你可以假定在整趟旅程中都能找到钱，然后列出硬币和纸币的面值与数量，让家里的二年级学生来计算。等旅程结束时，问问你的孩子一共收集了多少财宝。

如果你们俩说出了不同的答案，就回顾一下每一步的旅程，然后大声地说出来，重新计算钱的数目。当你们最终算出了正确的面值，结束这场心灵之旅后，让你的孩子也来编造一个关于自己在哪里发现钱的故事，你也进行一次类似的寻宝游戏，用心算来得出一共找出多少钱。就像下面这样来开始这个游戏：

我打扫了起居室，发现有两张 1 美元的钞票夹在沙发垫之间，还有 1 张 25 美分的钞票藏在狗窝里。接着我又开始用吸尘器吸尘，当我关掉它的时候，有 1 个 5 分硬币、1 个 10 分硬币和 3 个 1 分硬币滚落在地毯上。我心想：真是发财了！那么，我一共找到了多少宝藏？（答案是 2.43 美元）

由于二年级的孩子在这一年掌握的技能会不断增加，所以你可以对游戏形式进行调整。你会惊讶于这趟心灵冒险的复杂程度，里面会出现各种各样滑稽可笑的角色，比如银行劫匪、隐形的外星人和会说话的动物。

如果你的孩子已经很擅长用心算做加法了，你可以假定找到的其中一部分"宝藏"从口袋里掉了出去，或者用了一些钱支付回家的餐费和汽油费，帮助孩子来练习减法。如果你觉得孩子可以学习更高阶的多项式运算了，你可以假定自己通过洗车或者打其他的零工赚了一些"现金"，来补偿刚才的损失，再让孩子算一算。

这个游戏有着无限的可能性。那么，做这个游戏会有什么好处？那就是你们俩的心算能力和语言表达能力都会得到提高。

让二年级的孩子快乐写作业

对于孩子来说，这一年的作业可能得比一年级的时候花上更多的时间，也更需要开动脑筋。你的孩子不再是"小宝宝"了，他现在已经上了几年的学，所以要耗费更多的脑力去完成作业，以便对课堂上学到的新概念进行巩固，并培养责任感。

我们的教育目标旨在让孩子在做作业的过程中进行思考，而不是通过重复练习来学习。不同老师的授课方式各不相同，有的老师可能会布置一些句子的完形填空、做数学习题册之类的作业，但也可能会要求孩子灵活运用课堂上学到的概念。比起死记硬背，活学活用将对孩子的思维能力提出更高的要求。

要是孩子在课堂走神，不知道怎么完成老师布置的任务，家长就遇到难题了。如果作业上有说明文字，你看完后能给孩子提供一些指导，那就没什么问题；但是，当你的孩子带着一页纸回家，上面分成5行，每行都有6条分段竖条，却没有其他文字，令人云里雾里的，那你们这个下午可就不好过了。

有许多课堂实验的作业都会采用这样的通用图表。比如，这项任务可以是：用数字标记每行中的竖条，从第 1 条到第 6 条，然后掷20 次骰子，骰子落在哪个数字上，就给数字所对应的竖条里的方框上色。像这样的实验一共要进行 5 次（因此分段的竖条一共有 5 行），最后，用得到的数据写一个关于掷骰子的结论。如果孩子认真听了这节关于概率的课，就会觉得很有意思，但如果他们上课时盯着窗外看，或者忙着摆弄铅笔盒里的东西，可能就听不懂作业是什么意思，也就不知道该怎么完成了。

在二年级开学时，你可以做以下几件事来尽量减少（哪怕不能完全避免）家庭作业带来的类似问题：

1. 制定常规。 如果孩子有课外活动或父母忙于工作的话，保持家庭常规会变得很有挑战性。从前一年开始，你就要重新调整孩子做作业的常规，或者让孩子放学后换一个地方和时间来做作业，来更适应全家人的生活。当孩子做作业变成生活常规以后，全家人的下午或晚上就会过得更愉快。

2. 劳逸结合。 你要知道，孩子的大脑需要一些休息时间，才能保持良好的思考能力。在孩子专心做作业之前，你可以让他先自由地放松一会儿，给自己充充电，这样会让放学后的下午变得没那么痛苦。不过，放松的内容并不包括看电视或玩电子游戏。对于孩子来说，看屏幕的时间就像吃饼干，只有坚持适度原则才能产生好的效果。记住，在自由放松的过程中，孩子产生的是帮助脑细胞恢复思考能力的 α 波，但玩电子游戏产生的 θ 波却没有这种效果（想要复习有关脑电波的知识，请参阅第二章）。

3. 寻求支援。 在新学年开始的时候，让你的孩子与班上至少两到三个孩子交换一下电话号码，并把号码信息张贴在家庭日历或公告板上。这样一来，当老师布置课后任务的时候，就算孩子开小差了，也不用感到太慌张。亡羊补牢的做法是让孩子多给几个同学打电话，以防有的没来上课，有的上课也走神了。让孩子与班里的同学一起讨论作业，也有助于建立他的集体意识。一些商界人士和教育工作者发现，通过人际关系网进行协作能产生最佳的效果。二年级是鼓励孩子与他人接触的最佳发展阶段，七八岁的孩子喜欢通过自行解决问题来感知自己的能力。

4. 计时器。要是你的孩子在做作业上花了太多的时间，不要犹豫，重新启用计时器吧（在二年级阶段，孩子每天晚上应该用 20 ～ 30 分钟的时间来做作业）。首先是对计时器的时间设定进行微调，让孩子在较短的时间内完成一些简单的任务，他就可以感受到一些小小的成就感。当孩子建立了自信心，注意力也更加集中以后，进一步增加计时器的时间，在下一次铃声响起之前，孩子可以做更多的作业。

5. 检查作业。等孩子做完作业后，你最好检查一遍，看看有没有漏做或做错的题目。检查作业这个行为表明你非常看重教育，也强化了你对学校的积极态度。

空间概念和时间概念

在神经胶质细胞的帮助下，孩子的神经通路将变得更加具体化，关于空间和时间的概念也从这一年开始得到巩固。孩子从学校学到的教材知识，会反映出大脑中的哪些组织正在发育。比如，二年级学生开始理解并应用分数的概念，主要是 1/2、1/3 和 1/4。当他和朋友一起聊天时，可能会说："我们有三个人，所以把小熊软糖分成三份吧。"

七八岁的孩子会想要用英寸或厘米为单位来测量东西的长度，所以可以让他随身带一把尺子。还有一个有趣的测量装置是金属卷尺。这个年龄段的孩子都喜欢用大人的工具，尤其是像卷尺这种能自动地从手上收缩回去的东西，仿佛有魔法一样，能逗得孩子们咯咯直笑。

大多数人的家里都有数字时钟，不过，要是你家里还没有的话，可以在孩子上二年级时买一台带指针的时钟，这样你的孩子就能明白"顺时针"和"逆时针"的含义。挂在厨房等家中的醒目位置的模拟时钟也可以展示指针的走向。

通过观察时钟指针在一天之内的走动和位置的变化，孩子可以学习时间流逝的概念，所以，到了离家上学、放学到家、做作业、摆桌子、吃晚饭或睡觉的时候，让孩子看看指针分别指向哪里。孩子还可以利用带指针的时钟进行时间前移和回退的实验，而且，时钟一共分为 12 格，每格代表 5 分钟，也可以利用它来学习以 5 为间隔单位的计数。

你可以问孩子这样的问题："我们必须在 7:30 之前离开，那么我还有多少时间用来把所有东西都放进炖锅里？"

如果你的孩子不再用四舍五入的方式（这也是一项很好的技能），而是直接给出了"你还有 23 分钟"这样的回答，你也不用感到吃惊。二年级的孩子追求准确性，这不是因为他们是细节控，而是因为他们希望自己的答案是正确的，这样才能展现出自己的能力。

二年级的孩子应该能按照顺序说出一年中的每个月份和一周中的每一天。如果他对这些概念还是很模糊，你可以和他一起在视频网站上搜索相关的歌曲和顺口溜，它们能帮助大脑中的海马体巩固这些年份的常识，将其转化为长期记忆。

在孩子七八岁的时候，会发生一件很有趣的事情：他们逐渐意识到一句话并不只有字面意思，尽管他们看待世界的方式还是非黑即白的。事实上，你可能会从孩子身上发现幽默感的苗头，他们开始喜欢听笑话，也会开一些冒着傻气的玩笑。

问："为什么鱼生活在咸水（salt water）里？"

答："因为胡椒（pepper）会让它们打喷嚏。" ①

在这个年龄段，笑话书对孩子来说是很好的礼物，尤其是如果你家里的小朋友不太喜欢看书，那么笑话书能让他在开怀大笑中燃起阅读的兴趣。你们也可以试着玩单词游戏，编一些好笑的押韵诗和双关语。别小瞧自编的笑话，它们不但能逗得全家人哈哈大笑，而且发挥创造力时所涉及的神经通路参与了进行科学、文学和艺术活动时的大脑运转。（来自加拿大多伦多病童医院工作人员，2011 年）

自主阅读

二年级的孩子喜欢自己做决定。如果你还没有给孩子办借书证的话，二年级是最好的时机。浏览书架能够激发孩子新的阅读兴趣，这个年龄段的孩子热衷于选择和借阅自己想看的书。虽然现在的孩子已经非常习惯进行电子化阅读，但研究表明，拿着书并翻页的动作所带来的快乐是电子书无法取代的。（Myrberg 和 Wiberg，2015 年）

你可以交给孩子一项任务，由他负责在家庭日历上标出图书馆借阅图书的到期时间。借书意味着你不用再买或者整理太多的书，而你

---

① 这是一个双关语，salt 在句子里指的是"咸的（海水）"，同时也有"盐"的意思。盐和胡椒都是调料，既然闻胡椒容易打喷嚏，那么只能生活在盐水里了。——译者注

的孩子总会有新出版的或喜欢的故事可以读。

在放暑假或者其他假期的时候，去图书馆对于孩子来说也非常重要。要是孩子在假期里没有好好开动脑筋，就得在新的学年里加倍努力地构建和增强大脑的神经网络，这不会是你希望看到的。这个年龄段的孩子依然能从日常惯例中吸收茁壮成长的养分，所以你可以每月或每两周定期带孩子去一趟图书馆——比如每月的第一个星期五，既可以及时归还图书，少付图书逾期的罚款，又能和孩子一起在故事里畅游，并把这种冒险经历变成生活中不可或缺的一部分。最关键的是要把阅读视为一种娱乐形式——一种我们每天都要做的趣味游戏，这就像在自由活动中尽情发挥想象力一样令人愉快。

二年级的孩子渴望向父母和自己证明自己的能力，这种意愿会激励他开始自主阅读第一本章节书。这是一件值得庆祝的事情！你应该重视孩子的这个进步，比如举行一次家庭传统仪式，包括给他准备一顿他最喜欢的晚餐或甜点。如果你的孩子有更小的弟弟妹妹或堂弟堂妹，他的进步可能也会激起其他孩子的阅读动力。

不过，即使孩子已经开始自主阅读了，你也不能就此放弃亲子阅读。你和孩子互相依偎着一起阅读的时光，会让孩子对阅读本身产生一种安全感和温暖感——大脑在安全的环境中才能发挥出最好的学习能力，不是吗？如果你们还没有试过分角色朗读，试试看吧。在这个年龄段，可能有些孩子不喜欢朗读者切换带来的干扰，但也有一些孩子会喜欢的。要是你家的二年级学生很喜欢分角色朗读的话，他的阅读流畅度和理解能力都会产生巨大的飞跃。

和孩子一起讨论人物在故事冲突中的反应，可以增加他的词汇量，拓展他的思维能力。故事通常还会展现出一定的是非观，二年级的孩子已经能够自主分辨对与错的概念了，和你的讨论也可以为他将来遇到类似情形提供一些引导。在儿童早期的亲子共读时光，会让孩子一生的学习变得更轻松，也更有趣。

发生在身边的故事

继续和爸爸妈妈一起读书

我们的大女儿上二年级时读了第一本章节书，到四年级的时候，她还是会和妹妹以及我一起读书。升入五年级以后，她的大部分阅读都是自主进行了，因为她看书的速度比我朗读的速度要快得多，没有耐心再听我慢悠悠地给妹妹读故事。

我们的小女儿也在二年级的时候读了她人生中的第一本章节书，全家人庆祝了她的进步以后，我开始大声地给她重读"哈利·波特"系列。记得我们第一次看这个系列的时候，她还在上幼儿园，卑鄙的德思礼一家把她吓坏了，所以我给女孩子们读书的时候就把这部分给跳了过去。在此，我要跟作者J.K.罗琳（J.K. Rowling）女士说声抱歉。

我们的大女儿正在自主阅读这个系列的第四本书《哈利·波特与火焰杯》（Harry Potter and the Goblet of Fire），但当我开始重读第一本书《哈利·波特与魔法石》（Harry Potter and the Sorcerer's Stone）时，她经常钻进卧室，与妹妹还有我依偎在一起。关于书中这位谦逊的小英雄哈利，以及他与大反派伏地魔的相似之处，我们之间有过非常精彩的讨论。我和女孩子们深入探讨了对与错，还有当人们在必须选择自身的立场和行动时所呈现的力量。

二年级的孩子往往会经历玛丽亚·蒙台梭利（Maria Montessori）所说的"道德敏感期"。他们的大脑已经能够琢磨出别人在不同情况下的感受。就在那一年，我们从家中最小成员对他人行为方式的解读中学习到了许多东西，就像她从我们身上学到的一样多——也许更多。

后来，我们的大女儿又开始自主阅读了。而在那之后的几年里，我们的小女儿还是和我一起大声朗读故事，尤其是在我们去看网球比赛的路上。我们始终珍视着那段时间的文学冒险，那段一起讨论人物、情节和背景，并将故事里的内容引申到现实生活中来的时光。

如果孩子抵触阅读，怎么办？

孩子们有时候非常聪明，可是他们宁愿在暴风雨之后去院子里扫树叶，也不愿拿起书来看。然而，近几十年以来，随着科学技术的进步，假如缺乏"读书破万卷"的积累，成年人在社会上谋一份职业就会变得越来越困难。别担心，以下三个简单的小技巧就能让孩子们更亲近书籍：

1. 从书中找到一些能让二年级孩子感兴趣的东西。
2. 定期与孩子一起大声朗读。
3. 让你的孩子看到你正在看书。

很简单，对吧？你也可以试试和你的孩子轮流大声朗读，但切忌

"牛不喝水强按头"。如果你的孩子喜欢和你一起读故事，这种朗读练习会对开启他的自主阅读之路有很大帮助；不过有的孩子不喜欢朗读，因为这会放慢故事的节奏，或者得放弃一整天学习后的放松时光。所以，你要做对你的孩子有帮助的事情。如果孩子还没有开始读章节书，二年级通常是好时机。

让孩子尝试各种各样的主题，认识不同的作家。有些孩子特别喜欢听短篇故事；有些孩子能在非虚构文学中发现有意思的事实，怎么看都看不过瘾；有些孩子则会因为放屁和挖鼻孔的故事而哈哈大笑。所以，带你的孩子去图书馆看看吧，在了解孩子的阅读口味和不断的试错中，最终找出一些能真正激发孩子兴趣的作品。

怎么让孩子爱上阅读呢？请参阅下面列出的可以激发二年级孩子的阅读兴趣的图书清单。这个年龄段的孩子开始愿意与异性来往，但他们还是有很强的性别意识，所以我们给男生和女生推荐了不同的图书。不过就我所知，不管是男生女生，都会喜欢下面列出的任何一本书。如果你家里的二年级学生对一个系列里的第一本书感兴趣，那么他很有可能会想把这个系列一口气读完。当然，这个清单只是一个开端，你能找到更多适合你的孩子阅读的图书。

最受二年级男生欢迎的 8 部系列丛书
（女生也喜欢读）

1. "马特·克里斯托弗的运动经典"系列（Matt Christopher Sports Classics），全套共 50 余册。书中收集了许多与爱运动的孩子相关的故事。

2. "神探狗狗"系列（Dog Man series），全套共5册，作者为戴夫·皮尔奇（Dav Pilkey）。这是戴夫最新创作的幽默系列丛书，孩子们都看得停不下来。

3. "小臭孩斯丁克"系列（Stink series），全套共11册，作者为梅甘·麦克唐纳（Megan McDonald）。书中，朱迪·穆迪有个上二年级的弟弟斯丁克，他总是好心办坏事，陷入各种各样有趣的窘境之中。

4. "小臭孩斯丁克的百科全书"系列（Stink-O-Pedia series），全套共2册，作者为梅甘·麦克唐纳（Megan McDonald）。这套书讲述了许多稀奇古怪的事情，都是小男生会感兴趣的。

5. "超级聪明的科学"系列（Super Smart Science series），全套共10册，作者为阿普丽尔·克洛伊·特拉萨斯（April Chloe Terrazas）。这套书运用孩子能理解的方式，解释各种复杂的科学概念。

6. "了不起的小侦探内特"系列（Nate the Great mystery series），全套共25余册，作者为玛格莉·温曼·沙尔玛（Marjorie Weinman Sharmat）。这套书是面向需要练习才能达到年级阅读水平的喜欢悬疑故事的孩子的佳作。

7. "神奇树屋"系列（Magic Tree House series），全套共50余册，作者为玛丽·波·奥斯本（Mary Pope Osborne）。这套书适合不同阅读水平的小读者，书中的小主人公穿梭时空，重回历史现场，描写了许多关于历史事件的对话。

8. "神奇校车"系列（Magic School Bus series），全套共12册，主要作者为乔安娜·柯尔（Joanna Cole）。这套书也适合不同阅读水平的小读者，通过趣味横生的冒险经历来学习抽象的科学知识。

最受二年级女生欢迎的 8 部系列丛书 （男生也喜欢读）

1. "小猪梅西"系列（Mercy Watson to the Rescue series），全套共6册，作者为凯特·迪卡米洛（Kate DiCamillo）。书中，沃森家的宠物猪梅西总是陷入荒唐的麻烦事中，它该如何脱险呢？

2. "朱尼·琼斯"系列（Junie B. Jones series），全套共28册，作者为芭芭拉·帕克（Barbara Park）。这套书塑造了一个滑稽可笑又充满魅力的小主人公，深受孩子们的喜爱。

3. "信天翁格林"系列（Gooney Bird Greene series），全套共6册，作者为洛伊思·劳瑞（Lois Lowry）。书中有一个二年级的小女生格林，她爱和同学讲一些稀奇古怪的"真实故事"。

4. "玩具历险记"系列（Toys series），全套共3册，作者为艾米莉·杰肯斯（Emily Jenkins）。讲述了三个女孩和她们的玩具之间有趣的冒险故事。

5. "艾薇和豆豆"系列（Ivy and Bean series），全套共11册，作者为安妮·拜罗斯（Annie Barrows）。书中两个迥然不同的女孩成了朋友，并共同经历了一连串奇妙的历险。

6. "超级聪明的科学"系列（Super Smart Science series），全套共10册，作者为阿普丽尔·克洛伊·特拉萨斯（April Chloe Terrazas）。这套书运用孩子能理解的方式，解释各种复杂的科学概念。

7. "稀奇古怪小朱迪"系列（Judy Moody series），全套共14册，作者为梅甘·麦克唐纳（Megan McDonald）。这是一套很棒的初级章节书，故事里的主人公叫作朱迪，是一个精力旺盛、社交困难的三年级小学生，她的学习成绩不怎么样，但是每天的生活很有意思。

8. "糊涂女佣艾米莉娅·贝德莉娅"章节书系列（Amelia Bedelia chapter book series），全套共11册，作者为绘本作家佩吉·帕里什（Peggy Perish），在去世之后，由她的侄女赫尔曼·帕里什（Herman Perish）进行此系列的续写。书中塑造了一个稀里糊涂的女佣，她经常因为听不懂俚语和双关语而闹笑话，读起来非常有趣。

二年级阶段的课外活动

孩子们到了七八岁的时候，通常会在艺术、音乐或体育等方面表现出一定的天赋，所谓"小荷才露尖尖角"，有许多组织机构都在培养孩子们的这些才能。如果你的孩子还没有加入童子军①，二年级是最佳时机。童子军的培养让孩子全力以赴地尝试新事物，为社区做出贡献，设定目标并努力去实现。由于二年级学生的心灵更加成熟，所以这个时候也是让孩子接受相关精神教育的好时机。

父母通常会为家里的二年级学生报名参加运动队，孩子的健康成长与团队协作意识的培养都离不开体育运动。规律运动能为孩子正在发育的大脑提供氧气和营养，这一点至关重要，既可以让大脑神经通路更加具体化，沟通大脑左右半球之间的信号，还能增强神经胶质细胞的发育与功能。

就这样，在放学后或周末，各种琳琅满目的活动正等着二年级的孩子，为他们的成长提供各种各样的机会。

但是，作为父母，你要为孩子做出明智的选择。

要是把孩子的日程表安排得太满的话，会影响睡眠质量，导致他们在奔波中沉溺于垃圾食品，还会增加情绪压力。到了最后，孩子和家长都会变得筋疲力尽、脾气暴躁。休息才可以让他们的大脑充分吸收在学校学到的知识，并将其转化为创造性思维。

所以，关键是平衡，也就是我们通常所说的劳逸结合。

你可以先给孩子安排一种课外活动，再问问自己下面四个问题，看看你的孩子能否适应更密集的时间表：

---

① 童子军（Scouts）是一个国际性的青少年社会性运动，旨在向孩子们提供生理、心理和精神上的支持。在中国，也可以考虑参加类似的夏令营或者军训活动。——译者注

1. 孩子做作业的时候和以前一样轻松吗？

2. 孩子每天有没有一个小时以上的时间用来休息和玩游戏？

3. 你是不是必须压缩亲子共读的时间，匆匆忙忙地把故事念完？

4. 在睡前仪式中，你还能不能安排一定的时间，让孩子先放松一下再入睡？

假设你的孩子每周参加童子军会议，这种时间安排并不会影响到你们的家庭生活，那么你可以考虑增加一些别的活动，比如让孩子上舞蹈课或加入运动队。不过在做出决定之前，记得问问自己上面的这四个问题。

对二年级的孩子来说，两个以上的课外活动可能会给他们带来太大的压力。如果你的孩子特别想参加某个活动，但你发现这意味着要调整每周的日程安排，牺牲一些睡眠、锻炼或休息的时间，才能让全家人适应新的日程表的话，那就对孩子说"不"。你可以告诉孩子，等到春天的时候再讨论报美术课，或者等放暑假了再商量是否参加科学俱乐部。如果你决定给孩子报第三个课外活动，那就要确保在他不堪重负的时候，你会及时中止这项活动。

检查你的家庭组织体系

你是不是已经找到一种方式，能让家里的每个人都能随时交流各种事情、活动和约会——比如家庭公共日历、白板或其他适合你们全家人的工具？不管你用的是什么工具，它能避免全家人遗漏或忘记应该做的事情吗？你的孩子是不是已经成为家庭组织体系中不可或缺的参与者？如果他已经上了二年级，他是用图画的形式把事情记录下来，还是已经能用文字代替符号——或者两种方式兼而有之？

应该将这样的观念深植于孩子的大脑中：家里的每个成员都有责任让全家人了解彼此的情况。这样一来，家长就不会总是头疼了——不管是字面义的"头疼"还是比喻义的。在忙得团团转的日常生活中，上小学的孩子已经能助你一臂之力，告诉你哪些事情是需要记住的。而且，从现在开始让孩子养成这样的好习惯，等他上初中和高中以后，你们之间的交流也会更加顺畅，毕竟和青春期的孩子沟通并不是一件容易的事情。

要是你们家已经很少再用白板等工具进行集中的信息交换，那么重新试试吧。这种工具之所以在你们家不起作用，可能是因为总是有人把白板旁的可擦记号笔拿走，也可能是墙上的日历挂得太高，孩子够不到。你可以试着用绳子把可擦记号笔系到白板上，把日历平放在厨房的柜台上，或者在上面贴便条。比起你屡次大费唇舌地提醒孩子或伴侣把未来几个月的计划写下来，这样做更加方便。

还有，在你们家里，孩子是不是已经获得了健康成长的必需品？让我们再回顾一下培养聪明又自信的孩子的四大要素：

1. 充足的睡眠。
2. 健康的饮食和足够的水分。
3. 定期锻炼。
4. 有足够的时间和你一起聊天和玩耍。

如果以上四大要素中的任意一项都没有得到满足，你就需要尽一切可能来强化基础：调整或重新建立就寝仪式，牢记孩子每天需要8～10个小时的睡眠；学会阅读食品标签，给孩子尝试各种零食和食物（你可以翻回到第157—163页的"营养"部分，找找饮食方面的灵感），尤其是蔬菜（请参阅第 158—159 页），确保他摄入了充分的能量，获取了营造健康身心的所有元素；安排一些有创意的锻炼活动，让你家的二年级孩子每周都有 3 ~ 5 天能尽情挥洒汗水（请参阅第 18—20 页）；无论你的生活有多么忙碌，当孩子和你说话时，你都要尽力地倾听并做出回应。你可以多向孩子提问，成为他生活中的知己、学习上的激励者以及有边界感的玩伴。

最重要的是，你要对自己有耐心。你不一定非得成为完美的父母。事实上，要是你真的犯了错误，那就告诉孩子你哪里做错了，并向他道歉。通过这种方式，你在孩子面前做出了最好的示范。

🍃 当你的孩子和别的二年级学生不一样

"正常"到底意味着什么？每个孩子都会在各个方面存在着优势和不足，有些孩子能将数学题的答案脱口而出，从来不说自己的计算步骤，因为他们靠自己的脑袋瓜一下子就能心算出来；但与此同时，他们画的画可能就像一个两岁孩子的手指画。有些孩子讨厌数学，只会掰着手指数数，但是他们的阅读能力却高于同年级的其他孩子，还能写出引人入胜的故事。还有一些孩子，他们好像不擅长任何学习类的科目，却能在体育、舞蹈或其他活动方面大放异彩。

父母可以培养孩子的天赋与兴趣，同时帮助他们改善自己的弱点，鼓励他们成为全方面均衡发展的人。这听起来合情合理，对吧？随着二年级孩子能力水平的提高，本章节提供的游戏会更加具有挑战性，进一步吸引这个年龄段的孩子的兴趣。

如果游戏和阅读无法提高孩子的能力，你该怎么办？

设想一下，你每天都给家里的二年级学生读书，陪他在车里或商店前做游戏，但他的语言或数学能力还是比不过其他孩子，你该怎么办？在美国，公立学校通常会遵循《残障人士教育法》（*Individuals with Disabilities Education Act*，IDEA）中规定的条例进行干预。

如果你的孩子上的是公立学校，一年级的时候，他的班主任很可能就会请你注意你的孩子和班上其他同学的水平存在着一定的差异。而且，授课老师多半已经开会讨论了相关的课堂干预措施。你还可能已经与老师、学校心理学专家以及语言专家会面，讨论在家里能够开展的活动，共同提高孩子的学习能力。

下一步该做什么呢？你可以和二年级的班主任和其他授课老师会面，讨论一下干预措施的有效性，再一起做决定，看看要不要安排学校的心理学专家对孩子进行系列测试，以确定问题的根源是不是因为孩子患有学习障碍。等测试结果出来以后，心理学专家会向你解读孩子身上的优点和不足之处，如果有必要的话，还会建议你选择一些特殊教育服务。

还有一种可能性，是孩子上了二年级以后，班主任才第一次就他的学习问题联系你。在大多数学区，二年级的学生才有资格获得正式干预，接受额外的个人和小组援助，这对你和你的孩子来说是好事。我们曾在书中提到过，孩子的学习能力水平至少要比同龄人落后两年，才能接受个别化教育计划①提供的特殊教育服务。因此，除非你的孩

---

① 个别化教育计划（Individualized Education Plan）源自 1975 年美国国会通过的法案，要求必须为所有 3 ~ 21 岁的特殊儿童制订适合其需要的个别化教育计划，并且进行定期的评估与修正。——译者注

子在幼儿园阶段就被诊断患有学习障碍，否则很少有学校会在二年级前对孩子进行测试。

请你不要太担心，如果你的孩子能在二年级时就获得帮助，这是一件值得庆幸的事。

童书作家帕特里夏·波拉科（Patricia Polacco）说："在上小学的时候，我算不上一个很好的学生，非常不擅长阅读和写作。我直到14岁才学会阅读。大声朗读对我来说简直是一场噩梦，因为我经常发错音，还会读出一些压根不存在的内容。那时候，我的一位老师发现我患有一种叫作'阅读障碍'的疾病，当我得到相应帮助以后，我就能顺畅地阅读了！"

如果你的孩子在学习方面有困难，但老师却没有联系你，又该怎么办？通常在新学年开始后的 6 ～ 8 周内，学校会举行秋季家长会，你可以在会上和老师聊聊你面临的问题和担忧。如果孩子的情况比较紧急，或者学校并没有召开正式家长会的时段，你也可以给校方打电话或发电子邮件，约个会面的时间。

在和老师讨论之前，先把你的问题和担忧都写下来。你不会希望自己在回家的路上才一拍额头，想到自己还有问题忘了问老师，或者漏提了某些重要的事情。与老师聊完后，如果你觉得孩子需要进行正式评估，诊断是否存在学习障碍，你可以进行申请。

评估一般包括以下内容：

- 课堂行为观察
- 视力和听力测试
- 运动能力
- 口头表达能力

- 自理能力
- 学习进展
- 人际交往能力和情绪健康

请记住，除非你的孩子在上面的一项或多项内容里表现出两年以上的差距，否则并不一定需要采取正式的干预措施。不过，根据美国的《特殊教育指南》（*Special Education Guide*）的规定，患有注意力障碍、双相情感障碍和图雷特综合征等影响学习的"其他类型的健康障碍"的儿童，即使相对于同龄人的能力水平差距在两年以内，也能获得特殊教育服务。

2016 年，教育心理学专家苏珊·克拉达克表示："我并不推荐特殊教育服务，除非你的孩子真的非常需要，因为这不是一个百试百灵的解决办法。家长应该与老师合作，看看他们在家里能做些什么来帮助孩子，尽量避免用'学习障碍'给孩子贴标签，这会影响他的自信心。"

如果你想获取一些帮助孩子的方法，还可以考虑聘请教育心理学专家，对方可能会给你提供许多建议和资源，帮助你提高孩子的学习表现。此外，教育心理学专家通常很清楚你们所在地区的所有学习机构，他们知道哪些机构最符合你的孩子的需要。当然，你也可以在网上搜索一些能满足孩子特定需求的活动。

有时候，你只需要花上几个月的时间来集中精力改善孩子欠缺的能力，就可以帮他赶上课堂进度，快乐地学习新知识。

被同龄人叫作"笨蛋"的女孩

上二年级的时候，莉莉学习得非常努力，但是每当老师在黑板上写板书，她要记笔记时，视线却无法快速在作业纸上聚焦，而且，她老是忘记自己记到哪里了。老师规定学生每天要做 20 分钟的家庭作业，但莉莉至少得花上一个小时才能完成，有时甚至还要更多，因为她总是觉得一个个字母在纸上跳动着，得费很长时间才能看清楚上面写了什么。莉莉并没有放弃，她下定决心要做一个好学生，尽管她并不知道，为什么其他孩子眼中的字母都能安静地立在纸上。

一天，汉森太太看着莉莉走下校车，她的心一沉——在她女儿那双明亮的蓝色眼睛里，原先的光芒熄灭了。"亲爱的，你怎么啦？"她问道。

"雷蒙德在全班同学面前说我是笨蛋。"莉莉的嘴唇颤抖着，眼里充满了泪水，"大家都笑了。"

汉森夫人在路旁蹲下，伸出双手搂住莉莉："我的小姑娘，你一点也不笨。你不仅能记住学到的所有知识，而且你说的话总是能让别人感到温暖。"她松开手，注视着女儿，"这是你的天赋。"

"但雷蒙德是对的。每次我大声朗读的时候，声音就会发抖，而且做什么事都是最后一个完成。""是那个男孩不对，你很聪明。"汉森太太轻轻地捏了一下莉莉的肩膀，"你的老师怎么说？"

"她训斥了全班的人，尤其是雷蒙德，所以那节课拖堂了。"莉莉开始哭起来，"妈妈，我不想因为自己害得别的同学都惹上麻烦。"

"我们会想出办法来的，亲爱的。"汉森太太又紧紧地抱住了莉莉，"妈妈向你保证。"

汉森夫人常常能看到莉莉温言劝慰家里人和朋友，她虽然只有七岁，却已经充分展现出了过人的才智。她不应该有这种学习上的困扰。所以，汉森夫人开始寻找解决办法。

有时莉莉的眼球会左右晃动，当她试图盯着一件东西看时，眼睛似乎无法对焦。汉森太太想，也许眼科医生能帮助她。她开始在网上搜索相关信息，找到了一位看上去不错的儿童验光师。在读到关于这位验光师的报道后不久，她又遇到了一位熟人，他推荐了同一位医生，所以她决定预约这位医生给莉莉看病。

这位儿童验光师发现，莉莉的两只眼球无法同时聚焦于一点，所以她眼中的世界看起来比正常的更扁平一些。当视线进行从远到近的转换时，她的大脑反应也有一定的延迟。怪不得莉莉在阅读文字或解数学题方面有困难。

儿童验光师提供了视力治疗的方案，帮助莉莉加强眼部肌肉，训练她的大脑与感觉输入进行同步工作，让大脑能够即时处理所看到的东西。汉森夫人和她的丈夫详细讨论了治疗方案，主要是关于如何支付治疗费用，因为他们的医疗保险完全无法报销这些费用。最后，他们与医生议定了支付方案，开始进行为期14周的治疗计划。

医生每周一次对莉莉实施一对一的治疗，然后提供一些工具和游戏，让她在家里练习。莉莉很喜欢玩她的"翻转眼镜"，它的镜片可以上下翻转，让她的视线焦点从远处移到近处，又移回到远处。此外，她最喜欢的游戏之一也非常简单，只要有一颗弹珠和一张桌子就可以玩。

"来吧，莉莉。"汉森太太将咖啡桌稍微倾斜了一些，"用你的两只眼睛盯着弹珠滚动的方向，看你能不能抓住它。"

前五次尝试失败了，到了第六次，弹珠砰的一声落入莉莉的手中，她的眼睛睁得大大的，喊道："我做到了！"

"你做到了！"汉森夫人鼓起掌来，"让我们再试一次。"

莉莉用眼睛牢牢地追着弹珠走，又接住了好几次，每次的胜利都让她激动不已，一边大笑一边尖叫。

"我得告诉你，翠西，"在接受我的采访时，汉森夫人说，"每当莉莉学会了一个新游戏，我常常会忍不住流泪。我们每天都玩一个小时的游戏，到14周的治疗计划结束时，莉莉的阅读水平已经从幼儿园阶段提升到了五年级阶段。我一直知道她很聪明，但我不知道她有这么聪明。"

（当我写下这一段文字时，莉莉已经以3.78的平均绩点获得了社区大学的艺术副学士学位。目前，她就读于美国俄勒冈州立大学，表现得很好。）

你的孩子有天赋吗？

在二年级末或三年级的时候，大多数学校会测试学生是否具备特殊才能。根据美国天才儿童协会（National Association for Gifted Children）2010 年的说法，天才儿童指的是在一个或多个领域表现出杰出的资质（定义为超常的逻辑推理能力和学习能力）或技能（能用相关文件证明其能力，或者技能标准处于前 10% 及以上的水平）。这些领域包括任何具有特定的自身符号系统的学科（比如数学、音乐和语文）或一套感觉运动技能（比如绘画、舞蹈、体育）。

学校收到测试结果以后，会列出符合所在州或学区资优教育标准的学生名单，等这些学生升入三年级或四年级时，通常可以接受特殊课程的培养。学区会鼓励教师采取差异化的教学方式，对课程计划进行相应的调整，以满足具有不同能力学生的教育需求。但是，由于班级规模和学校环境各不相同，为了满足天才儿童需求而调整课程的幅度会出现很大的差异性。

大家常常会产生这样的误解：因为这些孩子很聪明，所以他们在学校里就不会出什么问题。但事实上，许多天才儿童都在与这个年龄段常见的挑战做斗争，包括完美主义倾向、社交障碍、缺乏归属感、过高或不成比例的正义感，以及同情心泛滥等。此外，如果天才儿童学习的教材与他们的智力或艺术水平不匹配的话，他们可能会觉得很无聊，或者感到被边缘化，从而导致一系列的行为问题。所以，应当尽力在发展他们的艺术天赋或学习天赋的同时，培养这些天才儿童在人际交往和情感上的能力（这二者通常是他们的薄弱领域）。

就像有学习障碍的学生可以通过特殊教育服务获得额外帮助一样，天才儿童通常也会在三、四年级时得到能力培养的机会，根据学区和不同学校的具体情况，一般会采用融合式教学、抽离式教学或二者兼而有之的方式[1]。

如果你家的二年级学生很快就能做完老师布置的作业，他需要更多富有挑战性的任务才能维系对学习的兴趣，那么你在这段时间能做些什么？你可以询问老师，在课上可以进行哪些适合聪明的孩子的活动，并且多和老师联系，密切关注孩子的学习状态。如果老师给你的孩子布置了更多的作业，比如多写一份数学试卷，但试卷上的题目类型和班里其他同学的一模一样，而不是布置一些促进任务，那么你可以约老师见个面谈谈。

你也可以问问老师，孩子现在学习的是哪些教材，和老师一起集思广益，探讨如何将所学的概念与一些富有挑战性的任务相结合，让孩子能够更深入思考，展现出更出色的解决问题能力。有些学校和地区相对来说比较擅长教师培训，所以老师能更好地因材施教，发挥天才儿童的学习能力。你不仅要相信你的孩子，也要相信老师，在未来的岁月里，这份信赖会让更多有天赋的学生受益。

你还要了解孩子在课堂上学习的主题。与孩子一起上网，找出一些与课程主题相关的有趣项目和书籍，彼此分享在网上的收获。你要把自己看作孩子在学习道路上的同伴，并始终牢记你是和老师站在同一立场的。

---

[1] 融合式教学（in-class projects）与抽离式教学（pull-out programs）是针对需要特殊教育服务的儿童的两种干预方式，简而言之，二者的区别在于：前者是将孩子需要的教学内容直接安插进课堂中，后者会将孩子带离原来的融合课堂，在其他教学环境中进行个别或小组的教学。——译者注

从根本上来说，你对孩子所施加的最大的影响力，是向孩子示范并培养一定的职业道德观念，让他努力地完成自己应该做的任务，哪怕这些任务看起来很无聊。从现在开始对孩子的性格进行塑造，等他长大后才能拥有宽容和坚韧的高尚品质。如果一个人未来无法全身心地投入卓有成效的工作之中，哪怕他的才智再高人一等，也无济于事。

当我们的大女儿不想再做"无聊"的作业，或者老是在上课的时候走神，不知道老师在说什么时，我们总是会告诉她："这个社会并不在乎一个人的智商有多高，重要的是你如何利用自己的智慧去做些什么。"

不过，学习不该成为一件无聊的苦差事。玩游戏（比如第194—195页的"寻宝游戏"）可以让你和孩子之间的关系更加融洽，还能激发他那些与好奇心、创造力和逻辑能力相关的所有神经元，锻炼大脑左右半球的功能。随着时间的流逝，你会发现七八岁的孩子可以想出更加复杂的寻宝场景和故事。同时，在寻宝之旅结束时算出积累的财富总量，也需要孩子开动脑筋，进行更多的运算。请参阅第190—193页有关增强节奏感、数学和语言能力的游戏，这些同样会让孩子取得相应的进步。

研究证实，大脑是有可塑性的，如果你想让孩子按照自身的节奏来提升自我，通过做游戏来练习是最为有效的途径。

天才儿童的共同特征

如果在你的孩子身上出现以下列表中的一些特征，那么他可能就是个有天赋的孩子：

- 异常活跃和机敏

- 学习速度快，记忆力强

- 使用高阶词汇，喜欢说双关语和讲故事

- 喜欢用数字、单词和图片等方式解决谜题

- 善于随机应变，找出解决问题的方法

- 展现出抽象性、综合性、洞察性以及富有创造力的思维

- 在艺术方面表现出一定的才能

- 能同时专注于一种或多种兴趣

- 好奇心旺盛，喜欢寻根究底

- 我行我素，同时又能保持忠诚和谦虚

- 具有深刻而强烈的感情情绪反应

- 重视真理、公平和正义

- 具有强烈的幽默感，有时候更容易被大人（而不是同龄人）理解

- 爱做白日梦，喜欢活在自己的世界里

- 生动而细致的想象力

（该列表改编自天才儿童协会官方网站内容）

兰花与蒲公英：如何对待有特殊需求的儿童

近年来，一种将有特殊需求的儿童与主流儿童分别比拟为兰花和蒲公英的哲学观点越来越受到关注。这种学说认为，主流儿童就像蒲公英一样，适应力强，只要有一点雨水和阳光，就可以在任何地方生长，包括在人行道的裂缝里。相对而言，残疾儿童或身心方面有其他问题

的儿童需要更专业的护理，他们就像兰花一样，必须栽种在疏松的土壤里，在特定范围的湿度、光线和营养培育下才能生长，但是开出来的花会非常美丽。

2009 年，临床心理学家布鲁斯·史蒂文·多林（Bruce Steven Dolin）指出："真正理解兰花型儿童、蒲公英型儿童和他们的父母的关键，可能在于……不再把这些（兰花型）儿童看作孤独的天才或问题儿童，我们要着重对他们施以信任与培养，而不能在双方之间形成具有破坏性的麻烦关系。"

事实上，有学习障碍的儿童（如阅读障碍、注意力缺陷或双相情感障碍）往往有着不为人知的天赋。这些孩子被称为"双重特殊资优生"或 "2E（twice exceptional 的简称）儿童"。2011 年，美国教育心理学家大卫·帕默（David Palmer）指出：

在智商（IQ）测试中，分数在"天才"范围内的孩子也可能会被认定为患有学习障碍……在这些孩子当中，有的可以在普通的教育环境中，通过灵活而富有创造性的教学计划来满足他们的需求，而另一些则可能需要特殊教育教师的专门指导。

当教育者和家长将这些孩子视为兰花，那些虽然比顽强的蒲公英更需要精心呵护，但值得付出更多努力的孩子，他们更有可能长得茁壮。

与老师进行有效沟通的 4 个技巧

不管你关心的是孩子的注意力、学习兴趣、进步状况，还是与学校其他同学的相处，这些小技巧都会帮助你和孩子的老师在沟通方面取得成效。

1. 对老师抱以欣赏和理解的心态。很少有老师能在规定的工作时间内把所有的活儿都做完，所以当你走进教室和老师谈话时，他们已经在无偿加班了。你应该先对老师表示感谢，你可以说："谢谢老师在百忙之中抽出时间，我真的很需要您的建议。"

2. 与老师分享你的担忧和家庭活动。孩子的教育体现的是家校之间的合作关系，这样做表明你很了解这一点。老师可能会告诉你，他目前做了什么来帮助你的孩子提高学习能力，以及他接下来还打算尝试哪些方法。

3. 问问老师，你在家里还可以做些什么。你可能会惊讶地发现，只要对家庭日程表或孩子做作业的习惯稍作调整，也能产生很好的效果。

4. 找出可以协助老师的方法。比如制定一份"行为契约"或"给天才儿童的合同"（请参阅第68—70页和第88—90页），通过这种方法与老师建立合作关系，进行快速沟通，能让孩子上课的效果变得更好，而且也不会影响到老师和其他同学。

🍃二年级阶段的饮食与护理方式

二年级的孩子肌肉协调能力会更好，词汇量也会飙升到新的高度，但在这个阶段，他们也容易出现视力问题。现在，你的孩子仍露出可爱的南瓜灯般的笑容，因为他的四颗门牙正处于换牙阶段，新的恒牙还没有长出来。接下来，我们会告诉大家如何发现并处理孩子的视力和牙齿问题。

二年级阶段的视力状况

如果你的孩子跟你抱怨说，老师总是在黑板上写板书或者使用大屏幕，让他很不适应，那他可能已经近视了（只能看到近处的东西）。孩子们通常并不知道，他们所看到的模糊斑点，对于其他同学来说是清晰的字母、单词和图片。

如果你孩子的眼睛常常流眼泪或发红，还抱怨说眼睛有"灼烧感"，会眯着眼睛看书上的字，偶尔觉得头疼，那么他可能有远视的状况（能看清黑板，却看不清书本或平板电脑上的文字）。

大多数学校都会定期测试学生是否近视，让他们看视力表上的字母，儿科医生也会在每年的体检中进行类似的检查，但这个阶段的孩子视力状况变化得很快。远视在儿童中不太常见，所以一般不会进行常规检查，需要家长提出测试要求，比如进行近视力检查，或者能否正常阅读等。你应该多观察、倾听孩子平时的言谈举止，以便及时发现孩子出现视力问题的征兆。

***
发生在身边的故事

朦胧不清的二年级

在二年级的时候，我可能就需要戴眼镜了，但像大多数七八岁的孩子一样，每次做视力检查，我都想要告诉医生"正确"

的答案。所以，轮到我看视力表时，我就会按照前一个孩子说的那些字母来回答。其实我眼中的字母是模糊的，但并不是完全辨认不出来。

我的姐姐们的阅读能力相当于"雏鹰班"，而我只能勉强跟上"鸽子班"的进度，有时候甚至只能算得上是一只近视的"秃鹫"。（虽然老师并没有用这些词来命名不同的阅读小组，但我们知道自己处于什么样的水平。）

四年以后，我上了六年级。当我和爸爸玩闹的时候，我戴上了他一直放在餐桌上的眼镜，惊讶得连下巴都快掉了下来。

"噢，天哪！爸爸，我能看到外面树上的叶子了！"我喊道。

不久之后，我拥有了人生中的第一副眼镜。有趣的是，我的每门学科成绩都提高了，也更愿意去学校了。我之前压根不知道自己出了什么问题。

二年级阶段的牙齿发育

到二年级结束时，孩子上下排的四颗前恒牙通常都已经长出来了，他可以很熟练地坚持早晚各刷一次牙，每天都使用牙线。如果有牙齿还没有完全长出来，你可以告诉孩子，刷牙的动作更轻柔一点，避免出现牙龈出血和牙齿敏感。

如果你已经帮助孩子养成了健康的口腔卫生习惯，那么当他进入高年级时你就不用担心他经历长蛀牙、痛苦的补牙以及牙齿终生修复的噩梦。然而，养育孩子是一项艰巨的工作，如果你还没有让孩子学会爱护牙齿，那么二年级阶段是让孩子养成并巩固日常护牙常规的最佳时机。

请你把搁在抽屉最底下的两分钟计时器找出来，或者再买一个新的。用几个晚上的时间帮孩子刷牙，让他温习刷牙的步骤，再用两到三周的时间监督他自己刷牙，确保他能充分利用两分钟的刷牙时长。你还要记得每天用牙线帮他洁牙，直到他到了八九岁，手掌和手指都变得足够强壮和灵活，能够自己使用牙线为止。你也可以和孩子一起刷牙，让他模仿你的动作。就像上文提到的那样，二年级的孩子总是想把事情做好，以此来证明自己的能力，所以现在是让他学习口腔保健的好时机。

最关键、可能也是最困难的部分在于，你们至少要坚持一个月。你的孩子需要一定的时间来养成刷牙和使用牙线的好习惯。你可以在浴室镜子上贴上备忘录，或者在手机上设立闹铃，用来提醒自己坚持下去——无论如何，你都要尽心尽力地帮助孩子，让他懂得如何爱护自己的牙齿。

你是哪种类型的父母？

桑德斯夫人将车驶入通往华盛顿小学停车场的车道上。这里已经堵得水泄不通，车辆几乎动弹不得。桑德斯夫人知道，如果她还想去牙科诊所的话，就得在堵车高峰期前赶到学校，但她刚才见最后一位客户花的时间比预期的要久，所以来晚了。

等一等——站在停车场对面人行道上的那个胖乎乎的小男孩，不就是她的儿子贾里德吗？她简直不敢相信自己的好运气。如果贾里德能在停车场入口附近跳上车，他们去诊所就不会迟到了。她可以掉个头，而不必驶入拥堵的停车场。她摇下她那辆黑色SUV的车窗，隔着长龙般的车队向儿子喊道："贾里德！过来！"

"可是你以前告诉我，我应该等你停好车，到人行道上来接我。"贾里德囫囵一口把什么东西塞到嘴里，然后大声地说。

桑德斯太太敢打赌，无论他吃了什么，牙齿里肯定有残留的糖分，正好带他去看牙医。她打开车门，走出SUV。车队开始移动起来，她向身后的司机挥手，示意他们绕行，然后对贾里德喊道："沿着人行道往前跑，到这里来，贾里德。我们一会儿还有事情。"

"怎么每次都要去别的地方？"贾里德嘟囔着，无精打采地向SUV走去，"我想直接回家。"

一辆小轿车里的男司机正对着桑德斯太太按喇叭，他眯起眼睛，缓缓地驶过桑德斯太太的车，开进停车场。

"不要扭着屁股慢腾腾地走了，快过来！"她对儿子喊道。贾里德难道没看到自己的车挡住了其他汽车的道吗？

贾里德停下来，转过来看了看自己身后。

有时她会忘记儿子很不喜欢他自己圆滚滚的屁股。虽然她觉得这很可爱，而且他以后肯定会瘦下来的。"来吧，快一点！"她喊道。

贾里德的眼里充满了泪水，但他还是跑了起来。桑德斯太太为自己伤害了儿子的感情而难过，但7岁的他最近真的太敏感了。当她教训他或表扬他的时候，这个孩子表现出来的完全是两副样子。

贾里德等着迎面开来的汽车停下来。司机不耐烦地挥挥手，让他横穿马路，贾里德走到妈妈的车前，小脸涨得通红。他跳到后座，砰的一声用力把门关上，撞得连汽车底盘都震动了。

"嘿，别这么用力。"桑德斯太太责备道。

"我们要去哪里？"贾里德问道。他的声音在颤抖，几乎快要哭出声了。

她听到他咔嗒一下系好了安全带——真是个好孩子。"我们去看牙医，还记得吧？"

"我不要去看牙医！"贾里德在车里尖叫起来，桑德斯太太皱起了眉。

"你不是挺喜欢卡德维尔医生的吗？"她提醒他。此时，她掉转了车头，顺利地从其他驶离停车场的车辆间开了出去，感到一阵得意。

"我知道，但我刚吃了亚历克斯给我的饼干。"

"到了那里以后，你就可以刷牙了。"她向右拐到大街上，看了看车上的时钟。她得用5分钟开完15分钟的车程，不过贾里德刚才穿过马路上了车，所以他们不会迟到太久以致错过预约。她已经改约两次了，这次不能再爽约了。

"妈妈，你之前没告诉过我。"贾里德呜咽着说，"我想回家。"

"我在日历上写了'卡德维尔医生'。"

"呃……"贾里德哀号了一声。

"你一定是忘了查看日历，"桑德斯太太说，但她突然开始怀疑，自己会不会只把约会记在了手机里，却忘了把它写在日历上？

"在这周的日历上，只有今天是空白的。"贾里德的声音都有些嘶哑了。

她朝后视镜瞥了一眼，看到他用袖子擦掉脸上的一滴泪，一下子泄劲了。"对不起，亲爱的。"她努力做一个好妈妈，但结果似乎不尽如人意，"我敢肯定我把它写在日历上了。"

"这几周的日历上写了那么多事情，太讨厌了。"贾里德的声音听起来很不清楚，好像在说话的时候用手捂住了脸，"我累坏了，不能去看牙医。"

桑德斯太太心想，还是趁着现在把所有事情都说出来吧。"今天下午我们还要去看你姐姐的篮球赛。"她撇了撇嘴说，"我想我也忘了把它写在日历上了。"

贾里德哭了起来。"不……"他喘着粗气说，"妈妈……我不想。"

"但你喜欢吃热狗，想去零食店买糖果。"她突然意识到，贾里德今年长胖了很多，可能也跟今年的日程排得太满有关。

"我不想去，请你不要逼我。"

"我会看看下周的日历，也许有些事情可以取消，好吗？"在足球课、西班牙语课、唱诗班练习、篮球课和周日晚上观看她丈夫的垒球比赛这些事情里，她不知道该取消哪一个而不会影响家里任何人的心情。"我希望你能打起精神来，熬过今天接下来的时间。你能为我做到吗，贾里德？"

桑德斯太太把车开进了牙医诊所的停车场，回头看了看哭个不停的儿子。

可怜的小家伙用哭肿了的眼睛看着她，点点头说："好吧。"

"谢谢你，我的小家伙。"他们俩都下了车，走进候诊室的时候，桑德斯太太伸出一只胳膊搂住了他，"你真是个好孩子。"

贾里德给了她一个南瓜灯般的微笑——他的牙齿还没有完全长出来。桑德斯太太的心充满了骄傲，她是多么爱自己的孩子呀。

华盛顿小学的办公室主任正在桌子上翻找文件，都灵夫人则站在桌子前，一边阅读关于预防虱子的传单，一边等着带她的女儿瓦莱丽去看牙医。她对着传单笑了笑，确信她的女儿永远不会得虱子，因为她每天早上都会给这个二年级学生梳头、扎辫子，也向孩子解释过为什么不能戴别人的帽子。

这一周，都灵夫人每天都会去瓦莱丽的教室做志愿者，还参加了家庭教师协会（PTA）的曲奇饼募捐活动。但是她付出的这些努力有得到认可吗？她本来并没有怀疑这一点，但是今天，瓦莱丽的老师圣托林先生却建议她每周来一次，只要批改试卷并组织小组活动就够了，不需要连着三四天都来。

"给瓦莱丽一个机会，让她自己做更多的事情。"这是圣托林先生的原话。一想到这里，她就忍不住翻了个白眼。

至少都灵夫人很有先见之明，在放学前 10 分钟，她就来接女儿去看牙医了。这周过得吃力又不讨好，能避开学校停车场的堵车盛况，对她来说算是一种愉快的补偿。

当瓦莱丽拿着允许她提前下课的绿色便条来到办公室时，都灵夫人惊讶得连下巴都快掉了下来。这个 7 岁的孩子正在大口嚼着什么，看起来像是巧克力饼干，她的牛仔裤口袋也塞得鼓鼓囊囊的，可见里面还装着更多好吃的甜食。圣托林先生明明知道，最好不要让她的女儿在未经自己允许的情况下吃没有营养的高热量食物，他就是这样让小女孩自己做决定的吗？

"你在干什么？"都灵夫人双手叉腰，教训道，"瓦莱丽，你很清楚我们不吃垃圾食品，再说你马上就要去牙医那儿洗牙了。"

这个二年级学生嘴里的东西才嚼了一半，就停下来了。"但今天是亚历克斯的生日。"瓦莱丽用那双棕色的大眼睛望着妈妈，嘟囔着说。

"快走吧。"都灵夫人叹了口气，"我把你的牙刷带来了，等到了诊所就可以给你刷牙了。"

瓦莱丽扬起眉毛问："那我是不是可以把口袋里的也吃了？"

"可以，不过到了牙科诊所以后，你不要为了刷牙的事和我吵架。我得确保把你臼齿里的糖分都清理干净。"都灵夫人看到女儿笑起来时露出来的牙缝，忍不住也笑了。她已经给瓦莱丽拍了很多牙齿的照片，但还是拿不准自己有没有准备好足够的照片，把小女孩牙龈上的小白点都记录下来。

瓦莱丽皱着眉头说："妈妈，我自己能行。我发誓，我会把它们刷干净的。"

"瓦莱丽，一直以来都是我帮你刷牙，所以你才从来不长蛀牙。而且现在我们是去看牙医，这个时候不适合让你自己来刷牙。"

办公室主任一直静静地坐在桌子前工作，这时他突然开口了："也许现在正是让瓦莱丽自己刷牙的最佳时机。让牙医给她一些染色药片，这样她就知道哪些部位没刷到，你也可以告诉她怎么刷牙才能刷得更干净。"

这是今天第二个质疑都灵夫人的育儿方式的人，她已经受够了。她很想说，如果她想要得到别人的建议，她会主动问的。但都灵夫人最后什么也没有说，拉起瓦莱丽的手，说："走吧，亲爱的。"她几乎是把她的小女儿拖出门去的。

母女俩默默地快步走向泊在停车场里的小轿车。瓦莱丽坐到后座，还没等都灵夫人过来帮她系安全带，就急忙自己系上了。

"真棒！"都灵夫人对女儿说。她感到很骄傲，又有点难过——她的孩子长大了。

"我可以自己刷牙，再试试杰克逊夫人刚才告诉我们的那些药片吗？"当都灵夫人开车离开停车场的时候，瓦莱丽问道。

都灵夫人朝后视镜瞥了一眼，看到女儿的眼神闪烁着希冀的光芒，于是她说："我们先问问牙医那些药片含有什么成分，我担心他们不会用植物来制造染料。"

"妈妈，拜托了！这样你就会看到，我自己也可以做得很好。"

如果都灵夫人知道女儿能自己把牙齿刷得很干净，也许她会把刷牙的责任完全交给这个7岁的孩子。"好吧，让我们拭目以待。"最后，她这样说。

🙂在华盛顿小学的办公楼前，科恩夫人正坐在她的面包车里等着。她扫了一眼仪表盘上的数字时钟，6分钟后，放学铃声会响起来。上周，她向老板申请了提前下班的许可，并设置好了当天早上的提醒邮件。早在几个月前，她就给儿子扎克预约了牙科门诊，让她可以在放学后留出一段时间，不需要叫扎克提前下课。

通常家长们需要把车停在停车场，不过科恩夫人下班后用手机给学校打了电话，询问自己能不能在办公楼外面等着，接扎克去看牙医。学校的管理部门很了解放学后的交通状况，如果家长事先申请的话，一般都会予以通融。

放学铃声响过一分钟后，科恩夫人看到她家的二年级学生背着书包，往车子这边快步走来。她笑了笑，想起今天吃过早饭后，扎克也和往常一样看了看挂在厨房墙上的白板。

"嘿，妈妈，我知道今天三点半约了卡德维尔医生。"他说，"我想让他看看我这段时间掉的所有牙齿。恐怕他都认不出我来了！"

她的宝贝真的长得太快了。

扎克拉开侧边的车门，坐在妈妈座椅的斜后方，系好了安全带。"我一下课就冲出来了。"他说。

"干得不错，今天你在学校都做了什么呢？"科恩夫人将车驶离路边，往牙医诊所开去。

"我们读了马丁·路德·金博士的故事。"他说，"我们一起玩去亚拉巴马州寻宝的游戏吧，妈妈你先开始，好吗？"

"看来你已经知道怎么玩这个游戏了。"科恩太太开始努力地在脑子里搜寻关于民权运动的内容。"现在是 1955 年,我们是站在雨中的非裔美国人。"她给这场冒险设定了故事背景,"我们等在公交车站前,准备乘车穿过市区去上班。"

"我们带了雨伞吗?"

"没有。我们把报纸举过头顶,油墨沾到了手上。"

"外公说过,他年轻时就是那样的。"

"没错。"科恩太太说,"我看到路边杂草丛生的地缝里有什么东西在闪闪发光。"

"我顺着你的目光看去,弯下腰捡了起来。"扎克得意地说,"这是一枚 10 美分的硬币,桑托林先生告诉过我们,那时候的 10 美分可以买一整杯奶昔。"

儿子对这个冒险游戏的热切让科恩太太笑了起来:"我正打算问有没有人丢了一枚硬币,公交车开了过来,脏兮兮的雨水溅到了每个人身上。我们被尾气呛得直咳嗽,因为当时的尾气里含有铅,而且真的很臭。"

"有多少人等在那里?"扎克问道。

"你来告诉我吧。"

扎克想了一会儿,说:"6 个。"接着他又顿了顿,才说,"没错,我们有 6 个人。公交车的门打开了——嗞嗞——"他用双唇发出这样的声音。

她回头瞥了一眼,看到他张开双手,像是在开门。

"我们一个跟着一个上了公交车,"他说,"然后把硬币投进司机找零的地方,用来付车钱。"

科恩夫人知道这句话应该用一个比"找零的地方"更精确的词语,

但她也不确定该怎么说，就问："车钱是多少？"

"我不知道，我们可以上网查一查。"

"这个主意不错，你要用刚才捡到的10美分硬币来付吗？"

"不，我身上带着车钱。"

科恩夫人又笑了，扎克真的完全沉浸在了这种冒险游戏之中："你付的车钱叫票价。"她说，"你知道，公交车票价、飞机票价、火车票价。"

"这代表着我付了公交车票价，现在口袋里还多了10美分。"扎克笑着解释说，"但我们必须坐在公共汽车的后排。"

他的语气变得低沉起来，身体向前倾，用脚上的网球鞋尖轻点着科恩夫人的车座："就因为我们的皮肤很黑，所以必须坐在后面。你能相信吗，妈妈？"

"听起来很令人难过吧？"她叹了口气，摇了摇头。

"我很高兴现在人们可以坐在任何地方。不然的话，去野外旅行的时候，詹姆斯就不能和我坐在一起了。"

"我也很高兴，但我们还有很长的路要走。"刚才扎克说的话里有一些语法错误，她本来想要纠正，但现在还不是时候。

扎克安静了下来。科恩夫人认为这次谈话会更加深入，但他接着说的是："我看到公交车前面的一个空座位上有两个25美分硬币和一个5美分硬币，在我们走下过道之前，我把它们都捡了起来。"

科恩夫人本想再多谈谈有关公民权利的事，但这个话题已经过去了，这也是一件好事。回家以后，他们可以在饭桌上和扎克的爸爸、姐姐一起继续聊。

"我们到了。"她边说边把车开进一个停车位，"你一共捡到了多少钱？"

"65 美分？"扎克按下车上的按钮，打开滑动门。

"没错。"科恩太太说，"我们该拿它们怎么办？"

"买奶昔。"扎克笑了，然后他睁大了眼睛，继续说，"那时候的奶昔特别便宜，所以我们也可以给爸爸和珍妮各买一杯，还能剩下一些钱！"

当他们从停车位走到诊所的玻璃门前时，科恩太太问道："如果奶昔每杯只要 10 美分，我们一共买了 4 杯，还能剩下多少钱？"

扎克静静地思考起来，科恩太太几乎可以看到他脑中的神经元在放电。他们走进办公室，她与前台接待员登记的时候，扎克坐在等候区。等她也坐在他旁边的椅子上休息时，他说出了答案："奶昔要花 40 美分，所以我们还剩下 25 美分。如果我们还要再买两杯奶昔，那就剩下 5 美分。"

"如果还有 5 美分，你打算用来干什么？"

"我们老师说过，那时候的糖果只卖 5 美分。"扎克咯咯笑着，抱着双臂说，"但是我觉得，不能把我打算买糖果这件事告诉卡德维尔医生。"

科恩太太笑了："你想得没错。"

"扎卡里·科恩？"牙医助理站在接待员办公桌旁一扇敞开的门前，叫了扎克的名字。

"你想让我陪你一起去吗？"科恩太太问道。

扎克站起来，往牙医助理那里走去。"不，谢谢妈妈。"他转过身对她说了这句话，接着就消失在门后。

科恩太太很了解诊所的工作人员，她的儿子很安全。扎克越来越自信，也越来越能干了，这些都值得表扬。不过她还是有点怀念过去，那时候她还是这个小男孩的全世界的中心。

（提示：科恩夫人和扎克在开车前往牙医诊所的路上，玩的是第194—195页的"寻宝游戏"。）

在孩子不断成长、变得更加成熟、更加独立的过程中，你能从中感受到快乐乃至感恩之情吗？不过，你是不是也会怀念逝去的岁月呢？当你一心想要成为称职的父母时，会感到所有的责任带给你的压力吗？你会在无意之中被伤害吗？

我曾经努力地想要成为一位"天使父母"，但不得不承认我也常常会变成"烦恼的父母"。我的大女儿注意力不太集中，所以有时候别人又会觉得我是"直升机父母"。在过度保护孩子和支持有特殊需求的孩子之间，存在着一条微妙的界限，家长往往不太容易找到其中的平衡点。

换言之，由于环境因素、睡眠时间以及许多其他因素的不同，我们中大多数人都可能成为"烦恼的父母"、"直升机父母"或"天使父母"。任何人——包括我们自己——都希望能尽最大的努力，成为好的父母。如果我们欣赏并尊重自己的孩子，树立清晰一致的规矩，经常和他们交流，孩子们就能成长为有自信、有能力又快乐的人。

本章小结

在二年级阶段，孩子大脑的神经通路变得更加清晰，同时产生了更多的神经胶质细胞，用来分隔神经通路，协助处理信息。从乳牙掉落、恒牙长出，到开始阅读章节书，再到运用数学知识来认识周围的世界，七八岁的孩子正经历着心理、情感、社交和身体等一系列重要的成长发育过程。

二年级的学习内容，主要是以一年级所学的概念为基础，用它们来解决实际问题。这个年龄段的孩子开始与志趣相投的玩伴培养持久的友谊，他们学着如何成为一个团队中具有责任感的成员。他们会比较敏感，很容易受到伤害，如果有人惹他们生气的话，他们要么大发脾气，要么一声不吭陷入沉默。

总而言之，二年级的孩子是一群可爱的小家伙——天真无邪，热爱学习，渴望亲力亲为地做事情。你的孩子将在这一年经历许多变化，这会是一段愉快的旅程！

如果你觉得你的宝贝在二年级这一年长大了很多，其实等他上了三年级以后还会发生更大的变化，我将这个阶段称为"过渡年"。不过，你不用紧张，我们会在下一章介绍有关三年级阶段的大量信息和趣味故事，帮助你的孩子顺利地升入高年级。

第 六 章

三年级阶段：

幽默感蓬勃发展的孩子

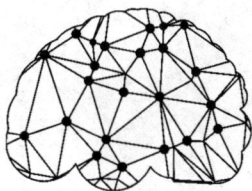

三年级是我最喜欢教的年级之一。八九岁的孩子不再是小学低年级的小屁孩了，但也算不上是高年级的大孩子。他们会怀着一种蓬勃发展的幽默感，从学习阅读的阶段过渡到在阅读中学习的阶段，这是一个巨大的变化。二年级的学生听到笑话或双关语的时候还是会觉得不知所措，但他们有了一定的推理能力，比如在数学课上听到朋友的肚子咕噜噜响了，就会觉得时间到了，该收拾一下准备去吃午饭了。到了三年级，除了懂得逻辑推理和脑筋急转弯以外，他们会更加了解因果逻辑，开始运用演绎推理能力，这些都让这个年龄段的孩子变得更有意思。

三年级阶段的大脑发育

许多孩子以前听过却不明白的笑话，现在都会逗得他咯咯发笑。事实上，你会发现你家的三年级学生开始和你开玩笑了，尤其是如果家庭氛围本来就很轻松，经常互相打趣、玩脑筋急转弯和双关语的话。

这个年龄段的孩子的神经通路开始与幽默感出现密切关联，这可能与他们的语言能力更上一层楼有关。

瑞士的发展心理学家让·皮亚杰（Jean Piaget）将 8 ~ 10 岁称为"具体运算阶段"，这个阶段的孩子开始把逻辑和推理运用到具体的事件中。这就意味着如果一件事非常出人意料，无法用逻辑来解释的话，他们不但能看出来，还会觉得很好笑。

孩子的大脑神经通路已经变得更加具体化了，所以信息传播速度也加快了。神经胶质细胞将更多通往各个方向的神经通路分隔开来，髓鞘的发育也使得电信号能够进行更高效的传输。为了让神经通路的传输更直接、更顺利，一些不必要的神经元会被剪除。（Stiles 和 Jernigan，2010 年）

事实上，因为三年级的孩子大脑左半球（主要负责语言功能）和右半球（负责创造力功能）之间的交流越来越流畅，他们会更擅长理解为了幽默而使用的比喻短语。

左脑负责处理人的第一语言，不过根据功能性磁共振成像（fMRI）测试，其他语言可以激活左右脑的多个区域。如果你的孩子会说两种或两种以上的语言，让左右脑得到同步开发，那么你可能会发现他使用第二语言时的思维能力会有所提高。通常到了三年级和四年级，习得多种语言的孩子就会赶超那些只掌握了母语的同龄人。（Klein 等，2014 年）

另一方面，如果孩子在 9 岁或 10 岁之后想要再流利掌握另一种语言，会比较有难度。因为在这个时候，为了更好地传导信息，大脑神经元细胞和被髓鞘包裹的神经通路的数量都已经被剪除了不少；这就意味着，孩子在三年级以后才开始学习一门新语言的话，通常会保留一些口音，也很难用这种语言来思考。

记忆力的飞跃

"工作记忆"是一种对信息进行暂时性存储和加工的记忆执行系统，当我们需要使用这部分记忆时，就会从中调取出来。在三年级这一阶段，由于大脑的向内传输的能力变得更快、更高效，这一记忆系统也会得到完善，直到孩子迈入中学阶段。（Lightfoot等，2009年）记忆力的飞跃和神经连接变得高效，让孩子不仅更擅长解决数学和语言中的多步骤问题，也使其在日常生活中变得更加独立。

在操作层面，这种飞跃意味着什么呢？到了三年级，孩子完全可以自己挑选想要穿着去上学的衣服（尽管有些搭配可能会有点搞笑——记得拍下照片，留着等过几年再给孩子看，一定会把他乐坏的）。八九岁的孩子也可以自己铺床、收拾脏衣服。记住，作为父母，我们要把自己解脱出来，让孩子成为有能力处理这些事情的大人。

关键在于，尽管三年级学生的记忆力相比二年级时有了发展，但八九岁的孩子只能记住大人能记住的东西数量的一半。（Kharitonova等，2010年）

所以，你可能得时不时提醒孩子，现在他的小脑袋瓜足够聪明，可以想出解决问题的好办法——比如，在你的引导下，他可以算出需要多久才能赚到去一趟游乐场的费用。你还可以鼓励孩子去努力练习运动、音乐和学习能力，在这个阶段，他们在这些方面的进步会更加快速且显著。

由于八九岁的孩子集中注意力的时间变长了，所以这一年他们能更好地遵循多步骤的指示。在学校里，你家的三年级学生可以和班里的同学合作，制订并完成一些具体的课堂任务；在家里，你也会听到他和朋友们为了实现某个小目标而做出精心策划，比如，他们打算帮你洗车来赚些零花钱，然后跑到街角的商店买鞭炮玩。

　　随着大脑神经连接的增加和信息交流效率的提高，孩子可以理解更加复杂的因果联系，这促使他做出对自己有利的选择。所以，你可能会听到你的孩子说这样的话，"上个周末，我花了好长时间才把从图书馆借的书读完——所以这周放学后我就不用再看书了"，或者"——所以我可以多玩一会儿游戏了"，又或者"——所以我可以看会儿电视"。换句话说，由于八九岁的孩子的思维变得越来越活跃、非线性，他们可能会更加频繁地挑战家庭规则和你做出的决定。

　　如果你的孩子说得有道理，你可以把规则调整得宽松一点，这样的结果能够鼓励他多思考，勇于提出自己的想法。不过，掌握对规则的遵守和通融之间的平衡并不容易。就像刚才举的例子，因为孩子已经读了几个小时的书了，你可能会同意让步；但是对于三年级的孩子来说，培养日常阅读的习惯是至关重要的，所以你并不应该松口。记住，就在这一年，孩子们会从学习阅读的阶段迈向在阅读中学习的阶段。

奖励对大脑的作用

　　你要知道，根据八九岁这一年龄段的大脑发育状况，如果你给孩子加油打气，那么他会给你更积极的反馈，会努力做得更好。因此，要是你对一个三年级的孩子说，"干得好！现在让我来悄悄告诉你一个小秘密，好把之前犯的小错误改正一下"，孩子就会照你所说的去做，取得长足的进步；反之，如果你这么说，"你做得不对，你得这么做……"，那你的孩子可能就会捂起耳朵，不想再听你说下去。

这不仅仅体现了"蜜糖总是比醋更能吸引苍蝇①"的心理状态，通过功能性磁共振成像测试，研究人员观察到，在分别给予正反馈和负反馈的成人和儿童的大脑中，存在着大脑皮层神经反应的差异。三年级的孩子在收到正反馈时，大脑会激发成束的神经元电流，但几乎不会对负反馈做出反应。所以生理学的证据表明，对这个年龄段的孩子进行正面管教，会得到更好的结果。（Van Duijvenvoorde 等，2008 年）

科学家认为，给予孩子奖励比惩罚他们更有用。这是因为孩子的大脑在面对"你没有做好"这一信息时的处理机制，比起"你做得好，继续做下去吧"要复杂得多。

🍃 三年级阶段的社会特征

比起二年级阶段的"唯我独尊"，三年级的孩子不再那么以自我为中心，他们之间的对话会更加公平互让。这是一个教孩子学会倾听的理想时机，而倾听正是建立或增进一段关系的基本技能。在这个阶段，父母依然能对孩子产生相当大的影响力，所以今年你能做到的最重要的事情之一，就是趁此机会帮助你的孩子建立健康积极的友谊观。

---

① 这句话（you'll catch more flies with honey than vinegar）出自美国的经典名著《飘》，作者为玛格丽特·米切尔，意思是"好话比刻薄话更管用"。
　　——译者注

亲情

你可能会认为八九岁的孩子是可以开玩笑的，因为他能对着以前听不懂的笑话发笑；他还会使用一些惯用语，比如他会告诉你，在学校读完一本书还可以得到徽章或印章，这可真是"一石二鸟"！但是，你还是得留点神，三年级的孩子或许能理解话语中的深意，但他们看待同龄人、老师和家庭成员的方式依然是黑白分明的。这个年龄段的孩子会非常在意他们信任的人开的玩笑，尤其是来自父母或者保姆这些他信任的人。

孩子判断好坏的标准很直接，可能某个举动就可以改变他对一个人的看法。比如，要是你告诉家里的三年级学生，只有在他完成家务或作业以后，才可以叫朋友来家里玩，他可能会觉得你太过刁难。接着，你又做了一些事，让他觉得很开心，比如你在指导他做作业的时候，给他一块饼干，他就会立马转变对你的评价，觉得你真是太好了。无论如何，你最应该记住的是这一点——尽可能和孩子进行愉快积极的沟通。

你的孩子会希望更独立一些，不愿意老是和你腻在一起，但他遇到问题或者麻烦的时候，还是需要你待在附近的某个地方，随时可以帮助他。你可以考虑为孩子看书或写作业准备一个私人小空间——比如沙发后面的一张小桌子、一幢树屋、一个大壁橱、车库的某个区域，或是一个小房间，你时不时地出现一下，随便问个问题，或者和孩子聊一些有趣的评论或故事，最好不要笼统地问他一个人待着感觉怎么样。这个年龄段的孩子很享受个人空间，给他们独处的地盘，意味着你对他们的信任和尊重。

三年级的孩子还会根据自己先前的经验，预测结果，回答问题，并与他人产生共情。实际上，他们现在会更擅长对他人所说的话进行推断。比如，要是你说了这么一句话："我真的有很多礼物要包。"你的孩子就会知道你需要帮忙，还会让你教他如何包礼物——这样一来，你就不用自己一个人做完所有的事了。

当三年级的孩子问你能不能教他什么东西时，即使你忙得团团转，也要尽力抽出时间来帮他。如果你与这样的机会失之交臂的话，可能就没有下一次了——机不可失，时不再来。

就像我丈夫经常说的那句口头禅："不要把紧急事件和重要事件混为一谈。"

友情

三年级孩子的圈子很小，他们通常只和最喜欢的几个玩伴待在一起；不过有时候也会试着去结交更志趣相投的新朋友，让小圈子出现一些变化。这些社交方面的尝试可能会让孩子得到更好的友谊，但也可能因为友谊的破灭而引发他情绪上的崩溃和焦虑。在这一年，尽管你的孩子想要更多独立的空间，但你对他的支持和鼓励，还有对他的友情小圈子的看法，会比以往任何时候都重要，对于孩子来说，你是家庭港湾，也是安全地带，所以他才能放心大胆地到外面的世界冒险，尝试更多的新想法、新游戏和交到新朋友。

学会倾听

你可以在家里对孩子进行模拟采访，听取他的答案，并把你的建议告诉他。通过这种示范，你就能细致地指导他如何向朋友和家人提问，如何回答问题。如果孩子成为很好的倾听者，他在接下来的求学阶段乃至长大成人以后，都会是一个很好的伴侣、同事、上司或朋友。也就是说，孩子应该专注地倾听对方所说的话，而不是急于打断对方，或者光顾着思考自己接下来该说什么，这种开展日常对话的能力会给孩子未来的人生提供更多的可能性。

专注地倾听能让对方感受到尊重和赞赏，也能避免误会的产生。在三年级阶段，孩子的大脑神经通路开始具备与他人共情的能力，所以在这个阶段进行相应的能力培养，能让孩子把倾听变成一种习惯。

在这一年，你会发现孩子放学回家后讲起学校里的事情更加绘声绘色，更加真实可信，也更加有趣了。但事实上，如果孩子说到别的孩子或老师做得不对的事，你先不要贸然生气，了解一下故事的另一面会更好。这个年龄段的孩子有一个显著特征，就是喜欢按照对自己最有利的角度和方式来讲述一件事，还会把大部分，甚至全部责任推给别人。

三年级阶段的手机使用

2016 年 2 月，美国市场调研机构"影响力中心"（Influence Central）对 500 名母亲及其子女开展了一项调查——这是 2012 年对 1000 名母亲及其子女的调查情况的后续追踪——旨在了解儿童使用手机的状况。正如所有人预料的那样，根据最新数据显示，儿童使用手机的频率和受到手机影响的程度都在迅速攀升。儿童收到第一部手机的时间通常是在 10 岁，但早在 8 岁的时候，他们就会随身携带迷你学习机等电子设备。

同样是在 2016 年，专门从事儿童和青少年心理辅导工作的心理治疗师迈克尔·鲁比诺（Michael Rubino）说："在我看来，孩子在上初中以前并不需要使用手机。即使上了中学，他们需要的也只是一部具备基本功能的手机……以便他们临时改变了计划，或者遇到麻烦的话，可以打电话告诉家长。"

如果你们家的情况比较特殊，已经给孩子买了手机，或者你打算不久以后就给孩子买一部，那么你可以考虑和孩子约定一些手机使用的基本规则。比如不能在餐桌上玩手机，父母也不可以，因为在吃晚餐这样具有安全感的环境下，面对面的交流能很好地帮助孩子学习如何解读肢体语言和社交线索。放下手机吧，全家人可以一起聊聊这一天发生了什么，这样可以让你与家人保持联系，更好地了解彼此。

（提示：想要知道关于四、五年级阶段使用手机的更多信息，请参阅第 306—308 页和第 377 页。）

🍃 三年级阶段的学习能力

在三年级结束的时候，你的孩子应该具备流畅的阅读能力，很少会因为遇到不熟悉的字词而卡顿。当你家八九岁的孩子正在读那些包括虚构和非虚构作品在内的各种书籍时，你应该留点神，因为孩子可能会因为书中的上下文对某些词语产生误解。这一年，孩子阅读的理解能力进步神速，词汇的积累量也迅速增加，能达到 3000 ~ 6000 个单词。

这种巨大的飞跃可以归结于孩子大脑发育的完善和自主阅读的实践，所以让他保持在家里的阅读习惯至关重要。如果你能坚持与孩子一起大声朗读那些略高于他阅读水平的章节书，对他来说会是很大的帮助。你们可以一起讨论故事里的角色和情节，还可以假设你的孩子就是主人公，他会怎么做。

随着孩子阅读词汇量的增长，他的语言表达能力和写作能力也相应得到了提高。这无疑是值得高兴的，因为三年级阶段的能力要求是让孩子学会使用形容词、副词和复句进行说和写，将他们想要表达的内容描述得更清楚。他们还会学习如何恰当地使用标点符号、描述生活中发生的事情，并写出有观点性和劝说性的段落。这个年龄段的孩子开始通过阅读来获取知识，所以他们会被引导去网上或学校图书馆里查找资料，进行科学或社会学主题相关的研究。

在家庭沟通方面，如果你一直在用白板或其他的类似工具，就会发现孩子做的标记越来越形象化了。如果你们有互相写便条的习惯，你可能会看到他写的句子和标点符号都更准确了。要是孩子还是常常出错的话，你可以多鼓励他使用大写字母、逗号和句号等，让孩子知道只要勤加练习，就能养成好习惯。

三年级阶段的数学水平也进步得很快，一、二年级学习加法时的所有叠加练习，都会给孩子学习乘法奠定基础。你要帮助孩子尽快掌握从 1 到 10 的乘法表，因为它能让孩子更好地掌握三年级阶段的其他技能。

乘法规则只是解决多步骤应用题的工具，比如几何运算、预测时间和计算实际耗时，以及对距离、面积和体积的测量计算。接着，除法也自然而然地出现在运算过程中。孩子对分数的认知也将从简单的 1/2、1/3、1/4 提升到更复杂的 1/5、1/6、1/7 等，他们还会学习长除法、比率以及更多的数学概念（请参阅第 249—251 页"三年级阶段应该掌握的学习能力"中的数学能力列表）。

如果孩子能熟练地掌握乘法运算，那么学习除法就会很简单。事实上，大部分数学概念对他来说都会变得更容易。要是你的孩子在做一道多步骤应用题的过程中，可以很快地计算出 6×7 的答案，那他就会发现利用数学来解决各种实际问题是多么有意思：他应该在几点钟出门，才能准时参加足球训练；又或者他要花多少个小时来锄草和扫落叶，才能赚到足够的钱来买自己想要的滑板。

想要培养孩子的数学思维，为他未来的人生奠定坚实的基础，那三年级阶段是非常重要的一年。无论是在商店、厨房还是外面的大千世界，孩子都可以尽情享受数字带来的乐趣。如果你自己并不擅长数学，也可以通过本章中的一些游戏来提升相关能力；如果你是个数学通，那就做好准备吧，你和孩子将会在数学世界中经历一场了不起的冒险。

三年级阶段应该掌握的学习能力

语言能力

● 复述虚构文学的故事内容，引用证明主题思想的证据；找出文本中的论据，阐释非虚构文学的主要观点。

● 根据文本的内容进行提问和回答。

● 描述虚构文学中的人物特征和动机，说出他们的行为是如何影响事态发展的；解释非虚构文学中的因果关系。

● 根据上下文语境，理解单词和短语的意义。

● 知道常见的单词前缀和后缀的意义，能拼读多音节的单词，掌握三年级水平的不规则动词。

● 理解词语的字面意义和隐含意义。

● 描述一个故事、一篇文章或诗歌中的前几个章节是如何对事件进行铺垫的。

● 找出讲故事的"人"，即故事的视角（比如叙述者或故事角色）。

- 说出用不同角度叙述的故事的异同。
- 说出插图和照片在虚构文学和非虚构文学中的作用。
- 利用文本特征和搜索工具，查找与给定主题相关的信息。
- 比较同一主题下的虚构文学的主题、背景和情节；比较同一主题下的非虚构文学的文字细节。
- 理解并独立流畅地阅读三年级水平的学习资料。
- 写出观点性的片段、信息性的短文和叙述性的文章，开展简单的研究项目。
- 写出结构完整的文章，内容包括引言、支持和构建的正文以及结论，在文中罗列事实与论据阐明论点。
- 根据大人和同伴的意见反馈来修改自己的文章。
- 在团队中成为一个积极而有贡献的参与者，能利用课堂笔记进行口头汇报，用完整的句子表达自己的想法。

数学能力

- 将乘法运算理解为多行数字的重复相加，比如，一共有 4 排，每排放了 3 个便士，总数量是：4×3=12。
- 知道从 0×0=0 到 10×10=100 的乘法运算。
- 利用乘法和除法对同一组数字进行运算，比如，3×4=12，4×3=12，12÷4=3，12÷3=4。
- 利用位值的概念，将一个整数四舍五入到最接近十位数或百位数的数字。
- 利用 100 以内的乘法和除法来解决数学应用题。

● 通过心算、估算和四舍五入的方法来验算答案的对错。

● 利用"交易"和"重组"的方法（进位加法和退位减法）进行 1000 以内的加减法运算。

● 将个位数乘以十的倍数并得出答案，比如，9×80=720。

● 知道分数中的分子代表的是部分的数量，分母代表整体，比如，7/8 表示一份被均分为八小份后，占了其中的七小份。

● 列出等式，理解数值相等的简单分数，比如，2/4=1/2 和 4/6=2/3。

● 在比较不同分数的数值大小时，分母必须一致。

● 能说出、写下和算出时间间隔，并精确到分钟；解决与分钟数加减相关的应用题。

● 利用公制单位（克、千克、公升）算出物体的体积和重量，通过增加或减去相似的单位数据来解决应用题。

● 利用图片和柱状图来展示或解释相关的数据资料。

● 利用刻度为 1/2 英寸和 1/4 英寸的标尺测量物体。

● 将菱形、长方形和正方形看作四边形，并且能画出这几种以外的四边形。

● 理解平面图形的面积概念，知道为什么和如何用平方单位来计算面积。

● 解决涉及多边形周长的真实的数学问题。

三年级阶段应该掌握的高频词

掌握对高频词的读写能力，可以大大地提高孩子的阅读流畅度和理解力，因为这些高频词占了文本中所有用词的50%。想象一下，如果你的孩子在看书时发现上面的字词都认识，他肯定会更加喜欢阅读的。

你们可以制作一些闪卡，玩第188—190页介绍的游戏"谁在捉迷藏"，也可以将高频词列表张贴在家庭公告板上，直到你的孩子学会了所有单词，不再需要看列表。

三年级阶段的 50 个高频词

about（关于）	afraid（害怕）	almost（几乎）	also（也）	asked（问）
become（变成）	believe（相信）	build（建造）	carry（运送）	caught（追上）
clean（干净）	clothes（衣服）	done（完成）	draw（画）	drink（喝）
eight（八）	fall（落下）	far（远）	full（满）	getting（得到）
grow（生长）	hold（拿住）	hot（热）	hurt（伤害）	I'm（我是）
journal（杂志）	kind（类型）	knew（知道）	laugh（笑）	light（轻）
long（长）	much（很多）	myself（我自己）	never（从未）	only（只有）

own（自己的）	pick（拿起）	show（展示）	small（小）	something（某物）
start（开始）	sure（确定）	today（今天）	together（一起）	try（尝试）
warm（温暖）	weather（天气）	whole（所有）	year（年）	you're（你是）

让三年级的孩子思维敏捷、学习进步或保持学习兴趣的游戏

1. 寻宝游戏（升级版）。还记得第194—195页的"寻宝游戏"吗？在这个游戏中，你和你的孩子会开展一场大冒险，可以寻宝，也可以假装挣钱、花钱或者把钱弄丢。如果你们有一段时间没有玩这个游戏了，再玩玩看吧，因为三年级的孩子会比二年级时更喜欢这个游戏。孩子不断增长的词汇量让游戏过程变得更有趣，他们掌握的乘法和几何运算等新技能，也将这个充满想象力的冒险历程提升到全新的维度。如果你们想让这个游戏更有意思，可以试试以下几点：

a.用手机录下你们的寻宝过程。以后，你们可以一边聆听这段想象之旅，一边大笑。

b.如果你的孩子一开始没有什么想法，你就这么告诉他："你知道怎么做比较酷吗？试试用键盘把故事输入电脑吧！"三年级孩子的写作能力会在这一年出现飞跃，鼓励孩子把冒险经历

写出来，也是提高这一能力的趣味方式。但是不必让孩子边听录音边写故事，事实上，有时候凭着记忆力写出来的东西会给故事带来激动人心的新转折。写完以后，你们可以通过以下方法来欣赏这个故事：

- 建议孩子根据文字内容来配图。
- 鼓励孩子在亲戚或朋友面前朗读故事。
- 在老师的许可下，让孩子当着全班同学的面朗读故事。

2. 重温二年级阶段的游戏。在三年级阶段，你们可以一起用熟悉的曲调编出新的搞笑歌曲来唱，也可以在玩拍手游戏的时候，增加一些附加动作，让节奏变得更加复杂。当孩子跳绳时，你可以让他用3、6、7、8和9的间隔来计数，而不是之前的2、5和10。

3. 来回拍球。每次拍球的时候，先说一个同义词，然后再说一个反义词，之后再说一个同音词——这是今年会学习的词性。2005年，埃里克·詹森博士（Eric Jensen, PhD）在他的著作《适于脑的教学》（*Teaching with the Brain in Mind*）中说："越来越多的证据表明……大多数神经科学家认为运动和认知存在着密切的关联。"由于运动和认知思维都会先由小脑——位于大脑后部（枕叶下方）的器官——进行处理，所以一边运动一边思考的组合能产生奇妙的效果。

4. 和孩子一起跟着收音机唱歌。到了三年级，大多数孩子会更喜欢在流行歌曲排行榜上排名前四十的歌曲，而不是儿歌。如果你们一起在车里听收音机，你就能了解这种类型的歌曲对孩子的影响，并能往好的方面引导。通过歌曲来掌握稳定的节奏感，理解歌词的差异性，比如押近似的韵脚等，对比歌曲的段落和诗歌的小节，都能帮助孩子提高阅读和写作能力。

5. 在车里放一本笑话书。你可以鼓励孩子给你读笑话，一起来想新的双关语和有趣的脑筋急转弯。

6. 故事启发游戏。当你们在街上看到一个打扮得很特别的人时，可以发挥自己的想象力，猜测他为什么要打扮成这样，是怎么到达这里的，为什么看起来如此匆忙（或者非常淡定，视情况而定）。如果你的孩子想不出完整的故事来，你可以让孩子给这个人取个名字，再猜一猜他打算去见什么样的人。这种变戏法式的、随机编造类的游戏既是一种有趣的消遣活动，也有助于培养孩子创意写作的能力。

有效帮助孩子掌握乘法运算的趣味方法

对于孩子学习新的数学技能来说，三年级阶段是很重要的一年。如果你的孩子能把 0 ~ 10 的乘法口诀表背得滚瓜烂熟，没有一点停顿，那么他在掌握其他数学概念方面也会有一定的优势，比如两位数的乘法、除法、长除法、分数、面积和体积。

1. 如果你的孩子缺乏学习动力——这在八九岁的孩子当中很常见——那么每当他掌握一组乘法运算，你就可以答应给他一份奖励，最好是比较健康积极的奖励，比如全家人去公园野餐，或者叫个比萨外卖，一起坐在电视前的地毯上吃。

2．学习第一组乘法运算时，你可以告诉你的孩子，他实际上已经掌握了乘数为0、1、2、5和10的乘法运算了。鼓励他挑战制作所有这些乘法运算的闪卡，并在一两天内学会。当他轻松地实现这个目标以后，就会主动去学习难度更大的乘法运算，比如乘数为3、4、6、7、8和9。

［提示：为什么说孩子实际上已经掌握乘数为0、1、2、5和10的乘法运算了呢？你可以提醒孩子，任何数字乘以0，答案都是0；任何数字乘以1，得到的都是和原来数值相同的数字（即乘法的恒等性质）；任何数字乘以2，得到的都是原来数值的两倍；通过学习计时和数5美分硬币，孩子掌握了乘数为5的运算；通过学习10和数10美元硬币，孩子掌握了乘数为10的运算。］

3．当孩子准备好学习下一组乘法运算时，让他以3为乘数，制作从0到10的乘法运算闪卡。

a.孩子做完这些闪卡以后，把卡片排列在一起，选出他已经掌握的运算（$3×0$、$3×1$、$3×2$、$3×5$、$3×10$）。

b.你可以引导孩子，让他说出自己为什么能掌握这些运算（$0×3=3×0$，$1×3=3×1$），也就是乘法的交换律，以此来巩固他在学校学到的概念。

c.接着，让孩子数一数他还需要学习的乘法运算的闪卡数量（$3×3$、$3×4$、$3×6$、$3×7$、$3×8$和$3×9$）。

d.给孩子一周的时间学习乘数为3的乘法运算。先让他单独学习这类运算，过了一两天以后，再把这类运算和他已经掌握的乘法运算放在一起，进行反复记忆。

e.如果他已经熟练掌握了所有的这些乘法运算（乘数为0、1、2、3、5和10），能不假思索地说出算式的答案，你可以再给他另外一个奖励。

4.当你的孩子掌握了乘数为3的乘法运算后，让他以4为乘数，制作从0到10的乘法运算闪卡。

a.告诉你的孩子，由于乘法的交换律，他实际上已经掌握了4×3的答案。

b.让他数一数还要学习哪些乘法运算（4×4、4×6、4×7、4×8、4×9）。

c.重复上述的附加步骤——记得给他一个新的奖励！

5.孩子掌握了乘数为4的乘法运算后，再按照相同的过程，学习乘数为6、7、8和9的运算。等他发现自己已经学到乘数为9的运算时，肯定会非常激动——还差最后一步，就学完乘法表了！

（提示：让孩子把新的闪卡和之前的所有闪卡都混合在一起，要是他能不假思索地答出卡上的所有问题，你才可以给他另外的奖励。）

让三年级的数学学习变得轻松有趣的 4 个游戏

1.花钱。先让孩子学会把零钱放进家里的存钱罐或钱包里，然后一起来试试下面的游戏，这个游戏可以帮助他了解钱的价值。以下是游戏步骤：

a. 你可以列举一些孩子喜欢的东西作为假想项目，比如一盒彩色铅笔、一个冰激凌蛋筒、一次电影之旅，给它们定好价格，然后让你的三年级孩子根据这个清单数出相应的硬币组合，分别用来支付上述东西的费用。

b. 让孩子把你的清单上所有物品的价值加起来，告诉你总价值是多少。

c. 你还可以拿出一些纸币，比如 1 美元、5 美元和 10 美元。选择一件物品，用纸币进行购买，你来教孩子如何用硬币算出纸币的找零。

d. 让孩子选择同一件物品，分别用 5 美元、10 美元和 20 美元的纸币进行购买，并说出收银员应该分别给他找多少零钱。

e. 等你的孩子已经掌握了花钱的窍门，你可以考虑买一些玩具硬币和一个玩具收银机。孩子可以邀请好朋友一起来家里玩，他们能围着收银机玩上几个小时。

2. 家庭时间轴。掌握数轴和方向这两大概念，对于孩子学习三年级的一些技能有很大的帮助，所以你可以和孩子一起设计家庭时间轴，让数学学习变得既有趣又个性化。你会惊讶地发现，家里的三年级学生已经把每个人的生日都记在了心里，也对庞大的家族熟记于心。以下是游戏步骤：

a. 让你的孩子用粉笔在人行道或者家里的车道上画一条长长的线，代表时间轴。

b. 用脚的长度作为丈量的工具，一开始，让孩子先站在时间轴的起始处，在左边脚跟的位置画一道短短的垂直线作为标记，然后在足尖处再画一个，从左边到右边。接着，让他把脚跟移到刚才足尖的标记上，在现在的足尖处再画另一个标记。以此类推，继续往前边走边画，一直画到粉笔线的尽头。

c.在短垂直线上做标记，从家庭成员中最早的出生年代开始。家庭成员可以包括祖父母、阿姨、叔叔和堂兄弟姐妹。

d.让孩子按照时间的先后顺序，在时间轴上标注所有家庭成员生日，详细到年月（当然，如果孩子想要确定具体日期，可能得寻求你的帮助）。

e.在人行道上用粉笔来画时间轴，写错的话能随时涂改。如果孩子非常喜欢这个游戏，等他不再犯错以后，就可以在美术纸或卷纸上画生日时间轴，画完后还可以收藏起来。

3.数独。这个策略性游戏可以清晰地呈现数字之间的关系。你可以准备一本数独的解谜书，在车上或者等人的空闲时间，都可以拿出来和孩子一起玩。（对于有天赋或者成绩优异的孩子来说，这是个很棒的游戏。）

4.掷骰子。五个骰子、策略、数字组合、概率和各种动作——这个游戏包含了如此丰富的元素！如果你的孩子还没有玩过这个游戏，三年级是最佳时机！

5.叠叠乐。这是一种策略性的木质益智玩具，需要孩子开动脑筋，运用基本的工程学和物理学知识，还要动手进行操作。孩子们都喜欢在这个游戏中打败自己的父母——他们的确能做到这一点（这也是一个适合有天赋的或者成绩优异的孩子的好游戏）。

三年级阶段的家庭作业

随着孩子逐渐长大，你会发现自己越来越看不懂他的家庭作业了。相对于当年你上小学时的教材内容，孩子需要学习的并没有发生什么改变，知识还是那些知识，但如今的教育模式却不一样了。比如，以前的孩子学习数学时采用的是"题海战术"，通过大量地做同类型运算来巩固大脑的相关概念；现在，学校鼓励体验式学习，让孩子们运用数学概念来解决日常问题，从而更好地掌握课上所学的内容。不少教育工作者发现这两种学习模式各有千秋，所以他们会采取折中的方法，既要多加练习，又要进行实际应用。

无论如何，现在的孩子接受的学校教育已经和你们当年大不相同了。当你家的三年级学生遇上不会做的题目时，如果你只是看一看作业上的说明，可能也摸不着头脑。所以，从这一年开始，直到大学期间，他至少要记住三位同学的电话号码，这一点至关重要。他可以打电话和其他同学一起讨论，而不是依赖父母来完成作业，这样做可以培养孩子的个人责任感以及对班级作业小组的集体荣誉感。而且，要是有好几位学生都告诉老师他们看不懂题目的话，以后老师再布置作业时也会有所调整。

这一年，孩子会通过阅读了解到非虚构文学和虚构文学的不同，从而意识到事实和观点之间的区别——"事实"可以通过反复的实验来证明，而"观点"是对事实或情况的解释。在这里，我要提醒各位家长，你可能会不赞成老师在课堂上展示的某个"事实"，但你的孩子会站在老师一边。毕竟，对于孩子来说，老师就是学术权威（除非你自己在家里教他学习）。如果你对孩子在课堂上学的某些"事实"感到不解，可以发电子邮件给老师或者见面聊聊，把疑惑解释清楚。有时候，孩子对事情的理解并不一定会和你所预期的一样。

隔壁班的数学课

我们的小女儿上三年级时，她的班级就在我教的班级隔壁。有天下午，她一脸沮丧地回到家，因为她不会做老师布置的数学应用题，这份作业要求她计算出两件事的时间间隔。当女儿进了厨房，坐在餐桌的前面时，我从椅子上站起来，教她怎么利用墙上的模拟时钟解出应用题的答案。

但这个 8 岁的孩子却对我大发脾气。

"妈妈，我们老师不是这样教的！"她喊道。

我默默地在心底从 1 数到 10，试图让自己冷静下来，心想：她怎么会觉得我什么都不懂呢？不过，这么多年以来，许多家长都给我讲过类似的故事——我的学生觉得他们的爸爸妈妈什么也不懂，而我，他们伟大的老师，什么都知道。

"我自己来做。"她说着，用胳膊肘支住桌子，手托着腮。

"我刚教过——"我还想说什么，但是她猛地用拳头打了一下桌子，铅笔掉到了地板上，我只好把后半句咽了回去。

"妈妈，算了吧。我明天会问麦克米伦太太的。"

我想大吼一声，让她冷静下来，或者回自己的房间去，但我知道强行平息孩子的焦躁情绪通常会产生反效果。于是，我极力地调整了情绪，这么对她说："我们也不需要用厨房的时钟，今天你不是在学校里用纸做了时钟吗？我来教你用纸钟解题吧。"

她拿起铅笔，歪着脑袋，困惑地问："你怎么知道我做了一个钟？"

"因为我今天给我们班上了同样的课。"不得不承认，说到这里的时候，我的声音变得尖厉起来。

"好吧，但你教得不对。"女儿一边说着，一边把她那张几乎空白的数学作业纸塞进书包，"再说，我把自己做的钟留在课桌上了。"

"你宁可放弃明天的休息时间来做题，也不相信我能做出这些题目？"

"是的。"我的小女儿背起书包，跑上楼梯，关上了卧室的门。

按照家庭惯例，我们会在吃晚餐的时候轮流聊聊这一天的生活。我丈夫以为我们的小女儿肯定会说刚才的这场作业闹剧，但她一个字也没提。

第二天放学后，女儿来到了我的教室。我正在桌子前写第二周的教案，她站在我的身旁，低着头盯着自己的脚，嗫嚅道："嗯……妈妈？"

"怎么了，亲爱的？"我回了一句，还在忙着写教案。

"今天，麦克米伦夫人教我们怎么用挂在白板上方的时钟解数学题。"

"是吗？"我放下铅笔，看着她，明白她想说什么了。

"噢，过来吧。"我把身下的椅子从桌子前挪出来，把她拉到我的腿上。这个年龄段的孩子都很敏感，也非常情绪化，而我的这个小姑娘可能比大多数孩子还要敏感。

"昨天我太激动了，就因为题目做不出来……"她把自己的小脸蛋埋在我的衬衫里，开始抽泣。

"我知道。"我说，"你的理解力一向很好，所以每当你得费点儿时间才能学会的时候，就会变得没耐性。"我吻了吻她的头发，又轻轻地捏了一下她，"不过你并没有泄气，今天还和麦克米伦夫人一起解出了题目，我为你感到骄傲。"

"真的吗？"她抬头看着我，用手背抹了抹脸上的眼泪。

"是的。如果遇到了困难，你越是坚持不懈，努力地渡过难关，就越能学到了不起的知识。"

那次经历似乎成了我女儿的转折点。从那个时候起，她变得勇于接受挑战，坚持不懈，不达目的誓不罢休。谁会想得到呢？一件小事竟然也能改变人生，真的是太神奇了。

家庭阅读

想让孩子在上学期间（包括大学）表现出色，最好的方法是从上小学起就养成家庭阅读的好习惯。随着年龄的增长，电视、电脑、平板电脑和手机对孩子的吸引力会越来越大，看电视比读书更有趣，上面的一些节目和游戏也很有教育意义，但是日常阅读有利于促进孩子的大脑发育，使其进化为高效的阅读与理解器官，塑造更好的形象化思维。从这一点来看，没有任何东西可以取代阅读。

让三年级的孩子爱上阅读的13位作家

随着孩子逐渐长大，他们会变得越来越忙——忙于上课、做作业、交朋友、运动和各种其他的活动，但再忙也不要忘了保持阅读习惯，这样才能让孩子取得优异的成绩。鼓励孩子阅读的最好方法就是给他们提供好书。接下来，你马上会知道下面提到的这些书，有些作品对三年级的孩子来说可能很难，无法自主阅读，所以很适合与父母一起共读。

1. "调皮的亨利"系列（Horrid Henry series），全套共27册，作者为弗朗西丝卡·西蒙（Francesca Simon）。这是一套章节书（每册约100页），主人公是一个经常惹麻烦的男孩，他的弟弟却是一个完美的优等生。故事里有许多有趣的对话和笑料，如果你的孩子看了第一本就喜欢上了，那么他可以把这一整套都读完！

2. "歪歪路小学"系列（Wayside School series），全套共5册，作者为路易斯·萨奇尔（Louis Sachar）。故事风格奇特，三年级的男生（以及许多女生）读了以后一定会捧腹大笑。

3. 《独一无二的伊凡》（*The One and Only Ivan*），作者为凯瑟琳·阿普尔盖特（Katherine Applegate）。这部作品根据真实事件改编，讲述了一只在动物园室内的笼子里待了30年的猩猩的故事，展现出了友谊的巨大力量。

4. "蜜瓜头"系列（Melonhead series），全套共5册，作者为凯蒂·凯利（Katy Kelly）。故事的主人公是一个聪明而富有创造力的男孩，他经历了无数次妙趣横生的冒险（有时候是灾难），即使是不喜欢看书的孩子也会爱上这套书。

5. "内裤超人"系列（Captain Underpants series），全套共 14 册，作者为戴夫·皮尔奇（Dav Pilkey）。这是一套稀奇古怪的系列故事，深受许多孩子的喜爱。

6.《长颈鹿、小鹈儿和我》（*The Giraffe and the Pelly and Me*）、《了不起的狐狸爸爸》（*Fantastic Mr. Fox*）和《小乔治的神奇魔药》（*George's Marvelous Medicine*），作者为罗尔德·达尔（Roald Dahl）。这几个故事里的主角都很特别，它们总是用各种出人意料的方式来解决困难。

7.《幸运的棒球棒》（*The Lucky Baseball Bat*），作者为马特·克里斯托弗（Matt Christopher）。这个作家写了许多关于爱运动的孩子的故事。

8.《都是戴茜惹的祸》（*Because of Winn-Dixie*），作者为凯特·迪卡米洛（Kate DiCamillo）。在这个故事里，有个小女孩收养了一条狗，在小狗的帮助下，她结交了不少朋友，也缓和了与家里人的紧张关系。

9.《八岁的雷蒙娜·昆比》（*Ramona Quimby, Age 8*），作者为贝弗利·克利里（Beverly Cleary）。克利里写了一系列以雷蒙娜为主人公的作品，这一本适合三年级的孩子阅读。

10. "稀奇古怪小朱迪"系列（Judy Moody series），全套共 14 册，作者为梅甘·麦克唐纳（Megan McDonald）。这套书适合活泼好动的三年级小读者，他们能从这些故事里学到很多。

11. "少女侦探简森"系列（Cam Jansen mystery series），全套共30余册，作者为大卫·阿德勒（David Adler）。书中的主人公拥有相机般惊人的好记性。

12. "亚瑟小子"系列（Arthur chapter book series），全套共30余册，作者为马克·布朗（Marc Brown）。这套书塑造了许多熟悉又可爱的角色，孩子能从中学会很多东西。

13. 《哈利·波特与魔法石》（*Harry Potter and the Sorcerer's Stone*），作者为J.K.罗琳（J.K. Rowling）。这是"哈利·波特"系列的第一部，属于五年级中段的阅读水平，不过三年级的孩子会喜欢与大人共读这本书，也可以挑战一下自主阅读。

🍃 当你的孩子和别的三年级学生不一样

请注意，如果你的孩子在语言或数学学习方面仍然落后于同龄人，而且你们还没有获得相关机构的协助，现在就去申请吧！人们通常认为，有的孩子只是发育得比较晚，以后总会赶上其他同学，但数十年来的研究表明，尽管不同孩子的大脑发育速度不同，学习效率也有区别，但要是在三年级阶段还存在阅读障碍的话，就必须尽快干预，否则光凭他们自身的能力很难再赶上来。

提供干预，才能让"乌龟"赢得比赛

有些孩子在学习上的差距可以通过增强理解能力来弥补，但另一些孩子的大脑自身功能本来就与大多数孩子不同，他们需要一些特殊的干预措施才能提高阅读效率。如果你的孩子还是经常看不懂书上的字词，无法理解句意，或者在数学方面很难掌握数组、位值和运算的概念，那么你是时候采取一些行动了。

2004 年，美国教师联盟（American Federation of Teachers）根据三项长期研究，得出如下结论："很少有孩子是天生晚熟的，他们之所以有阅读方面的问题，几乎都是因为能力缺陷。"

你要记住，到今年年底，你家的三年级学生应该把阅读的精力放在吸收信息上，为以后的科学、社会研究、文学乃至小学高年级数学的学习夯实基础，而不只是去读懂单词和短语的意思。

如果你的孩子现在是八九岁的年龄，有一门或好几门课还是跟不上，而学校仍未采取行动去确定导致他学习落后的原因，那么你应该尽快约见学校的相关人员，并申请给孩子做一个评估。

你的孩子之所以有阅读或数学方面的学习问题，罪魁祸首可能是患有学习障碍。在这种情况下，应该请专业人员针对孩子的大脑信息处理现状来制定相关的培养方案，越快越好。

尽责的父母所面临的困境

当孩子在学习方面有问题时，爸爸妈妈通常会花很多时间来帮他完成作业，如果有什么内容在课堂上没弄懂，还会再给他补补课，希望他们的"小乌龟"不要掉队。然而，对于一些孩子来说，这种"补课"是不够的。根据评估结果，你的孩子可能还需要一些特定的干预措施来帮他学习阅读并理解数学概念。

问题在于，在美国的许多地区，如果孩子的学习能力并没有落后于儿童标准水平的两年以上，是无法获得特殊教育服务的。请注意，这个标准并不适用于被诊断患有与大脑化学物质失衡相关疾病的孩子，比如注意力缺陷与多动障碍、焦虑症、双相情感障碍或其他类似的障碍。这些孩子符合《特殊教育指南》中"患有其他的健康障碍"的标准（Degree Prospects）。

按照美国的《残障人士教育法》的规定，各州可以自行确定儿童接受特殊教育资格的标准。如果想在美国大多数州和地区获得资格，孩子必须符合以下条件：

- 具有 IDEA 规定的学习障碍的证明
- 智商得分与实际学习能力之间存在差异
- 阅读和数学能力落后于同龄人两年或两年以上

正如上述所说，如果你家的三年级学生患有阅读障碍或听觉处理失调，但相对同龄人来说并没有落后太多，按照规定，学校工作人员不会提供相关的服务。这让许多家长觉得，他们耐心辅导孩子的功课，以及孩子不得不花更多时间完成作业和学校任务来赶上同龄人，最终都没有得到什么好处，反而受到了"惩罚"。

妈妈或爸爸的付出会对子女教育产生不良影响吗？不会。父母的支持展现了教育对于孩子的重要性。如果你的孩子还没有落后到需要接受特殊教育的地步，不要担心，他以后也可以成长为一个适应能力强、受过良好教育的成年人。

记住，大脑是很有可塑性的。你可以试试下面的四个办法，帮助你的孩子在学习方面弥补差距，取得进步：

1. 尽快确诊。请学校的心理学专家对孩子的学习模式以及在评估中观察到的问题进行解读，从而确定孩子是否具有获得特殊教育服务的资格。像"阅读障碍倾向"之类的诊断，有助于孩子获得干预方案。

2016 年，教育心理学专家苏珊·克拉达克指出："为了满足孩子的需求，教育心理学领域的专家应该为家长提供一份所在地区的特殊教育机构列表，家长在网上也可以搜索到大量的优质资料。"

2. 通过网络搜索孩子的能力缺陷，获取更多的信息。比如，你可以在搜索引擎中输入"阅读障碍""书写障碍""注意力缺陷与多动障碍"等词条，进行相关信息的查询。如今，在网上能搜索到各种各样为有能力缺陷的孩子提供的内容，包括精彩的游戏、活动和其他有用资源等，丰富程度会超出你的想象。

3. 将运动与学习相结合。你要确保孩子拥有充足的运动时间，比如跳绳、跑步、跳跃、弹跳和踢球等，这些运动有助于建立孩子大脑的神经通路，从而提高其思维能力（请参阅第 18—20 页）。

如果学校的工作人员认为你的孩子不具备接受特殊教育服务的资格，你可能会感到不满。不过，作为父母，只要你持续关注孩子的成长，他就不至于落后太多。让三年级的孩子玩一些适合他需求的在线游戏，保持定期的阅读练习和体育锻炼，那么，他就能为迎接四年级阶段以及未来的学习挑战做好充分的准备。

资优教育

研究表明，如果为天性聪颖的孩子提供与他们的智力水平相匹配的学习任务，他们就能保持对学习的兴趣，选择继续深造，并拥有更加光明的前途。（Kell 等，2013 年）

在美国，阅读专家或学校的心理学专家会对二年级或者三年级的学生进行相关评估，这类评估通常要求孩子运用逻辑推理能力来解决问题，将先前学到的知识应用到难度逐步递增的问题上。尽管计分标准不尽相同，但只要孩子得分处于 95% 到 100% 之间，一般就可以获得资优教育（GATE）的资格。此外，如果孩子在中小学州级统一考试中成绩优异、在音乐或绘画方面展现出高超的天赋，或者得到老师的推荐的话，也可以被纳入资优教育的考察范围内。

有时候，学校将这些有天赋的孩子分成一组，在同一间教室里接受专门的指导。许多地区都设有磁石学校，专门教授自然科学与数学类课程，或者文学与艺术类课程，磁石学校的相关课程项目可以强有力地激发这些孩子的学习兴趣和投入程度。不过，坦白来讲，一些研究表明，由于时间和物质条件的限制，许多学校和老师往往很难满足这些聪明孩子的学习需求（Bui 等，2012 年），因此，如果你的孩子很有天分的话，你可以查看一下所在地区有哪些合适的课程项目。

接下来，我们会提供五种方法，你可以利用这些方法来协助老师，保持孩子的学习兴趣，充分发挥他的潜力：

1. 扩展主题。当孩子上小学低年级的时候，你可能也做过类似的事情，即找出三年级的科学和社会学课程学习涉及的相关主题，以及本年级需要达到的平均学习水平。接着，和你的孩子一起上网，搜索与这些主题相关的趣味项目，让他有机会更充分地实践三年级需要掌握的技能。

2. 深入挖掘。鼓励你家的三年级学生去公共图书馆或学校图书馆，查阅与所学的课程主题相关的书籍。

3. 创建合同。征得老师的许可之后，制作一份合同，内容包括这份主题项目的方案、提交时间以及孩子向全班同学展示成果的时间（请参阅第88—90页）。

4. 把你掌握的材料和资源分享给老师。这样一来，老师可能会想把相关任务也布置给班上的其他学生，那么你的孩子就能和朋友一起完成任务了。［提示：孩子的老师也有权拒绝你的建议，因为这些任务并不在普通的公立学校、学区（或私立学校）教师的工作职责范围之内。如果老师不愿意签订合同或者让孩子在课堂上分享家庭项目，家长也不应该给老师施加压力。］

5. 与其他家长多加交流。无论老师是否愿意参与，你都可以考虑邀请其他有天赋或成绩优异的孩子的家长，让他们带着自己的孩子一起寻找更多主题任务和书籍。无论对大人还是孩子来说，组建一个小团队来分享丰富多彩的活动，既可以减轻大家的压力，又能享受更多的乐趣。你也可以咨询学校的管理部门，看看学校能不能提供场地，让你们的团队每周或每月开一次会，交流彼此的想法和任务。

天才儿童与高成就者

"天才"指的是通过智力测试，并符合相关地区或学校能力标准的孩子；"高成就者"则是指在学校表现良好、勤奋刻苦，但在考试中往往得分不高的孩子。

如果你的孩子符合高成就者的特征，那你不用太担心他的成绩。只要孩子学习积极性高，愿意接受更多的学习任务，通常都可以加入学校的"资优教育"项目。要知道，有些天赋异禀的孩子之所以无法在学校里充分开发所有潜力，主要是因为他们厌倦了重复学习那些已经掌握的知识，以及他们的社会成熟度与自身智商无法匹配这一点；但是，高成就者并不一样，他们的思维中已经形成了一定的职业道德观，所以在未来的工作与生活中都能发挥出自身的优势。

三年级阶段的饮食与护理方式

怎样让三年级的孩子拥有健康发育的大脑、强壮的身体素质，以及良好的交际、情感和学习发展前景？如果你已经阅读了本书的其他章节，就会对这四种促进健康成长和思维发展的最佳成分——睡眠、营养、水分和锻炼——非常熟悉。但是，当孩子处于不同的年龄段时，父母需要关注的细节也有所变化，所以你得及时更新相关知识，为孩子提供更恰当的呵护。

睡眠

根据美国国家睡眠基金会（National Sleep Foundation）的建议，6 ~ 13 岁的儿童每天晚上需要 9 ~ 11 小时的睡眠时间。你的孩子可能是个例外，即使睡七八个小时也能保持精力充沛，但是，如果你发现他随时会在短途旅行的车程中打个盹儿，有时候午睡会睡很久，或者偶尔晚上会一连睡上 12 个小时的话，那就意味着他并没有得到充足且规律的休息。

你家的三年级孩子正在成长，需要足够的睡眠，才能让脑细胞恢复活力、并生成新的细胞，清除杂质，产生令人神清气爽、思维敏捷的 δ 波。如果孩子每次睡觉前都很仓促，或者上床的时间越来越晚，你就得调整一下家庭日程表；如果孩子难以入睡，或者睡眠质量不好，你可以翻回到第 26—29 页，寻找合适的解决方案。

另一方面，如果你的孩子经常一睡就超过 12 个小时，请咨询你的儿科医生，因为这有可能是睡眠障碍、维生素缺乏或其他疾病的症状，需要通过诊断进行排除。

营养：大脑和骨骼发育的必需品

报纸专栏作家道格·拉森（Doug Larsen）曾经说过一句名言："如果绿色蔬菜闻起来像培根一样香，那么人类的平均寿命将会出现大幅度的增长。"

所以，如果你一直保证孩子对蔬菜、水果、蛋白质和脂肪的均衡摄入，那就太棒了！请记住，脂肪是促进维生素 A、E、D 和 K 代谢所必需的成分。营养成分的均衡摄入能为孩子的身心健康夯实基础，这种良好的饮食习惯会一直影响孩子到他成年以后。

遗憾的是，大多数孩子都更喜欢吃意式面食、面包和油炸食品，他们总是把沙拉和花椰菜剩在盘子里，没过多久又开始大吃甜点。负责照料孩子的大人们会说："因为你没有把饭菜吃完，所以饭后不能吃甜点。"但他们又允许孩子在饭后吃一点零食——这些零食并不都是健康的。

当孩子到了八九岁的时候，规律性摄入蔬菜和瘦肉蛋白会让大脑的学习能力发育得相当完善。如果他们的菜谱里没有这些营养成分，大脑和身体就无法获得健康成长和发育所急需的营养。这就好比是发动机的油量不足，只能靠油箱里残存的油渣来开车一样。

更糟糕的是，除非孩子出现了超重的状况，否则家长往往很难发现不良的饮食习惯已经对孩子造成了恶劣影响。缺乏营养的孩子可能会出现注意力不集中、易怒、缺乏耐心、拒绝尝试新事物、哮喘、抑郁或者抗压能力差等表现（Birch 等，2009 年）。

为孩子提供健康的食物，并确保他会吃进去，这是你为他创造健康生活所提供的最佳礼物之一。健康食物包括沙拉、生的和熟的蔬菜以及瘦肉蛋白，但请坚持适度原则，不要提供过量的食物。如果孩子从小就经常吃得太多，长此以往可能会导致肥胖。对于年纪比较小的孩子来说，他们选择食物的自由度可以更大一些，但等他们到了八九岁以后，就会明白这条规则：你可以选择不把晚饭全部吃完，但如果剩下的是健康食物，那就意味着接下来的时间不能再吃别的东西了。

让这条规则成为您家里的成人仪式，这代表着他从小孩子阶段过渡到了大孩子的阶段。当孩子第一次试图挑战这条规则，比如不愿意把剩下的西葫芦吃完的时候，你可能会听到他哀号，甚至尖叫和哭泣，他可能还会歇斯底里地告诉你他饿坏了——即便如此，你也不能妥协。

要知道，一个人可以连续六周不吃一口食物也不会饿死，所以，孩子一个晚上没把饭菜吃完，之后也没吃零食的话，并不会对他的身体造成什么损害，就算他不停地哭闹和乞求，看上去是那么可怜。到了第二天早上，孩子就会明白，如果他不把蔬菜和沙拉吃完，晚饭之后就真的不能吃别的东西了。

当你的孩子知道你会坚定地遵守规则以后，你们之间就再也不会出现有关食物的争论了。有时候，孩子可能会心怀期待地试探你，比如问你："如果我不吃青豆，晚饭后还能吃块饼干吗？"

你可以微微一笑，亲亲他的脸颊，然后说："你是知道我们的规则的。"

有时，要是晚饭做的是孩子不爱吃的蔬菜或者别的食物，父母可能会担心他挨饿。给孩子做他喜欢吃的蔬菜和其他有营养的食物，当然是一种好的解决办法，但你要知道，如果你不给他吃零食或者别的好吃的话，孩子最终还是会妥协的——不管晚饭做什么，他都愿意吃下去，这是真的。如果你家的八九岁孩子并没有什么饮食障碍，那么你可以连续七天试着这么做，看看在他身上会发生什么。

你需要先跟孩子申明规则，接下来静观其变。不要试图哄孩子吃一口这个或者尝尝那个，你肯定不想和孩子展开一场意志力的较量。事实上，除了确保孩子把食物吃完之外，你不用理会孩子是怎么吃下去的。把晚饭全部吃完的孩子可以得到一小份饭后甜点，但没吃完的孩子就得等到第二天早上再吃东西了。一开始，你们会经历一段艰难的过渡期，但这样做会让你的孩子受益匪浅。

在饮食方面，我们的目标是坚持适度原则——大多数时候要吃得健康，但和家人、朋友一起庆祝时，可以尽情享受美食。你可以把开派对、游玩和出门作为"特殊场合"，在这些场合下，允许孩子剩几口沙拉，吃比平常更多的甜点。当你和你的孩子一起参加社交活动时，还可以让他往甜点里多加点发泡奶油，告诉他，这是一种特殊待遇。

水分

我们的身体可以在没有食物的情况下生存六个星期，但是，如果没有水，我们就几乎活不过一个星期。三年级的孩子每天需要喝5～7杯水，其中包括从水果、蔬菜和牛奶中摄入的液体。充足的水分摄入是至关重要的，绝对不是开玩笑，如果你所生活的地区气候干燥，或者你的孩子经常锻炼，出汗很多的话，可能会需要摄入更多的水分。

水分不仅占据了人体平均体重的 60%，而且，几乎所有的身体机能的运转都离不开它：它能够保持大脑的凉爽以便更好地思考，调节血液容量，为细胞提供氧气和营养，将代谢废物排出体外，让眼睛、鼻子及嘴巴保持湿润，等等。

在孩子每天上学之前，你千万记得要给他带上一瓶水，也可以是牛奶，让他这一天都能随时补充水分。不要带苏打水或果汁饮料，不管饮料里的水果汁含量有多少，因为这些饮料含有糖分，一开始会给身体提供大量的能量，但最多只能持续 20 分钟，接着就会让孩子连续几个小时都陷入嗜睡和脑雾①的状况。而且，一份基于 88 项研究数据的分析表明，苏打水会直接导致人体的钙质流失与蛋白质消耗，而且极有可能会引发肥胖。（Vartanian 等，2007 年）水是一种十分易得的饮料，便宜又健康，是供孩子饮用的最佳液体，不是很完美吗？

（提示：请把孩子上学时需要喝的水装在可重复使用的容器里，一次性的水杯会在使用几次后开始分解，释放有害的化学物质。）

体育锻炼和自由游戏

你家可能是这样一个家庭：孩子会经常进行体育锻炼，所以，比起让他每天至少运动一小时，确保他摄入足够的营养和水分对你来说更有挑战性。运动还有利于培养旺盛的想象力，让你家的三年级学生展现出良好的身心状态。

然而，孩子到了八九岁的时候，学校的课业要求会越来越高，而户外活动也占用了太多的时间。许多家长发现，体育锻炼和自由游戏

---

① 脑雾（ Brian Fog ）是被美国疫病预防控制中心命名为"慢性疲劳综合征"（ ME/CFS ）的主要症状之一，顾名思义就是大脑中仿佛出现了一团雾，令人感到头脑昏沉。——译者注

都变得无关紧要了，孩子却更加任性，也更容易发脾气。他们的这种性格变化通常会被归因于激素的改变，而不是老一套的学习压力。但有意思的是，当小学生身上出现令人不快的行为时，罪魁祸首往往并不是激素。

运动和休息可以给大脑"充电"，尤其是提供充足的新鲜氧气，让神经胶质细胞能够在繁忙的神经元活动之后，及时对大脑进行清理。根据功能性磁共振成像的扫描结果，当我们的大脑在无任务的状态下神游时，某些分散的神经元会同步出现自发性的活动，科学家称其为"默认模式网络"（default mode network）。这种思维模式能让我们反复琢磨早些时候进行过的对话，在淋浴或者泡澡时还能迸发出某些灵感，达到顿悟的状态。（Smith，2013 年）

事实证明，给大脑更多的"神游"空间，对于处理、清理和滋养大脑网络来说非常重要，正如体育锻炼对于保持人体的心脏、体重和体态健康的重要性一样。想让全家人都生活得更好吗？如果你发现家庭日程表安排得太满了，请把某些事项往后推，或者直接取消吧，以便让家里人都拥有一段做白日梦的时间。

三年级阶段的牙齿状况

如果你还没有一年两次带孩子去牙医那里进行定期清洁，那么三年级是正式开启牙科之旅的好时机。对八九岁的孩子来说，他们当中的大多数都已经掉了好几颗乳牙，新的门牙（也叫作前牙）将从牙龈顶部隆起的小鼓包中萌出。在接下来的几年里，牙釉质的厚度有所增加，所以孩子的牙齿会变得更白，边缘也会更平滑。但在那之前，鼓包很容易脱落，所以恒牙特别脆弱。如果你的孩子经常运动的话，你可以购买商用护牙器，用来保护那些脆弱的鼓包以及口腔的其他部位，护牙器的价格并不昂贵。

当孩子到了三年级，你带着他去清洁牙齿的时候，可以让牙医或牙科保健员详细地指导你如何用牙线给孩子清洁牙齿。然后，从诊所回家之前，先去买一些带把手的牙线，对孩子来说，它们比单根的长牙线更好用。等孩子准备上床睡觉时，你们俩可以并排站在浴室的镜子前，一起用牙线洁牙。

洁牙的步骤是怎样的呢？先从前排的牙齿开始，上下移动牙线，轻轻刮去牙齿两侧的牙垢和碎屑。如果孩子已经把前排牙都清理干净了，那就换到后排牙齿。虽然窝沟封闭剂可以保护咀嚼面上的臼齿和凹槽，但牙齿缝隙间还是存在不易清洁的区域，容易形成龋洞。事实上，大多数的牙科专业医生都认为，使用牙线和刷牙一样重要。

我的牙医经常会这么说：我们在刷牙的时候，往往只能刷到牙齿的前表面和后表面，还得用牙线清洁牙刷刷不到的地方。毕竟，在冲澡的时候，你不会只洗身体的某一侧，对吧？

也许，你希望孩子能在三年级时学会自主使用牙线，但美国威斯康星州的首选牙科诊所建议，在孩子年满 11 岁之前，你还是监督他刷牙的"主力"，要确保他把自己牙齿的每个角落和缝隙都清理干净了。到了五年级末或六年级初，你的儿子或女儿将养成使用牙线的良好习惯，成为名副其实的"牙线专家"。

你是哪种类型的父母？

☺哈里斯太太看了看手表——真糟糕，到今晚上床睡觉为止，她只剩下不到三个小时的时间，可是她手头的待办清单里还有数不清的事情要做！要是今天做不完的话，在周末聚会之前，她根本抽不出其他时间来完成。

她在厨房里来回穿梭，忙着把饼干面团的原料搅拌好。接着，她把糖霜饼干放进烤箱，又将脏餐具扔进洗碗机，然后按下启动键。厨房的事情告一段落以后，她马上冲向书房，打算把寒假礼物包装好，却在走廊里迎面撞上她家的三年级学生。

"哎哟！"丽贝卡踉跄地往后退了一步，"妈妈！"

"噢，对不起，亲爱的。我应该小心点儿的，但是我真的太忙了！"

丽贝卡打量着她的妈妈，她那双棕色的眼睛充满真挚："我可以帮您。"

哈里斯太太已经沿着走廊继续往前走了。"哦，宝贝，谢谢你。"她转过头来，对女儿说，"但我有很多礼物要包，而且——"

"我有个好主意。"丽贝卡一路跟着她妈妈进了书房，"您可以教我怎么做，这样你就不用自己一个人包所有的东西了。"

哈里斯太太叹了口气。属于她的时间已经所剩无几了，如果还要向女儿展示怎么量出包礼物的纸张大小，怎么折，怎么包，再用丝带系好的话，估计自己都可以把大多数礼物包完了。"谢谢你的提议。"哈里斯太太把手放在丽贝卡的肩膀上，"下次再说吧，好不好？"

"可是——"

"对不起，"哈里斯太太摇着头说，"现在不行。"她从安乐椅后面拎起五个鼓鼓囊囊的塑料袋，又从袋子里拿出衣服、玩具和折好的盒子，把它们放在硬木地板上，"你为什么不去读我们在图书馆借的那本《哈利·波特》呢？等你要睡觉时，我会给你读一章。"如果我有时间的话，哈里斯太太在心里默默补充道。

"老师说我的阅读水平还没到可以读那本书的程度，再说，你昨晚就说会读给我听，但你并没有。"

"叮！"计时器响了。

"噢，糟糕！"哈里斯太太急忙跑回大厅，从烤箱里把饼干"抢救"出来。这时，她突然意识到女儿刚才说了些什么。"你的老师说你的水平不够？这是什么意思？"她朝书房喊道。

"她说我的阅读能力测试①会不及格的。"丽贝卡的喊声传了过来。

哈里斯太太简直不敢相信自己的耳朵——那位老师居然敢这么说。"我要和校长谈谈，看看他对这种告诉学生他们的水平不够、测试会不及格的老师有什么看法。"哈里斯太太勃然大怒，以至于她打开烤箱的时候，直接想把铺着饼干的烤盘拿起来——差点就把手指给烫焦了！她及时刹住车，从炉子旁边的抽屉里取出一个锅架。

丽贝卡慢吞吞地踱进厨房："反正我今天不用看书了，上周六踢完足球后，为了把逾期的'朱尼·琼斯'系列还给图书馆，我一整天都在看书。"

"这并不代表你就不用看书了。"哈里斯太太一边说，一边把金属盖放在炉子上。接着，她又从柜台上的架子那儿取下漏铲，把饼干移到冷却架上，然后把刚揉好的面团放在烤盘上，准备烤第二批饼干。

---

① 阅读能力测试（comprehension test）是指在美国一些学校的老师会利用阅读测试工具来了解学生的阅读水平。学生借阅符合自身阅读水平的图书，读完以后，进行该书的阅读能力测试，如果获得了一定分数（难度越大的图书，得分越高），就可以提升自己的阅读难度，借阅水平更高的图书。——译者注

280

"我的理由很充分。"丽贝卡靠在吃早餐的桌子前，说，"既然我上周六已经看了五个小时的书，那么在接下来的两周里，我都不需要进行家庭阅读了。"

"没错，你是看了五个小时，但这是因为你看书的进度太慢，得多看一些补回来，并不代表你可以打破睡前阅读的习惯了。"

女儿却溜出了厨房，哈里斯太太瞥见她正咧着嘴笑。那个笑容意味着丽贝卡并不打算去看书，除非哈里斯太太肯花时间陪着她，一起看从图书馆借来的新书。

但哈里斯太太所能做的，只是在计时器再次响起之前，把下一批饼干放进烤箱，再包上一两份礼物。她能怎么办呢？她也没有时间和校长谈谈那位"冷漠"的老师。

🦉昨天，霍弗太太 8 岁的孩子萨米回到家，告诉她，老师说他还没有足够的能力阅读从公共图书馆借来的书，这让她很生气。佩里先生——也就是萨米的老师——还告诉萨米，他没有通过这次的阅读能力测试，这让萨米大哭起来。当然，这次借的书是比萨米平时阅读的那些书更难，但他看的时候很开心。霍弗太太想，她一直以为佩里先生是个通情达理的老师，但显然他并不是。

下课铃声响了。在萨米的教室外面，霍弗太太正坐在一张长凳上，她打算等孩子们全部离开教室以后，就进去跟老师谈谈。她特意跟公司请了假，本来是打算直接去找校长的，但校长临时有事，只好改约了。

萨米的朋友杰克走出教室，喊道："嘿，萨米，你妈妈来了！"

霍弗太太的儿子萨米背着书包冲出来，脸上挂着灿烂的笑容："嗨，妈妈！你要带我去吃冰激凌吗？"

"冰激凌！"杰克喊道，"我也能一起去吗？"

"我们现在不去吃冰激凌。"霍弗太太从长凳上站起来，理了理她的衬衫，"我是来找佩里先生的。"

杰克睁大了眼睛："嘿，伙计。你做了什么，萨米？"

"我……我不知道。"萨米抬头看着他的妈妈，眼神里充满了恐惧。

"萨米，你没做错什么。"她抓着儿子的手，"我们去和你的老师谈谈吧。"

萨米朝杰克那儿耸了耸肩，说："明天见吧。"

杰克挥了挥手，急匆匆地走了，仿佛在担心要是自己继续待在那里，下一秒就会惹上麻烦似的。

当霍弗夫人打开教室的门时，听到里面正在播放着古典音乐。佩里先生在教室前面的讲台前整理教师指南和教案，他抬头看了他们一眼，咧嘴笑了："嘿，霍弗太太，萨米把这件大消息告诉你了吗？"

霍弗太太停下脚步，看着她的儿子："什么消息？"

小男孩脸上的担忧消失了，取而代之的是灿烂的笑容，这让他嘴里每一颗长势不同的牙齿都闪烁着光芒，霍弗太太忍不住也对他笑了笑。

"今天，我答对了《哈利·波特与魔法石》阅读能力测试里的所有题目，得了 12 分！"

霍弗太太的笑容僵住了。刚开学的时候，她就已经把那本书读给萨米听了，现在她不知道该说什么好。

萨米一定知道妈妈在担心什么，他马上就说："哦，别担心，妈妈。佩里先生告诉过我，我可以自己再读一遍，然后参加测试，这样会更公平。"

"但我从没见过你……"霍弗太太才说了一半，声音就渐渐低了下去，她意识到自己并不想在老师面前"揭穿"儿子。

佩里先生把一只手放在萨米的肩膀上。"他想给你一个惊喜。萨米在班里和课后的日托中心都在看这本书。"老师扬起眉毛，"我想，有几次还是打着手电筒躲在被窝底下读的。"

"佩里先生，"萨米瞥了一眼他的妈妈，用口型对老师说，"你不应该告诉她这些。"

霍弗太太忍不住笑出声来，如果躲在被窝底下看书是萨米在成长过程中做过的最糟糕的事情，她会欣然接受的："你是说你背着我悄悄读完了整本书？"

"是的，全是我自己读完的。"他犹豫了一下，看着老师，"但佩里先生告诉我，下一本书《哈利·波特与密室》要难得多。"他又看了一眼霍弗太太，"所以我应该先和你一起读，然后等到四年级或五年级再自己读，然后参加考试。"

"嗯，这本书几乎达到了六年级的阅读水平。"佩里先生抱起双臂说，"如果你现在就想试着自主阅读的话，测试的时候可能考不到高分。你不想白白丢掉 14 分，对吧？"

"而且，和妈妈一起读书会更有意思。"萨米又露出一个可爱的歪嘴笑，霍弗太太觉得心里暖洋洋的。他接着说："我们可以在车上或吃晚饭的时候讨论这个故事，就像读《哈利·波特与魔法石》时那样。"

霍弗太太松了一口气，幸好校长重新安排了会面。如果她跟校长抱怨佩里先生的话，现在她会觉得自己像个傻瓜。听起来，佩里先生似乎从来没有说过萨米阅读能力不行，他只是想让她的儿子先适应三年级的学习与生活，然后再自主阅读一本难度更高的书。

而且，霍弗太太几乎想给佩里先生一个吻，因为他让萨米又喜欢上了和她一起读书的感觉。最近，萨米一直在抱怨他们晚上正在读的章节书。坦白来说，她对那本书也不太感兴趣，一时之间居然连书名都想不起来了。

😊索利斯夫人将制作三种饼干的原料码放在厨房的柜台上，这些是为周末的家庭聚会准备的。她扫了一眼家庭活动室的沙发，上面堆着装了满满的礼物的塑料袋，都还没有包装好。她转了转眼珠，朝天花板上看去，发现那儿有一点油渍，于是又搬来餐桌旁的椅子，伸手去擦拭污渍。

我在做什么？她想。如果都像现在这样毫无计划性地打扫，今晚就别想早点睡觉了。

计时器响了，她松了口气。

"嘿，胡安尼托，时间到了。"她冲着走廊喊道，"我需要你的帮助。"

"啊，妈妈！再给我五分钟！"她的儿子的声音从卧室里传了过来，"我马上就要打到新的一关了！"

"把游戏保存好，现在就停下来。要是你今天多玩五分钟，明天就不能玩了。"她摇着头，提醒自己的儿子。

过了一会儿，胡安就走进了厨房："妈妈，您需要我帮什么忙？"

"我们要烤三种饼干。"索利斯夫人把墨西哥婚礼饼干的食谱递给他——这是一家人的最爱——她继续说，"因为明天一早你要参加足球训练，所以我们今晚必须把它们都烤好。"她又调皮地用手指了指他，"但是，你别偷吃面团。等饼干烤好以后，我们可以舔一舔碗。"

胡安大笑道："好吧，如果我不能偷吃，那您也不能。"

索利斯夫人扬起眉毛，然后耸耸肩："我不会徇私的。"她八岁的孩子又笑了起来。

当胡安忙着做墨西哥婚礼饼干的面团时，索利斯夫人备齐了巧克力饼干和肉桂甜饼的原料，并分别放在不同的碗里。她为家里的这个三年级学生感到高兴，他已经成为一个优秀的阅读者，现在完全可以自己看懂食谱，还和她一起进行了很多次的厨艺练习，所以她几乎不用留心他在做什么。

幸好，索利斯夫人这些年来一共买了四个饼干烤盘，所以她和儿子先在前两个烤盘上放上巧克力饼干面团，把它们放进烤箱。接着，她又检查了一下儿子的进度，他正把肉桂甜饼的面团放在另一个烤盘上。

"等等，我们得把这些面团捏得小一点，不然就不够分给所有人了。"她拿起一块生面团，把多余的捏下来。

胡安从妈妈捏好的肉桂甜饼面团旁拿起了另一块，调整着它的形状："像这样吗？"

"太完美了！我要去包礼物了，你能把面团放到另外两个烤盘上吗？"

她的儿子笑了："如果你让我吃一块生面团，我就把剩下的全烤了，怎么样？"

索利斯夫人心想，胡安就是这样，一个爱讨价还价的小鬼头。不过，在吃晚饭时，他已经把西蓝花和沙拉都吃完了……

"好的。"索利斯夫人竖起了一根食指，"就一块。等饼干全部烤完以后，我们俩都可以再选两块烤好的饼干，配着牛奶一起吃，怎么样？"

他伸出黏乎乎的小手，和妈妈握了握："就这么说定了！"

索利斯夫人洗了手，忙着叠起衣服来。她把叠好的衣服放进准备送给姐姐和姐夫的礼物盒子里，又开始给侄女和侄子们包玩具。时不时地，她还会提醒胡安设置好计时器，并到厨房把烤完的饼干从烤箱里拿出来。总体而言，他们俩的分工合作还是非常顺利的，要不然她一个人可能得忙到半夜才能上床睡觉。

在吃晚饭的时候，索利斯夫人和胡安已经聊过这一天发生的事情，所以当她在给下一份礼物量包装纸的时候，她问道："你在图书馆借的书怎么样？"

胡安正忙着在烤盘上码放饼干面团，这时他抬起头来，说："我的老师说我的阅读水平还不能读那本书。"

"是吗？"她简直不敢相信佩里先生会这么说，"你的阅读能力很棒。"

"嗯……"胡安又把一块面团舀到勺子上，"他说我这次阅读能力测试可能会考砸。"

包装纸从索利斯夫人手中滑落了下来，她说："他不会那么说的。"

胡安耸耸肩，说："您可以问问他。"

"也许我会的。"

我想去校长办公室，直接跟校长投诉——但是在新学期的家长之夜上，佩里先生说过，如果有什么事，可以先找他谈谈。索利斯夫人心想。

于是，她从桌边拿起手机，给佩里先生发了一封电子邮件，把胡安说的话告诉他，询问他究竟发生了什么事。索利斯夫人希望老师能尽快回复她，坦白来说，直到寒假过后，她才知道家长应该在什么时候去学校。

计时器响了，索利斯夫人站起来，从烤箱里拿出热气腾腾的饼干烤盘："嘿，这些饼干看起来比上一批烤得更好。"

"那我是不是可以多吃一块饼干？"胡安露出了他长得参差不齐的前排牙，这让他的笑容看起来有些笨拙。

索利斯夫人笑了："好吧，你的确做得很好。"

"这两个饼干烤盘是最后一批了。"胡安指着柜台上的那些准备放进烤箱的面团，说，"妈妈，如果你让我再吃一块，也只不过是四块饼干，算上你说过我可以吃的生面团和我们用牛奶配着吃的烤饼干。"

"没错，你再吃一块吧。"索利斯夫人的肩膀耷拉下来，眼睛盯着沙发上那堆还没有包的礼物，"按照我目前的速度，你可以自己先把那些饼干吃了，毕竟我还有七份礼物要包。"

"我会帮助您的。"胡安用他那双真诚的黑眼睛看着她。

"这真是太好了，儿子，但是……"索利斯夫人心想：我必须告诉他怎么包，这可能要花上更长的时间。再说，谁知道他会包成什么样子呢？

"别担心。"胡安将最后两个烤盘放入烤箱，并将计时器设置为15 分钟，"等这些饼干烤好后，我们已经把礼物都包完了，然后就可以一起吃饼干了。"

她怎么能拒绝他呢？"好的。谢谢，你是最棒的！"

最后，胡安包出来的礼物算不上完美，但索利斯夫人觉得，他的姑姑们会喜欢这些包得有点歪的礼物。他们又看了最新出版的"冒险家通缉令"系列的一个章节，之后胡安就睡着了。索利斯夫人觉得自己必须给作者 M.L. 弗曼先生寄一封感谢信，感谢他写出这么一部激动人心的作品，让她和她的儿子度过了非常愉快的阅读时光。

第二天早上，胡安的老师发来了一封电子邮件。

尊敬的索利斯夫人：

感谢您发邮件告诉我您与胡安的对话，哈哈，孩子有时对事情的理解会非常出人意料。我跟他说的是，如果他今年和您一起读《哈利·波特与密室》的话，一定会读得很开心，之后在明年或者后年，他就可以自主阅读这本书了，因为这本书接近六年级的阅读水平。

我还告诉他，这本书的难度是 5.9，所以阅读能力测试并不简单，而且他的目标又是答对所有的题，得到 14 分。我们都希望胡安能成功，但是就目前的水平来看，他还不是那么稳操胜券。我希望我的回答对您有帮助。

您真诚的朋友

佩里先生

索利斯夫人很庆幸自己并没有直接跟校长办公室投诉，而是先给胡安的老师发了电子邮件。

我们希望，这些来自不同类型的父母的家庭场景能给你一些启示，让你在家庭中尽可能地营造亲子关系的最佳平衡状态。

当我的大女儿上三年级时，她让我教她怎么包礼物，这样的话她就可以帮忙了。但我当时却觉得，和她一起包礼物会花上更多的时间，所以拒绝了她，自己一个人把所有的礼物包完了。后来，我在空闲的时候教会了她如何包礼物，她自己也开始去包那些给别人买的或做的礼物，但她再也没有主动提出或同意帮我做家务。这就是我在育儿过程中得到的诸多血泪教训之一。

说来也有趣，作为父母，我们往往觉得自己做的决定是无关痛痒的，也完全没有考虑过后果。但从先前的教训中，我学到了这一点：

如果我以后还想让女儿们帮忙的话，那么，除非天塌下来，否则我必须放下手头的一切，怀着感激之情接受她们的帮助。我真心地希望你们能从我犯过的错误中吸取教训。

我的两个女儿都是"谈判专家"——等她们长大成人以后，在工作中也很好地运用着这项技能。过去，当她们提出自己想吃更多的饼干，或者想要看这周的电视特别节目的时候，我丈夫和我都会在经过一番深思熟虑之后，再做出同意或拒绝的决定。有时候，孩子们说得很有道理，但在其他时候，她们就像是小小的情感操纵者，会说出这样的话：

"我昨晚已经睡了很久，而且我保证今晚开派对的时候不会熬夜。"

"可是我真的很想看这个节目，明天我会花上双倍的时间来读书，我保证！"

尤其是大女儿上三年级的时候，在她的恳求之下，我们不得不多次调整做作业的家庭规则。后来我们下定决心，如果她交涉的内容与阅读或者学校的其他作业相关，我们都不会屈服。不过，在某些特定情况下，我和丈夫也常常对其他规则有所通融。关键在于，父母还有老师都要站在同一立场。如果你不赞同你伴侣的意见，请到孩子听不见的地方私下沟通；如果孩子跟你说了一件学校发生的事情，让你觉得很不安，那么请你保持镇静，先跟老师进行沟通。

有一次，我班里的一个三年级学生告诉她妈妈，因为我上课时不让她去厕所，所以她把裤子尿湿了——这件事我还是从校长那里知道的！我的小女儿偶尔也会出点小状况，所以我从来都不会拒绝孩子们去上厕所。我只是提醒他们，可以在课间休息时去一趟卫生间，喝点水，活动一下，这样他们就可以做好准备，迎接下一节课中有意思的活动了。

后来，我与这位学生的家长、学生本人以及校长一起开了会，讨论关于上厕所的问题。和孩子聊了半个小时后，我们才意识到，我每天的例行提醒在她的耳朵里变成了"老师不让我去厕所"，事实上，这个小女孩在课间休息时忘了去厕所，又不想错过接下来的课堂活动，所以才尿了裤子。后来，她只好去办公室换衣服，因为觉得很不好意思，才跟妈妈说了这样的话。如果家长先来找我，而不是校长，或者直接给我打电话的话，这个问题立马就能迎刃而解，不至于引发多方面的困扰，占用大家的宝贵时间。

在大多数情况下，开放性沟通的效果是最好的，也很有灵活性。另外，请记住，当你和孩子把事情搞砸的时候，要负起为人父母的责任，从中吸取教训，然后继续前行。你不必成为超级英雄，你只是一个人，一个了不起的、完美的不完美父母——因为不完美，才显得更加完美。

本章小结

在三年级这个阶段，不管是心理、生理还是人际交往等方面，你的孩子都会成长得很快。大脑神经元的连接让他们的记忆力更加敏锐，思维层次也更加丰富，逐渐能抓住话语中的多重含义。孩子们会互相开玩笑，大人不能像以前那样，当着孩子的面说一些轻浮的话。随着孩子对事实和观点初具理解能力，你可能会发现自己的建议常常会受到他的质疑，尤其是当你所说的与孩子的老师不一致的时候。

如果你的孩子在阅读方面还是困难重重，他就应该在三年级这一年得到相应的帮助。需要的话，你也应该为未来的小学高年级阶段准备一份阅读扶持计划，因为在下个阶段，学生被要求通过阅读来获取知识。另一方面，如果孩子的阅读能力很强，那么他在这个年龄段仍然需要每天练习，这样他的技能就不会生疏。记住，孩子的大脑会不断地剪除或重新分配使用频率低的神经元，重建的神经通路变得越来越少，这意味着到了下一年，他会更顺利地过渡到学习国家历史和深入掌握科学概念的四年级阶段。

今年，孩子在数学课上的主要任务之一是学习 0 ~ 10 的乘法运算，以及如何运用四则运算法则。在暑假期间，你可以让孩子多温习几遍闪卡，这对他（以及你自己）都很有帮助。掌握了乘法与除法运算以后，将来学习一些更难的概念，比如异分母的分数加减法运算等，对孩子来说都会是小菜一碟。反之，如果他还没有熟练掌握的话，四年级的数学可能会让他学起来非常痛苦。

从现在开始，你可以把孩子写的东西收集起来，放在某个特定的地方。过几年以后，当你们俩一起重读三年级的作文时，文章里的那些个人化表述和富有说服力的论证都会给你们带来极大的乐趣。

与此同时，你们也要为接下来的四年级阶段做好准备。这一年对孩子的学习要求更高，午休时间更久，在学校上课的时间也变得更长。孩子到了 9 岁或 10 岁时，他们强烈的情感、对友情的重视和情绪的迅速变化（在大多数情况下都与激素无关），都会让四年级成为一个讨人喜欢又至关重要的阶段。

第七章

四年级阶段：

告别舒适区，开始走向社会的孩子

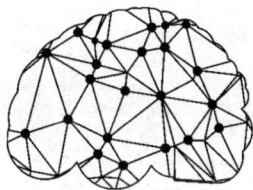

准备好了吗？请系好安全带，迎接过山车般跌宕起伏的新阶段吧！到了四年级，大多数孩子的大脑已经建立了足够的神经连接，因此，他们能够真正看到外部世界的一切，对他人产生同情心和同理心。当孩子们从自己的小世界走出来，进入这个纷乱而复杂的社会时，他们的感受会更加深刻。

🍃 四年级阶段的大脑发育

正如我们在第二章指出的，8～10岁儿童的大脑前额叶皮层的神经元并不会对负面反馈做出反应。如果你以前对你的孩子说"你不应该那样做"之类的话，他听了以后一脸茫然，就是因为大多数孩子在11～12岁之前，大脑都无法很好地处理这样的信息。相对而言，年龄大的孩子更能理解负面反馈，并从自己犯下的错误中总结经验教训。

在另一方面，当有人对年龄较小的孩子说出"干得好！现在让我

们看看你能不能……"之类的积极评价时，他们前额叶皮质的神经元就会像霓虹灯一样被点亮。（莱顿大学，2008 年）

四年级孩子的神经连接变得更强大，也更有连贯性，但他们的大脑中与前瞻性思维相关的通路还未发育完全。如果你的孩子做了一些蠢事，你问他："你为什么这么做？"他通常会诚实地回答："我也不知道。"9 ~ 10 岁的孩子还在学习如何把因果联系运用到自己的生活中，所以请你提出一些温和的、开放性的问题，帮助你的孩子处理他的麻烦。记住，他们大脑的前额叶皮层会对积极的询问做出最佳反应。

如果你们最近一直都在做某件事情，但他不小心又给忘记了，与其这么责备他："我们已经做了很多次了，怎么还会忘记呢？"不如笑着提醒他："哎呀，你是不是忘了什么事？"

保持积极的沟通，意味着你还要制定家庭内部规则和道德准则，并对孩子申明越界的后果。很多家长都很难贯彻执行家庭规则，尤其是上了一天班觉得精疲力竭，或者正深陷于某种生活危机时，比如遭遇离婚或亲人过世等。如果你总是喋喋不休地跟孩子强调规则，请记住这一点：孩子的大脑正通过日常经验进行"编程"呢。

你建立的家庭秩序越稳固，越被孩子依赖，孩子就越有安全感。这就意味着他的大脑减少了皮质醇的分泌，压力也就相应降低了。坚持一以贯之的养育方式，能让孩子的大脑解放以更好地思考和学习。（El Nokali 等，2010 年）

异性疏远期

在这个年龄段，孩子大脑髓鞘形成的进程加快了，这意味着神经通路持续被更多的神经胶质细胞覆盖，大脑各区域之间的沟通变得更加高效。不过你要注意：从四年级开始，女孩的前额叶会比男孩发育得更快，也就是说，在这一阶段，女孩的运动能力、解决问题的能力、自觉性、记忆力、语言能力、主动性、判断能力、自控力和交际能力都比男孩成熟得更快。（Lenroot 等，2007 年）从外在的生理变化来看，男孩和女孩的差异并不明显，但大脑发育的差异往往会导致异性之间交往的误会和情绪伤害。

大脑的助推器

在这一年，如果你希望孩子成长得更快、更好，除了多和他谈心以外，还可以督促他每天锻炼 60 分钟。运动能让心跳加速，血氧量提高，从而刺激新的大脑细胞生长，促进大脑记忆中心对三维思维的应用，比如因果联系。美国伊利诺伊州立大学的一项研究提供了相关的技术支持："与我们所预测的结果一致，与不经常锻炼的孩子相比，经常锻炼（9 ~ 10 岁）的孩子的大脑双侧海马体的体积会更大，关联性记忆的能力也更强。"（Chaddock 等，2010 年）规律性的体育锻炼也有助于缓解孩子的焦虑情绪和社交压力。

对于这个年龄段的大脑神经和海马体的发育来说，音乐是另一大助推器。瑞士的一项研究表明："接受音乐训练的儿童拥有更好的语言记忆能力、阅读能力和执行力，第二语言的发音也会更准确。在儿童时期学习一门乐器，成年以后获得优异成绩和高智商的可能性更大。"（Miendlarzewska 和 Trost，2013 年）

然而，研究人员也承认，只有享受音乐学习的孩子才能提升这些能力。如果你的孩子不喜欢上钢琴课，那就换一种能让他感到兴奋、有学习动力的乐器，而不是寄希望于他在魔鬼训练中逐渐爱上钢琴。

随着大脑神经通路的成熟，四年级的孩子的词汇量和幽默感也会不断加强，但他们的大脑仍然没有建立足够的联系来辨别是非之外的"灰色"区域。当孩子们通过实际操作来学习知识（比如，动手做科学实验），或者在日常生活中运用数学（比如，用分数来标注食谱的分量）时，他们会更容易掌握这些概念，并从中感受到学习的乐趣。

🍃 四年级阶段的社会特征

在四年级阶段，伴随着孩子的认知能力的提升，他们与父母以及同龄人的关系会变得更加深入。从孩子口中时不时地会冒出一些令你大吃一惊的独到见解，让你好奇他怎么会有如此敏锐的洞察力。要知道，孩子这些年来始终在默默听你说、看你做，并从中逐渐构筑起了他自己的精神世界。

四年级的孩子大都是一群活力充沛、天真快乐的小家伙，他们渴望尝试新事物，但也很容易打退堂鼓。每当孩子想要半途而废的时候，让他休息一会儿，哪怕只是走到另一个房间拿点东西，也能帮助他重新集中注意力。就这样，通过短暂的放松，孩子恢复了干劲，等过了一会儿，他可能又得再休息一次了。毕竟，四年级的孩子面临着更大的学习责任和社交压力，同时也开始在广阔的世界中寻觅自己的角色与位置，所以他们很难持之以恒地完成一件事情。想要纾解孩子的这些压力，让他们快乐地度过这一年，最重要的是建立稳定的家庭日程表和家庭规则。

9 ～ 10 岁的孩子也开始注意到，其他人的价值观可能与自己的不一样，并不是每个人都会用同样的方式来判断对错。他们会质疑别人的想法，在学习和社交等方面争强好胜，要是觉得别的孩子做了错事，还会向大人们告状。四年级的孩子都喜欢提出这样的抗议："这不公平！"

亲情

这个年龄段是你与孩子展开哲理性对话的好时机，这能帮助他形成赋权意识，以增强自信心。例如，当我的女儿们小时候抱怨一些"不公平"的事情时，我丈夫常常会对她们说："说来有趣，你们从来不抱怨那些对自己有利但并不公平的事情。"

接着，他举出她们各自的两到三个优点，得到父亲的表扬以后，她们就会开心起来，骄傲地挺起胸膛。有时候，他也会提醒她们记住一些常识性的事情，比如，她们是多么幸运，住在舒适的房子里，有爱她们的父母，还有足够的食物吃。

通过这样的对话，四年级的孩子通常很快就能换个角度来思考问题。如果他们的优点被自己所尊重的人认可，那么当他们输了球赛，或者好朋友撇下自己，和别的同学一起合作完成课堂任务时，他们就不会感到太难过。

友情

这个年龄段的孩子逐渐具备了一定的人际交往能力，所以，朋友比以前更重要了，家庭成员反而退而居其次，不再占据他们心中的首要位置。同龄人之间变得越来越亲密，往往会让很多家长感到担忧，但这是相当正常的转变。好消息是，你在孩子身上的付出没有以前那么多了，却能给他带来更大的影响。

放学回家后，孩子有时候会莫名其妙地哭起来，说一些粗鲁的话，这多半源于他在学校的人气比赛，或者在运动队和队员吵架中的输赢。

青春期前的儿童可能会受到激素的影响，但是你所看到的四年级孩子的情绪变化，大部分是由于他们正努力地在社会秩序中寻找自己的位置，以及学习如何与他人相处。

正如前文所说的，这个年龄段男孩和女孩的大脑额叶及其他器官是以截然不同的速度发育的，所以到了小学高年级，异性之间经常会发生冲突，有些孩子上了高中以后还会持续遭遇相关困扰。对于四年级的孩子来说，他们可能会在浑然不觉的情况下，对"喜欢"的对象说出或做出一些伤害性的事情。

有位女士养育了两个女儿，但在经历了一次和孙子们的下午茶后，她告诉我："别再说什么'男人来自火星，女人来自金星'了，女孩和男孩明明就来自不同的宇宙！"

父母可以怎么帮助孩子

一些传统观点认为，父母应该让孩子自行解决与同龄人的冲突，要从错误中总结经验教训，有时候也不必太认真，随便应付一下，孩子在遭遇心灵创伤后才能塑造个性……

没有什么比这样的做法更离谱的了。

请不要误会，我并不是建议父母贸然插手孩子之间的战争。事实上，大人应该让孩子们自己解决争论，除非有的孩子已经受到了欺凌，需要得到大人的保护。但是，既然孩子需要父母指导他们怎么吃得好、睡得好、锻炼身体、养成良好的卫生习惯、遵守规则、阅读、写作、收集信息、形成观点等，那么，像如何与他人相处这样重要的事情，为什么一定要让孩子自主学习呢？美国匹兹堡大学的研究人员发现，父母在人际交往方面的指导对孩子交际能力的提升程度，超过了学习方面的指导对他们学习能力的提升程度。（El Nokali 等，2010 年）

所以，真相是这样的，当孩子进入小学高年级阶段后，牵着他的手在复杂的社会水域跋涉而行，并在行走的过程中学习，这将是为人父母在这一时期面临的一个重要课题。

上了四年级以后，你的孩子会想要在学校这个小社会里占据一席之位，所以他可能经常在家里提到谁在学校说了什么，谁又做了什么。他会嫉妒班上的某个人，或者在学校里遭受心理创伤，所以到了吃晚饭的时候，你觉得他的态度很张狂，或者过于沉默。面对这种状况，你要保持耐心，态度温和地问他一些问题。如果你的孩子还是不想谈论自己的心事，你先来说说自己这一天中经历了什么，在餐桌上轮一圈，等家里的其他人都说完后，再给孩子第二次分享的机会。

从现在开始，直到孩子升入高中阶段，晚餐期间的日常分享是一件至关重要的事情，不仅可以帮助孩子纾解情绪，还会提升他对你的信任感，等他进入青春期以后，你们可以一起聊聊更敏感的话题。美国的管理学大师斯蒂芬·科维（Stephen Covey）曾经总结了著名的七大习惯，其中第五个是"知彼解己"："首先要理解他人，然后再得到他人的理解。"这一年就是让孩子养成这个习惯的好时机。如果他们能够学会倾听，培养自信、谦逊的处世态度，就能在未来的人际交往过程中占据优势地位。

培养四年级孩子的社交能力的11种方法

1. 将分享日常变为一种习惯。在家庭日程表中安排一个统一的时间，让一家人可以坐在一起，聊一聊今天发生了什么。这种定期的沟通是你在孩子的成长阶段与他保持良好的亲子关系的关键。向孩子分享你的生活经验，鼓励他也这么做，这种不被打断的意见交流式对话给孩子做了示范，展现出成年人高效的社交方式。

2. 了解"好朋友"的含义。当你们在车上或者去超市购物时，你可以谈谈自己对结交朋友的看法，问问你的孩子他有什么想法。接着，你再问问他在学校交的朋友身上有哪些品质。当孩子懂得如何成为他人心目中的好朋友，以及他应该从朋友身上学到什么以后，就不太会因为友谊而遭受创伤了。

3. 教孩子学会放手。有时候，孩子会陷入一段痛苦的友谊中，尤其是当对方已经是他交往一年以上的"老朋友"时。如果孩子的朋友对他撒谎、说八卦或做出任何有伤害性的事，让他觉得很困扰的话，你可以告诉他，你们彼此的成长环境已经发生了变化，你不需要再花时间跟对方在一起。你可以建议孩子在课间休息时玩别的游戏，和其他孩子一起聊天，自然而然地疏远对方。

4. 通过角色扮演，应对社交场合。实践不仅能培养能力，也能培养自信心。如果你家的四年级学生在学校里受到了情感伤害，放学回家的时候一脸沮丧，你先认真地听他说说发生了什么事，然后一边扮演冒犯他的孩子，一边教他怎么回应对方说的话，同时又不能贬低对方（我知道这很难做到，但我们必须得学会尊重他人）。如果你的孩子不太擅长交朋友，你也可以尝试这些类型的角色扮演场景，比如，如何申请加入小组活动，如何主动和同学聊天，或者如何应对不想让他参加游戏的孩子。

5. 鼓励孩子结交优秀的朋友。如果你的孩子开始与朋友出去玩，如果你喜欢这个朋友，可以多给他们提供在学校外面玩耍的机会。比如，让孩子邀请对方一起去公共图书馆，或者在你出门的时候，两个人一起玩。

6. 提出开放性的问题，如果孩子的答案不能让你满意，请保持耐心。对于四年级的孩子来说，"我不知道"可能是一个诚实的回答。不过，你的提问也可以帮助他梳理自己的情绪，在接下来的一两天，他可能会告诉你正在困扰着他的事情。

7. 告诉孩子，如果他觉得"不公平"，可能是因为没有看到事情的全貌。比如，当孩子在一场空气动力学的比赛上输了以后，说："这不公平！我昨天放学后一直在折纸飞机。"你可以温和地对他说，他的滑翔机看上去是最酷的，但这场比赛的目的是选出能飞得最远的东西，所以投棒球的孩子赢了。但他付出的努力永远不会白费，折纸飞机让孩子度过一段开心的时光，这种动手的经验日后还会运用到其他活动中。

这是一个发生在身边的故事：我上四年级的时候，爸爸和我的好朋友玩了"骑高高"的游戏，他因为自己的背不好，早就不再和我这样玩了。朋友从爸爸的背上下来以后，我以为轮到我了，但是并没有，这让我感到很沮丧。过了一会儿，我的好朋友去了洗手间，爸爸把我拉到一边说："翠西，前不久她的父亲离开了她，而你每天都可以和我在一起。"这就是我爸爸告诉我的看待问题的新角度。

8. 全家人一起参与社区活动。你们可以抽出一点时间，去当地的食物银行①或流浪人口收容所参加公益活动，让孩子认识到为我们的世界做贡献的重要性，珍惜生活中那些看似理所当然的事情。行动起来吧，这种助人助己的活动会让孩子（事实上是我们所有人）不再为一点小事而庸人自扰。

9. 关注孩子的情绪变化。如果你的孩子变得异常安静、疲倦、暴躁或难过，却说不出究竟发生了什么，你要保持耐心。你们可以一起依偎在沙发上读书，或者做一些别的能给他带来安全感的、安静的活动。记住，大脑只有在安全的环境下才能活跃起来。运气好的话，在当天睡觉之前他就可以说出困扰自己的问题；如果还没有，你就用温和的口气再问他一次。你还可以提供一些建议，或者通过角色扮演，帮助他找出问题。

如果在接下来的几天内，孩子的情绪并没有改善，你可以和老师或者相熟的学生家长聊一聊，他们可能会知道是什么事让你的孩子这么不开心。四年级的孩子喜欢给别人"贴标签"，他们会给班里的同学取一些"失败者""聪明蛋"或"运动员"等外号，还会互相比一比哪一个最受欢迎。有时候，孩子们会使点儿小坏，因为他们都抢着和喜欢的人成为永远的最好的朋友。还有，你也可以查看一下孩子的社交网络，因为如果他在学校或网上受到欺负的话，肯定能从中找到证据。

10. 鼓励眼神交流。当你的孩子和你说话时，提醒他要直

---

① 食物银行（food bank）是美国的慈善机构，为低收入者免费提供食物。——译者注

视你的眼睛。你也要看着他的眼睛，给他做一个示范。在说话的过程中，不要看手机。眼神交流展现了对说话者的尊重，有时候，孩子在互动中表现的态度可能比对话内容本身更重要。

11. 教孩子如何自信地握手。第一印象很重要，好的第一印象需要一段时间才会消失，坏的则需要更长的时间来扭转。四年级是一个练习握手的好时机，握手时要坚定，但不能过于用力。握手也能表达出友好和自信的态度。

促进孩子们友好相处的 5 种趣味社交游戏

1. 情绪猜谜。轮流做面部表情，同时改变手臂、腿和肩膀等的姿势，让玩伴猜一猜自己想要表达的是什么情绪。这个游戏让孩子通过深入观察肢体语言来理解他人的感受，帮助孩子收集非言语信息，并学会在社交场合应对相关场景。这也有助于他们在写作文的过程中描写情感。

2. 大眼瞪小眼。盯着对方的眼睛看，直到双方有一个人先眨眼，或者把目光移开。孩子们可以在长途旅行的车上玩这个游戏来打发时间，还可以通过对话中的眼神交流来建立自信心。2014 年，英国伦敦大学学院的心理学教授阿德里安·弗纳姆（Adrian Furnham）表示："在哪里、何时以及如何看待他人的方式……是我们最重要也是最原始的沟通手段之一。"

3. 编造"幕后故事"。当你和孩子在人群中排队时，说一说周围人的不同之处，为他们编个故事，讲述在这一刻之前可能发生了什么事，才让他们出现这样的面部表情和身体姿势。这个游戏对建立关于潜台词的认知，增强孩子在阅读过程中对文本深层含义的理解，提高写作中的描写技巧等都非常有帮助。

4. 问候游戏。想让孩子知道在不同的社交场合需要不同类型的问候，你可以举一些生活实际的场景，让孩子用坚定握手、正式问候或者击掌来打招呼。比如，他看到了好朋友的父母或者保姆，大人向他介绍一位年长的阿姨，遇见自己的好朋友在买万圣节服装，等等。

5. 对话短剧。以你们一起读的书里的人物对话为剧本，进行分角色朗读，在朗读过程中注重语调的变化。你家的四年级学生可能一开始不太明白，会对着你犯傻，这也是游戏乐趣的一部分。你可以跟他说一说音量、音调和语调是如何对交流产生影响的。这种练习有助于孩子在日常对话中了解语调的微妙之处。

制定使用规则，让手机成为孩子的好帮手[①]

根据 2016 年美国市场调研机构"影响力中心"的调查报告，孩子刚满 10 岁，一般就会拥有人生中的第一部手机。所以，如果四年级学生在学校想联系父母的话，他们中的许多人都不用再跑到办公室

---

① 在中国，小学阶段的孩子，已有部分人群开始使用电话手表，中国家长可以借鉴作者所提供的一些不错方法。——编者注

去打电话了。平时坐车的时候，平板电脑会比手机更吸引孩子们，但是手机娱乐的频率也在升高。（提示：我们希望父母和孩子尽量在车上聊聊天，玩一些语言类游戏，这样既能增进亲子关系，也能激发孩子的大脑发育。）

即使是待在家里，孩子可能也会给父母和兄弟姐妹发短信，而不是面对面交流。他们当中的很多人都会上网随机地浏览网页，注册社交媒体的账户，比如 Snapchat、Instagram 和 Twitter（相当于我国的微博等社交平台）。2016 年，在青少年心理健康领域从业 20 多年的心理治疗师迈克尔·鲁比诺（Michael Rubino）建议家长，如果他们在考虑自身家庭状况的前提下，认为有必要给孩子买一部手机，以便和家人随时保持联络的话，请选择不具备联网功能的基础款型号。

不过，父母通常会把自己淘汰下来的旧款智能手机给孩子使用。在这种情况下，鲁比诺博士鼓励家长为孩子制定手机的使用规则，将他们使用智能手机上网冲浪和登录社交媒体产生的问题降到最低。

让手机成为好帮手（而不是麻烦）的 4 个方法

1. 确定孩子是否真的需要手机。如果你在孩子 9 岁或 10 岁时就给他买了一部手机，以便随时能联系到他，那么孩子可能会感到一种被监视的压力，对父母来说也有金钱方面的担忧——因为手机很容易损坏、丢失或被偷。

2. 让你的孩子知道手机的所有权属于你。你随时可以要求他把手机还给你。

3. 在孩子得到手机前，先制定基本的使用规则。比如，在餐桌前不能玩手机，做作业的时候要把手机关掉，和大人说话时不能盯着手机看，等等。同样是在 2016 年，鲁比诺博士指出："孩子们忘记了使用手机其实是父母给予自己的特权……要是父母设定了使用限制，他们就会觉得自己被针对了。但作为父母，你要知道这样做并不是针对自己的孩子，而是对孩子负责任。"

4．打印一份使用合同，让你和孩子签名。如果你和孩子能以书面形式达成一致意见，明确手机的使用规则和相关承诺，就会让家庭氛围变得更和谐。

***
发生在身边的故事

一场由手机引发的"睡衣狂奔"闹剧

格洛太太的女儿克洛伊已经不知道是第几次从起居室的窗户往外看了。艾丽卡是她在学校最好的朋友，今天随时都会来家里过夜。烤箱正在预热，准备烤制意大利辣味香肠比萨，网飞（Netflix）[①]频道也已经设定好播放一部家庭电影。格洛太太看着她 10 岁的孩子又跑到窗前，一脸期待地透过玻璃往外张望。

不久，那辆熟悉的黑色皮卡车驶了过来，在地面结着冰的

[①] 网飞（Netflix）的全称是美国奈飞公司，是一家会员订阅制的流媒体播放平台。——译者注

308

砾石上发出噼啪声，克洛伊飞出门去，迎接她的朋友。当车子沿着车道倒车时，格洛太太从窗户里向艾丽卡的父母挥手致意。两个女孩兴奋地说着什么，从她身边跑过，叽叽喳喳声逐渐消失在房子深处。

格洛太太很好奇，她们俩为什么这么开心？于是，她把比萨放进烤箱，设定好计时器，然后走向女儿的房间。只见两个女孩都趴在克洛伊的床上，双手托腮，正全神贯注地盯着一部手机看。

格洛太太在房门前站住了："原来你们是为了这个才如此开心。"

"是的，我爸爸又买了一部新手机，把他的旧智能手机给了我。"艾丽卡说着，连头都顾不上抬，克洛伊正对着手机屏幕大笑。

"再过15分钟，比萨就烤好了。"格洛太太说，但她们还是一个劲儿盯着手机看。"女士们，15分钟后就要吃晚饭了。"她又说了一遍，仍然没有得到回应。"姑娘们！"格洛太太叫道，声音比她想象中的更大。

"天哪，妈妈。"克洛伊说，她的眼睛还在盯着手机屏幕，"你别这么嚷嚷。"

两个女孩拿着手机来到了餐桌前，她们坐在那儿，一边咯咯笑着，一边给学校里的朋友发短信，完全沉浸在自己的世界里。格洛先生和格洛夫人面面相觑。她们离开厨房以后，还是专心致志地盯着艾丽卡的手机。格洛先生把比萨盒扔进垃圾桶，对格洛夫人说："我们是现在就把姑娘们叫回来，跟她们谈谈手机的使用规则，还是等艾丽卡走了以后再和克洛伊一个人说？"

格洛太太收拾起盘子，把它们放进洗碗机，以前克洛伊常常会主动把这些活儿干完。她说："我们得先想想制定哪些规则。"

"没错。"她丈夫把牛奶盒放回冰箱，笑了起来。

整个晚上，两个女孩都待在克洛伊的房间里，没有离开半步——不肯出来看电影，连冰激凌圣代也失去了诱惑力。到了11点，格洛夫人叫艾丽卡关掉手机，她也把卧室的灯给关了，让她们俩上床睡觉。

格洛夫人换上法兰绒睡衣，和丈夫一起躺在了床上。她说："等艾丽卡回家以后，我们一定要和克洛伊谈谈。姑娘们整个晚上都在玩手机，我怀疑她们有没有跟对方说超过20个字的话。"

"而且，吃晚饭的时候，她们连看都没看我们一眼。"格洛先生补充道。

大约到了11点30分，格洛夫人正要进入梦乡的时候，突然听到房子附近有奇怪的引擎声正在靠近。她翻过身，往窗外看了一眼，只见车道上有一辆厢式轿车，还看到有个小小的人影正向它小跑过去。

哦，不！格洛太太从床上跳了起来。那个人影看上去像是艾丽卡！她飞快地穿过房子，跑到门外。

"艾丽卡！"她喊道，打开这辆陌生的汽车的后座门，想把她女儿的朋友从陌生人手里"救"出来。

"格温？"坐在驾驶座上的是艾丽卡的妈妈，她睁大了眼睛，问道，"外面这么冷，你在这里干什么？"

"雪莉？你什么时候买的这辆车？你又在这里干什么？"

这时，格洛太太才猛然发觉自己正光脚踩在地面上，积雪冻得她的脚如针扎般地疼，风几乎穿透了她的睡衣。

"艾丽卡发短信让我来接她，因为她睡不着。"

"你们俩怎么都没想着跟我说一声？"格洛太太用手臂紧紧地抱住自己。

艾丽卡转过身去，看着她的妈妈。

"我……给你发过短信了。"艾丽卡的妈妈说。

"真的吗？我没有听到短信的提示铃声。"格洛太太冷得连肩膀都颤抖起来，"好了，既然现在我知道开膛手杰克并没有来偷你女儿，那我就得回家了，省得把脚趾冻伤。"她关上车门，开始朝自己的房子走去。

艾丽卡的妈妈从车窗内朝她喊道："呃，把事情搞成这样，我觉得很抱歉。"

格洛太太的牙齿冻得咯咯响，面对这样无力的道歉，她说不出话来。等格洛太太回到屋里，钻进被窝以后，才觉得暖和了过来。她从床头柜上拿起自己的手机，没有未读短信。

艾丽卡的妈妈并没有想过要让格洛夫人知道艾丽卡离开了。刚才她一定是觉得很尴尬，所以才没敢承认这一点。

格洛太太本来打算把自己的智能手机换掉，旧的手机给克洛伊。但是一想到今晚发生的事情，她打算重新考虑一下了。在允许克洛伊使用手机之前，格洛一家肯定会制定手机的使用规则，并把它张贴在家庭公告板上。

🍃 四年级阶段的学习能力

没错，就在四年级这个阶段，阅读成为一种学习的工具，不再是需要掌握的技能。自然科学和社会研究的主题，会将数学和语言能力融合在一起，所以孩子们要运用一到三年级掌握的所有技能，并在相关背景下构建那些概念。

这将是充满惊奇与兴奋之情的一年，孩子们会睁大眼睛，发出"哦，现在我明白了"这样的惊呼声。

社会研究课程

四年级的社会研究课程通常侧重于国家历史和时事政治。在课堂上，孩子会了解到重大事件、政坛领袖、常见产业的经济发展状况。孩子可能会向你发问，提出各种各样有深度的问题，以更好地掌握这些新知识。

自然科学课程

在这一年，自然科学课程的学习范围比以前更加广泛。你的孩子会开始研究动力学，包括电学和磁学中的两极、能量传导和守恒定律等。其他常见的学习内容还包括物质的性质，岩石的变化规律，地球在宇宙中的位置，化石，植物和动物，关于食物、维生素和矿物质消化吸收的分子生物学，以及体育锻炼对人体的影响等。

标准化科目测试

美国各个州的课程安排各不相同，但是在对四、五年级孩子的数学和语言能力进行年度评估时，通常会增加标准化科目测试。比如，你的孩子可能会参加自然科学课程的测试，评估他在提出假设、检验想法、得出结论和理解关键概念方面的学习能力。一些州还会开展社会研究课程的测试。大部分州都会在四年级或五年级末对学生的身体状况进行健康评估。

全新的学习需求和休息时间

在学习方面，你的孩子今年应该更加独立，会运用与构建先前掌握的知识体系。老师会布置一些研究课题，任务包括收集和阐释数据、制作多媒体演示文稿，以及撰写篇幅更长的文章并确保拼写和语法无误。在数学方面，要求孩子掌握的内容扩展到三位数乘法、长除法、等值分数、百分比、小数、计算实际耗时以及线和角度。在这一年，你家的四年级学生需要跟上日常的学习节奏，为日后完成更大的课题夯实基础。

今年，为孩子提供充足的休息时间显得尤为重要。尽你最大的努力，确保孩子每天至少有一个小时进行放松，完全不接触电视、手机和电脑，也不做作业和参加课外活动。孩子的大脑需要放空，通过更深入的思考（即使只是在潜意识的状态下）来处理信息和"充电"。

2014 年，美国得克萨斯大学达拉斯分校大脑健康中心创始人兼主任桑德拉·邦德·查普曼博士（Sandra Bond Chapman）表示："暂时切断与外界的技术性关联，可以改善大脑的健康状况……这很大程度上与我们强大的前额叶及其与大脑其他区域的深层联系相关。我们的大脑可以处理大量细节，但它天生就拥有更卓越的功能，比如创新性思维、多重的欣赏视角和新计划的制订能力。"

团结协作

四年级的孩子会参与更多的小组合作，并在更大型的课堂展示中负责具体的任务。在理想状态下，老师会提供一份课程指南，写明小组合作任务的细节，当孩子回家抱怨自己不知道该怎么做的时候，你就可以参考这份指南。如果你没有收到相关指南，孩子又对这个任务有疑问，你可以给老师发一封电子邮件，请他告诉你任务的规则和流程。

在这一年，你会和孩子讨论一些社会性小纠纷，在孩子遇到困扰的时候，教他怎么应付，比如与同学合作时产生了分歧，组员的态度差、注意力不集中或者不肯完成自己的任务，等等。如果你从现在开始帮助孩子学习处理这些问题，等他上了高中以后，小组合作就会变得更有趣、更顺利。

四年级阶段需要掌握的学习能力

语言能力

● 准确而流畅地阅读四年级的课文，理解课文的内容。

● 根据上下文、拼读法和生词分析法来确定单词和短语的含义。

● 根据课文中的例子和结论来总结和分析内容，包括主题、人物、场景和事件，或者根据课文的细节来确定主要观点。

● 比较第一人称和第三人称的虚构小说以及叙事性散文的不同观点。

● 根据文本中的信息解读历史、科学或科技类资料。

● 分析在不同文化背景下创作的相似主题和风格的故事。

● 比较根据一手资料和二手资料撰写的相关事件的报告。

● 撰写具有观点性和信息性的论文，以及虚构性和非虚构性文章。

● 使用标准的书写惯例，包括拼写方式、大写字母、逗号、句号以及正确使用语法规则。

● 在写作中使用感官细节描写（比如视觉、嗅觉、触觉、听觉和味觉）、特定名词（比如相对于"汽车"的"丰田皮卡车"）和主动语态的动词（比如相对于"正在前进"的"冲刺"或"快走"）。

● 使用键盘和其他科学设备进行独立写作，以及与别的同学合作。

● 使用多种资料（比如文章、图表、曲线图、视频和书籍）做笔记，对信息进行分类，能为短期研究项目提供该主题的资料列表。

● 顺畅地撰写长期研究项目（需要花费几天或几周时间进行研究）和短篇论文（通过一两次的小组讨论就能写出草稿并进行修订）。

● 通过与同伴合作、小组合作和课堂讨论等形式，开展相关主题的研究。

● 利用多媒体和其他视觉辅助设备，进行清晰的团队展示或个人展示，并阐述观点。

数学能力

● 掌握百万以内的位值概念，运用四则运算法则解决数学问题。

● 解决多位数的加减乘除问题。

● 按照数值大小和等价性，对分数进行排序；将分数通分之后，进行加减法运算；学会将分数与整数相乘。

● 了解小数和分数之间的关系，并且互相转换。

● 使用符号">""<"和"="，对整数、小数和分数进行比较。

● 根据性质（比如边、角和对称性）对几何图形进行分析和归类。

● 掌握时间、金钱、距离、重量和体积度量单位，并运用相关知识解决应用题（比如计算操场的面积和周长）。

● 通过数学建模，解出涉及多种计算类型的多步骤应用题。

● 通过收集和展示数据（比如线形图），来解释并得出结论。

● 根据运算规律来生成数字序列（比如"n+3"从0开始生成，数字包括"0，3，6，9……"，并说出其中的模式，比如奇数和偶数都是不相邻的）。

● 知道 1 ~ 100 范围内的整数的所有因子式，并找出其中的素数。

● 在小组合作时，可以一起讨论解题方法，指出其他组员的错误。

四年级阶段应该掌握的高频词

在这一年，四年级的孩子正式开始通过阅读来学习知识，他们也会进行更多的写作训练。从幼儿园阶段到四年级阶段，本书列举的所有高频词组合构成了这一年龄段写作词汇的 60%。试想，如果你的孩子能够顺畅地阅读和拼写这些单词，那么他们升入高年级后的学习是不是就会变得更加轻松？

你可以让你家的四年级学生制作闪卡、组装拼字板，或者使用字母图案的麦片（一种形状特殊的小零食）来学习拼写单词。给你的孩子提供一个奖励，激励他努力学习，如果他已经掌握了本书的这 6 张高频词列表，记得大大地表扬他一番哟！

四年级阶段应该掌握的 65 个高频词

across （穿过）	anything （任何事情）	area （区域）	behind （背后）	believe （相信）
between （中间）	breakfast （早餐）	brought （带来）	catch （抓住）	caught （抓住）
circle （圆圈）	close （关闭）	clothes （衣服）	cried （哭闹的）	direction （方向）
easy （容易）	explain （解释）	friend （朋友）	guess （猜测）	half （一半）
heavy （重）	height （高度）	interest （兴趣）	listen （听）	maybe （可能）
measure （测量）	medium （媒介）	minutes （分钟）	neighbor （邻居）	noise （噪声）

nothing（没有东西）	ocean（海洋）	ourselves（我们自己）	person（人）	please（请）
possible（可能）	problem（难题）	quickly（快）	quiet（安静）	reason（理由）
receive（收到）	record（记录）	remember（记住）	rough（粗糙）	safety（安全）
several（几个）	since（自从）	solution（解决方法）	solve（解决）	special（特殊的）
square（广场）	straight（笔直）	surprise（惊讶）	though（尽管）	thought（想法）
tomorrow（明天）	travel（旅行）	tried（尝试）	true（真实的）	voice（声音）
week（星期）	while（当……时候）	whisper（耳语）	world（世界）	yesterday（昨天）

提高四年级阶段的语言能力的 6 种方法

1. 阅读历史题材小说。阅读一个发生在特定历史时期的故事，用教科书之外的学习方法来了解相关历史事件和习俗。如果想要获得相关书单，可以上网搜索"四年级阅读水平的历史小说"。

2. 参观博物馆和地标性建筑，重回历史现场。学校组织的博物馆实地考察活动很棒，但全家人一起探索历史现场的经历

318

是无法取代的。亲子出行的氛围会更加温馨，孩子和家长可以读一读展览柜旁张贴的信息，讨论很多年前当地人们的生活状态是什么样的。

3. 游览自然史博物馆。找一家当地的博物馆或其他展示科学活动的机构，比如展示动植物的生长周期、自然保护、天气和大气变化、地质学、电学、磁学等的博物馆，带孩子一起游览，当他们身临其境时，会更乐于阅读和讨论这些自然奇迹。

4. 举办主题生日派对。与孩子一起集思广益，为生日派对选定一个科学或社会研究主题，然后上网搜索相关的趣味游戏。比如，你可以选择"淘金热"主题，让参加生日派对的孩子在你的后院或当地的公园"淘金"。

5. 下棋。当孩子到了 9 ~ 10 岁的时候，你就可以教他下棋了。四年级孩子的大脑开始更善于处理因果联系，在预测未来的基础上对现在的行为进行规划。棋类游戏可以帮助孩子把这些新技能运用到日常生活中来。

6. "寻宝游戏"（第 194—195 页）或"故事启发"（第 255 页）的升级版。如果你的孩子会随口编一些冒险故事，也很喜欢这么做，你可以鼓励他把这些故事输入电脑。要是孩子对某个故事特别感兴趣，建议他给文字配上插图。把故事打印出来，并进行艺术性的装饰。

提高四年级阶段的数学能力的 6 种趣味方法

不管是有天赋的孩子，还是"笨鸟先飞"的孩子，这些方法对他们来说都很管用，你可以根据孩子的兴趣和能力进行相应的调整。

1. "嗡嗡"计数。这个游戏不仅可以帮助孩子掌握数字规律、倍数以及数学策略，还能给全家人带来欢声笑语。我的孩子们在四年级的时候开始玩这个游戏，一直到高中阶段，她们还是乐此不疲，常常在坐长途车或者排队时一起玩。游戏规则是这样的：从数字 1 开始，两个或两个以上的玩家进行轮流计数。当玩家说到 7 的倍数或者包含 7 的数字时，要用"嗡嗡"声来代替这个数字。就像这样："1，2，3，4，5，6，嗡嗡，8，9，10，11，12，13，嗡嗡，15，16，嗡嗡，18，19，20，嗡嗡，22，23，24，25，26，嗡嗡，29，30……"

在其中一个玩家说错之前，你们可以一直数下去，看看能数到多大的数字。等到第一轮游戏结束后，轮到第二个玩家先报数，还是从数字 1 开始。为了增加游戏的多样性，进一步提高孩子的数学能力，你可以在这个游戏中使用不同的倍数，比如，当玩家数到 6 的倍数或者个位数是 6 的数字时，用"嗡嗡"来代替。

2. 翻倍食谱。孩子可能会很难理解分数，如果想帮他把这一数学概念转换为实用工具，最好的方法是在做菜或烘焙的时候更改食谱。你可以让孩子把糖的分量增加一倍，比如从 3/4 杯增加到 6/4 杯；将分子和分母同时除以 2，又可以得到 3/2 杯或一又二分之一杯，从而把等值分数和公分母的概念应用到日常生活中来。

对于孩子来说，在生日派对的饼干里加入足够的糖的这一场景设定，是鼓励他们运用分数的有力手段。日后在学习其他的数学概念时，也可以通过改食谱来加深理解，比如把吃辣大赛食谱的辣椒用量翻三倍（加倍的概念），或者在用冰箱里的蔬菜煮汤时，把食谱上的量减为原来的一半（减半的概念）。

3. 自主购物。到了四年级，孩子需要自食其力地挣钱买一些小玩意儿，比如电子游戏、小配饰、电视上看到的玩具、体育用品，或者和朋友一起去参加一个特别活动。这样做可以鼓励他们使用小数，这是四年级阶段需要掌握的重要概念。与此同时，当孩子依靠自己的能力买到心仪的东西以后，自信心和个人责任感也会大大增强。

4. 叠叠乐。这个游戏需要运用三维形状的变换，能加深对四年级水平几何概念的理解，同时可以练习如何运用策略来实现目标（在第259页，这个游戏也推荐给了三年级阶段的孩子）。

5. 投票表决。当家人或朋友需要做出决定的时候——比如放春假时去哪个露营地，你可以让孩子和自己的堂兄或朋友一起投票表决。在这个例子中，孩子们可以收集每个人对露营地的设施功能、地点和价格的偏好，然后制作一个图表，把所有数据展示出来。这种数据收集和整合的过程，是对数学概念实际应用的过程，可以将相关概念进入孩子大脑中的海马体，使之转化为长期记忆。

6. 骰子大冒险（或10000点游戏）。虽然这个游戏的输赢是随机的，但孩子也可以在游戏过程中设计击败对手的策略，而且能一连玩上好几个小时，还可以进一步帮助他们理解和巩固位值的概念。游戏规则是这样的：一共需要六个骰子、两个玩家（虽然三到四个玩家一起玩会更有趣），谁先累计掷出10000点，谁就获胜。

专注，专注，再专注

在四年级这个阶段，由于孩子在发展学习能力和人际交往能力的压力激增，专注于任务并坚持完成任务的能力比以往任何时候都更为重要。然而，有些孩子很容易感到厌倦，他们需要培养专心做事的责任感——哪怕是在一节不那么有趣的课上，或者在做一个乏味的任务时。一些四年级孩子的大脑神经通路尚未发育健全，所以他们还没有办法长时间集中注意力。

另一些孩子会觉得，在椅子上安安静静地待上几分钟是很难的事情，他们会不由自主地抖动膝盖，或者用手轻叩桌子。还有一些孩子，由于他们大脑的化学物质分泌失调，导致脑电波的周期过快或过慢，所以当老师给他们指令，或者他们正在做某件事时，思维会从这件事跳到另一件事上，或者直接就神游天外了。

对于 9 ~ 10 岁的孩子来说，这一阶段最重要的大脑发育是形成了足够的神经连接，神经的髓鞘化对神经通路进行了隔离，神经胶质细胞加强了大脑左右半球、器官和脑叶之间的沟通（Semrud Clikeman）。无论你的孩子是通过养成良好习惯来维护大脑的正常运转，还是需要借助工具来弥补注意力缺陷或其他障碍，四年级都是培养专注力的最佳时期。

接下来，我们会介绍培养孩子专注力的四种方法：

培养高年级学生的专注力的 4 大工具

1. 周计划表。给你的孩子制出一个周计划表，让他在表格上记录家庭作业、长期作业和校园活动。每天你都要鼓励他填写计划表，还要检查他记录的内容。当他坚持这个举动有两到三周的时间后，你就可以选择每周的一个固定的日子来检查，了解孩子在课堂活动方面的最新情况，督促他跟上每天的任务进度。

2. 一个耳塞。尽管尚未找到相关的科学证据，但在现实生活中，我发现在课堂上给学生们提供一个耳塞会产生很好的效果。一个耳塞能产生细微的白噪声，并降低周围环境中的音量，让孩子们放松下来，更好地集中注意力。

3. 彩色圆点。让你的孩子在他的铅笔和其他书写工具，以及用来完成作业的平板电脑上贴一个彩色圆点（如果贴得上去的话）。当你家四年级学生觉得自己的思绪马上要飘往其他地方的时候，可以有意识地盯着圆点看一会儿，帮助他重新集中注意力。（我发现，蓝色或绿色的圆点效果最好，红色或黄色的圆点颜色过于明亮，反而更容易让孩子分心。）

4. 专注力合同。对于一些孩子来说，尤其是那些大脑功能与常人不太一样的孩子——比如有注意力问题或学习障碍的，他们在课堂上会需要一种更结构化的方法来提高专注力。比如，每天让老师关注孩子在 20～30 分钟内的课堂表现，并在便条上用符号对孩子的专注力做出评价。如果在规定的天数里，孩子大部分时间得到的都是"√"或者"☺"，而不是"×"或者"☹"，父母就可以给他一个奖励。你可以根据本书第68—70 页的内容，和你的孩子以及老师共同签订这样一份契约，并加强家校之间的定期沟通。

初级健康教育课程

一般而言，到了四年级阶段，大部分孩子会开始了解未来几年自己身体的发育状况。

这类初级健康教育课程有助于孩子理解与青春期相关的身体变化——无论他们是否有了心理准备，这些变化有时候已经在早熟的孩子身上出现了（别担心，在孩子上六年级之前，一般都不会讨论临床范畴的性知识）。你可能会觉得，让这个年龄段的孩子认识身体的变化为时尚早，但是，只要确保用得体的方式来传授信息，就没有什么问题。

高年级体能测试

从四年级或五年级开始，大多数学校在学年末都会对学生进行体能测试。常规的测试项目包括柔韧性、上身和腹部力量（在进行引体向上和仰卧起坐等形式的锻炼时，超过指定的最低次数后才能达标）和有氧耐力（1000 米步行或跑步或类似测试）。

如果你的孩子有锻炼的习惯，那么他不需要做什么准备就可以通过考试。但如果他平时不爱锻炼的话，请不要等到体能测试前一周才临时抱佛脚。孩子的心思很敏感，如果没有通过相关测试，他们在未来的几十年乃至一辈子都会给自己贴上标签，比如体质差、肢体不协调、肥胖、笨拙等无数贬义词。想要知道如何开展有益身心的体育锻炼，以及如何鼓励不爱锻炼的孩子动起来，请参阅第347—348页的"四年级阶段的体育锻炼"。

你可以登录学校或学区的网站，了解孩子在这一年应该达到的体测标准。如果你家的四年级学生存在一些身体方面的状况（不包括超重，这可不是身体医学状况的一部分），请与老师以及学校的管理人员沟通，制定一份符合他需求的体测任务清单。

四年级阶段的家庭作业

在 9 ~ 10 岁这个年龄段，孩子萌生了自主意识，同时，他们面临的日常作业和长期作业也更繁重了，需要学习平衡二者的方法。一个学习压力很大的四年级学生可能会这么说："我既要写完数学作业，又要写一篇关于今天阅读故事的小论文，怎么可能还有时间做那个愚蠢的科学课题呢？我的老师只给了我们两周的时间做 PPT，而且我一点儿也不想当着全班同学的面上台展示。"

请不要提供帮孩子完成作业等形式的直接帮助，因为独立性的发展对于他在高年级阶段的学习很重要。你应该做的是帮他构建一个体系，对日益增多的家庭作业进行统筹管理，并鼓励孩子坚持下去。当你们制订的计划可以持续执行时，孩子就不会那么焦虑，而只有当他感到安全的时候，大脑才能运转得更好。

你们可以多加尝试，从中找出完成长期作业的最佳方法。也许你家的四年级学生在较短时间内的效率最高，那就让他把长期作业进行拆解，每天选择一个 25 分钟或 30 分钟的特定时间段，比如从 5 点 30 分到 6 点，在吃晚饭前完成当天的任务。每天的家庭作业则可以在洗碗后或在你允许的任何时间内完成。将长期作业拆解为日常习惯，会让孩子觉得更轻松，任务也变得不那么繁重了。

当然，你的孩子可能希望花上一两天的时间来完成一项长期作业。那么，让他在日历上标出时间节点，明确自己应该在哪几天做这项马拉松式的任务。制订相应的计划，可以缓解迫在眉睫的任务带给孩子的压力。他标注的日期应该比上交作业的截止日期要早，这样一来，万一出了什么问题，或者作业耗时比预计的时间更长，他也不会感到惊慌。

如果你现在帮助孩子告别拖延症，等到他上了初中和高中以后，就可以避免很多闹剧。如果你也总是喜欢把事情拖到最后一分钟，那么这一点尤为重要，因为你的孩子一直在观察你在日常生活中是怎么做的。家里要是有两个"拖延症患者"的话，那简直是灾难，所以你应该与孩子一起树立计划意识，从而养成更高效的好习惯。

你肯定不想看到这样的场景：星期一晚上，你家的四年级学生突然大呼小叫地从床上弹起来，因为他才想起第二天早上要交的一个大作业还没做。让孩子学会如何为即将到来的活动安排好时间和计划，与培养他的人际交往能力一样重要，会大大改善你孩子未来的生活。

帮助高年级学生完成作业的 4 个步骤

1. 构建计划体系。帮助孩子构建一个完成长期作业和日常任务的计划体系，从而缓解他的压力、挫折感和疲劳感。

2. 整理作业清单。让你的孩子写一份清单，列出写好家庭作业必须做的准备，并把这份清单贴在学习桌的某个位置，这样可以最大限度地减少他在写作业时犯错误，避免有所遗漏。你可以对孩子说："你现在已经是一个高年级学生了，所以得写更多的作业。让我们一起来想个办法，把写作业变得更容易些。"然后，引导你的孩子在清单上列出以下的内容：

a. 吃点零食，喝点水。

b. 阅读（或者读完）老师指定的课文、文章、习题、网页等内容，并复习课堂笔记。

c. 大声朗读作业指南。当我们边看边听的时候，往往能更好地理解指南的内容，大声朗读也可以避免漏看一部分内容。

d. 如果需要的话，可以休息一会儿。如果你的孩子觉得沮丧或心烦意乱，告诉他可以去趟洗手间，或者给自己的杯子里加点水，然后再回来继续专心写作业。有时候，快速地跳几下绳，或者做其他的运动，可以将血液和大量氧气泵入大脑，让孩子的思维焕然一新。但是，不要让他看电视、使用社交媒体或者玩电子游戏，这些会让他的大脑产生令人倦怠的 α 波或 θ 波（请参阅第25—40页，回顾关于脑电波的基础知识）。

3. 检查论文和报告。你要指出文章中需要修改的段落，问问孩子能否发现错误，并帮他一起改正。

4. 复习数学法则。让孩子经常温习闪卡上的算式，玩一些数学游戏，以保持孩子数学思维的敏锐度。

我和女儿四年级老师之间的麻烦

这件事发生在校园开放日的前几天。本来，等到开放日当晚，家长会来学校看看他们的孩子这一整年都在学什么，但是那天，我小女儿的四年级老师把我拉到了职工休息室，问道："放学以后，你能抽几分钟的时间跟我谈谈吗？"

"嗯……当然。"我说。他的口气让我觉得自己做错了什么。

当天下午，我给三年级学生上课的时候，觉得胃里一阵翻江倒海。下课铃声响了，到了放学的时间，我觉得自己更不舒服了。这时，班里最后的两个男孩也背着书包朝教室门口走去，我的小女儿正好冲了进来，他们赶紧闪开了。

"嘿，妈妈！"她喊道，"我的老师想和你谈谈。"

其中一个男孩睁大了眼睛："哦，威尔金森太太，你干了什么？"

"你以为我很淘气？"我咯咯地笑着，试图掩饰自己内心的紧张情绪。

另一个男孩煞有介事地点了点头："听起来是这样的。"

"你现在就得去，"我女儿拉着我的袖子说，"他马上就要走了。"

我耸耸肩，心却跳得更快了："好了，大家都出去吧。"接着，我锁上教室的门，我女儿跑在我前面，她向右拐，穿过走廊——但这并不是通往她的教室的方向。"嘿，你要去哪里？"我问。

"老师可没找我谈话。"她扭过头喊了一句，就消失在放学回家的人潮之中。

我走进了她的教室，看到窗户下的书架上排列着一些精心制作的建筑模型：其中一个是用方糖做的，另一个用由电池供电的灯照明做成，还有一些是用昂贵的零件套装组装而成的。当我的目光落在女儿的桌子上时，忍不住笑了起来。她用烤箱烤了一些黏土动物的模型，涂上颜色，装在一只大鞋盒里，用苔藓模拟草原的地貌，试图呈现19世纪中后期圣加布里埃尔附近的风光——我想，多少有几分像吧。

"哇……"我喃喃自语。之前，我的小女儿在做作业时固执地不肯让我帮忙，导致现在的我陷入如此尴尬的境地，只得说："看来，其他家长都帮他们的孩子做了很多工作。"

她的老师把笔放在教室前面的讲台上，严肃地看着我："这就是我布置的任务，父母也必须参与进来。你看过作业指南了吗？"

我感觉自己被打了一拳，他本来就是我非常尊敬的一位老师，也是我认识的最优秀的老师之一。我在教室的过道上踱着步，装作仔细地观察那些成品，想趁机缓和一下心情。

"我想帮她，可是我们在工艺品店买完材料以后，她就不肯让我再碰任何东西了。"我艰难地咽着口水，"她说，如果自己独立完成了这项任务，你会为她感到骄傲的。"接着，我走向他的桌子，问："你读过她的报告吗？她自己一个人做了所有的研究，而且在使用主动语态的动词时也很小心。"说到这里，我抱住了双臂，"她的'大草原'也许做得并不精美，但它是用心打造的。"

"我是担心她会不开心，毕竟她的模型看着有点……好吧，我不知道该怎么说……"

"有点可怕？"我补充道，"很难看出那个盒子里面究竟是些什么东西。"

说完这句话，我们俩都笑了。

"在这个学年，我一直想让这些孩子变得更独立。"老师笑了，眼镜后面的眼睛闪闪发光，"我应该想到事情会是这样的，因为你并不是一个疏忽大意的家长。"他瞥了一眼手表，"感谢你过来和我谈谈。"然后，他站起身，从椅子上抓起他的运动外套，"我得走了，祝你度过一个愉快的下午。"

我想，我们都很庆幸他接下来还有安排，才打破了现在的尴尬局面。我总是告诉学生的家长，要多与我沟通，避免出现此类问题，但我自己却从来没有想过要告诉我女儿的老师——这个我每天在学校都会见到的人：我女儿不愿意让她的父亲或我帮忙完成作业。亲身经历了这桩乌龙事件以后，如果我的学生家长不想把课堂作业相关的问题告诉我，我也更能对他们抱以理解的态度了。

考试焦虑症

相比前几个年级的评估测试，小学高年级的评估，尤其是标准化测试的难度会大大增加，给一些四年级的孩子带来压力。忧虑的情绪会让孩子的大脑无法好好思考，也就不能在考试中取得应得的分数了。如果你家有一个焦虑的 9 ~ 10 岁的孩子，在他进入初、高中阶段之前，你得先用一些手段来疗愈考试带给他的心理创伤。要是考试前和考试期间的焦虑不安得不到缓解的话，会随着时间的推移进一步加剧，让孩子在成年以后还会继续遭受困扰。

培养自信心、减轻考试焦虑症的 5 种手段

1. 做好准备。如果事先能获取考试资料，你可以先给孩子来个模拟测试，以树立他的自信心，让他知道自己已经掌握了这些知识，考试的时候完全不用担心。

2. 宣泄情绪。研究人员发现，如果孩子把对即将到来的考试的想法写下来，就可以在考试中表现得更好。（Ramirez 和 Beilock，2011 年）在考试前一天的早上，给家里的四年级学生设置五分钟的计时器，让他把自己的焦虑一股脑儿写下来。等计时器一响，就把纸揉成一团，扔进垃圾桶。参加学校考试时，如果他又开始紧张了，就可以提醒自己：他担心的那些事都扔进家里的垃圾桶了，压根干扰不到他。

3. 加强锻炼。做一些富有节奏感、让心跳加速的体育锻炼，比如跳尊巴舞或跳绳。锻炼可以缓解焦虑，促使大脑分泌多巴胺——这种神经递质有助于增强工作记忆和把事情做好的渴望。（Godman，2014 年）在睡前的一小时，如果让孩子锻炼 20 分钟以上直到出汗，这能改善他的睡眠质量，也是另一种减压方法。接下来，在白天去学校前，让孩子再锻炼 10 ~ 20 分钟；如果

考试在下午进行，建议他在课间休息时进行有氧运动，这样他就能更好地开动脑筋。

4. 薄荷的魔法。研究表明，一些气味可以改善孩子的表现，尤其是薄荷味，这种味道能提高注意力和专注力。（Barker 等，2003 年）送孩子上学的时候，你可以带上有机的薄荷味洗手液或薄荷精油走珠（并仔细地告诉他使用量）。薄荷的芬芳还能提高记忆力和关注度。[提示：人工香料含有毒性石化物质，无法产生天然精油香味所带来的积极作用（Diamanti-Kandarakis 等，2009 年）。]

5. 深呼吸。这种方法源于古代瑜伽训练的精髓，有利于恢复平静和自信：你缓慢地从 1 数到 4，让你的孩子在这个过程中深吸一口气，然后以同样的方式呼气，做两到三次深呼吸。重复这个过程，这次让孩子自己在心里缓慢地数数。如果可以的话，在考试的前几天练习几次。你也可以建议你的孩子，如果在考试的时候因为焦虑而无法集中注意力的话，那就停下笔来，做几次深呼吸，给大脑充充电。

四年级阶段的家庭组织体系

在孩子上四年级的时候，一些家庭已经建立了完善的家庭组织体系，但在每个新学年开始之际，大多数人都需要重新调整家庭组织体系。随着孩子不断增长的学业要求、人际关系的变化和日益丰富的课外活动，他们有时候会觉得生活变得不堪重负——而你依然需要扮演好各种角色，比如孩子的搭档、专业人士或者学校的志愿者。

所以，你不能完全靠自己一个人来制定家庭日程表，而是把它变成团队的任务——全家的每个人都应该分担责任，你也可以得到更多的支持。

全家人一起坐在厨房或客厅里，在一块大白板上将一周划分为七个部分，代表着一周七天，并用时间段标记好每一天。然后大家一起集思广益，讨论日程表的内容。你可以参照如下步骤，引导整个讨论过程：

1. 下班或放学以后的休息时间（至少 30 分钟，最好是一小时；不能把看电视和玩电脑游戏的时间算在内。）

2. 做作业

3. 课外活动

4. 全家人一起吃晚餐（一周至少要有五天）

5. 准备午餐

6. 就寝仪式

7. 关灯前的阅读时间

将上面的所有项目添加上去后，将白板挂在家庭的公共区域，供家庭成员们随时参考。可以让每个家庭成员选择不同颜色的笔，在每周的日程表上填写各自的课外活动、事件或约会。你要提醒他们，这是一项团队任务，大家应该互相督促，将其变成日常的习惯。

下面还有四个额外的小提示，可以帮助你成功地建立家庭组织体系：

1. 让你家的四年级学生选定一种颜色容易辨认的笔，用来标记家庭日程表，比如绿色、蓝色或紫色。如果他觉得黄色才是自己最喜欢的颜色，那就告诉他，可以先用黑色的笔把与自己相关的信息写上去，再用黄色的笔圈出来。

2. 督促孩子在日程表上标记好长期作业的截止日期，再选择几个时间点，分批完成长期作业的具体部分。

3. 有些作业本来就很容易遗忘，尤其是当你的孩子有注意力障碍的话，你可以在家里的艺术橱柜里放入海报板、美术纸、胶水、马克笔、贴纸和闪粉，这样你们就不必为了写作业而大半夜跑去超市采购了。

4. 如果你的孩子上学时忘带作业了，你可以把它带到学校交给他，然后告诉他，下不为例。要是这种情况再度发生，他就得做好面对后果的心理准备。培养与作业相关的责任意识，可能会让四年级的孩子不太好受，但比起到了初中或高中再培养要好得多。

🍃 当你的孩子和别的四年级学生不一样

到目前为止，如果你的孩子有学习障碍，并且获得了一些特殊教育服务，那么在这个阶段，你所要做的就是继续陪孩子读书，鼓励他自主阅读，并密切关注他在学校的学习进展。

但是，如果你家的四年级学生学得很吃力，而且并未获得特殊教育服务，那该怎么办？如果你的孩子在三年级的时候表现得不错，但在升入高年级的过渡阶段遇到了困难，又该怎么办？

四年级的"乌龟"学生

四年级阶段对孩子的阅读理解能力提出了更高的要求，连数学作业也经常会包括阅读和写作的内容，所以一些孩子很难适应。解读数学、科学或社会研究的题干信息，与理解小说情节的内容是两种截然不同的能力，不过别担心，你只要给孩子提供一些小帮助，就能大大改善他面临的问题。

消除孩子阅读理解困扰的 4 个步骤

用 3 周的时间，坚持做到下面这 4 个步骤，就能让孩子养成阅读标题、寻找关键词、预测下文内容和研读重要细节的习惯——这些习惯，都是一名优秀的读者在阅读过程中会下意识去做的。养成习惯以后，孩子的学习生活就会变得更快乐，而你也就可以不用担心了。

1. 预先阅读。让你的孩子大声朗读老师指定的文章或章节的标题，把段落中一眼就能看到的单词或短语（包括标题）也读出来。问他这样的问题：你觉得自己能从这篇文章中学到什么？你想从哪些方面了解更多的内容？如果老师还布置了一些问题让孩子回答，那么请在他阅读正文之前大声朗读题干，保持对重要信息的敏锐度。

2. 疑难解答。当孩子在阅读过程中遇到不认识、漏读或误读的词语时，你可以轻声提醒，纠正他的错误。你要向他展示如何正确地发音，示范如何判断特定词语在语境中的意义。

3. 约定手势。当孩子大声朗读的时候，和他约定好：如果他能理解全部内容的话，就竖起大拇指；如果他能大致理解要点，将大拇指斜着竖起；如果他完全看不明白的话，就把大拇指放倒。你可以试着让孩子把自己觉得困惑的段落和他自己的经历相联系，以此帮助他理解阅读材料的内容。

4. 趣味速读。让你的孩子重新阅读全部或者部分阅读材料，读个两到三遍，并鼓励他读得一遍比一遍快，就像做游戏似的。如果你的孩子喜欢和时间赛跑，可以用秒表计时，看看他每次读的速度究竟有多快。研究表明，反复阅读可以提高阅读流畅度和理解力（Stevens 等，2017 年），趣味速读既能强化这些能力，还会让阅读这个过程变得更好玩。

让四年级的孩子爱上阅读的 14 位著名作家

每天坚持读 30 分钟的章节书，对于四年级的孩子来说依然很重要。小说乃至幻想作品都可以展现社会状况和现实，让读者有身临其境的感觉。所以，通过阅读这些作品来了解世界，是一种轻松有趣的方法。一起来看看下面的阅读清单吧，这些优秀作品会让你的孩子对阅读充满期待。

1. "时间错位三重奏"系列（Time Warp Trio Swashbuckling），全套共有 16 余册，作者是乔恩·席斯卡（Jon Scieszka）。在故事里，孩子们在魔法书的指引下穿梭时间隧道，亲身经历了许多历史事件。

2．"神奇校车"系列（Magic School Bus series），全套包括167余册图画书和章节书，由不同的作者共同创作而成，包括乔安娜·柯尔（Joanna Cole）。这套书适合对自然科学感兴趣的孩子，插图非常有趣，主人公也充满魅力。"神奇校车"还有动漫版，读起来会更容易理解。

3．"警犬汉克历险记"系列（Hank The Cowdog series），全套共68余册，作者为约翰·R.埃里克森（John R.Erickson）。书里有一只小狗，它总是惹麻烦，但最后都能化险为夷。自1982年出版以来，这套书就一直深受小读者们的喜爱。

4．"大草原上的小木屋"系列（Little House on the Prairie series），全套共9册，作者为劳拉·英格尔斯·怀德（Laura Ingalls Wilder）。这是一套历史小说，塑造了一些惹人喜爱的角色，深受几代孩子的喜爱。

5．由罗尔德·达尔（Roald Dahl）创作的《玛蒂尔达》（*Matilda*）、《詹姆斯与大仙桃》（*James and the Giant Peach*）、《小乔治的神奇魔药》（*George's Marvelous Medicine*）、《好心眼儿巨人》（*The BFG*）和《女巫》（*The Witches*）等作品，内容稀奇古怪又充满智慧，是深受孩子喜欢的作品。

6．"奥林匹斯英雄"系列（Heroes of Olympus series），全套共5册，作者为雷克·莱尔顿（Rick Riordan）。喜欢看冒险动作类图书的孩子一定会爱上这套作品，适合三年级末至五年级初的小读者进行自主阅读。

7．"39条线索"系列（39 Clues series），全套共11册，由不

同的作者共同创作而成，包括雷克·莱尔顿（Rick Riordan）。书中充满奇幻色彩的场景和扣人心弦的冒险，会令孩子们手不释卷。

8.《夏洛的网》（*Charlotte's Web*）与《精灵鼠小弟》（*Stuart Little*），作者为 E.B. 怀特（E.B.White）。这是两部经久不衰的经典儿童文学作品，深受四年级的孩子喜爱。

9. "魔法商店"系列（Magic Shop series），全套共 5 册，作者为布鲁斯·康维尔（Bruce Coville）。这是一套令人毛骨悚然又引人入胜的故事，《怪物的戒指》（*The Monster's Ring*）、《孵龙小子：杰乐米与火龙的友谊》（*Jeremy Thatcher, Dragon Hatcher*）、《珍妮弗·莫德利的蟾蜍》（*Jennifer Murdley's Toad*）和《真理的骷髅》（*The Skull of Truth*）这 4 册适合四年级孩子阅读；《朱丽叶·多夫：爱的女王》（*Juliet Dove: Queen of Love*）适合五年级孩子阅读。

10. "内裤队长"系列（Captain Underpants series），全套共 14 册，作者为戴夫·皮尔奇（Dav Pilkey）。内裤队长看起来不像英雄，但孩子们都喜欢他，在他身上发生了许多稀奇古怪的故事。本系列的许多分册都属于四年级的阅读水平。

11.《爱德华的奇妙之旅》（*The Miraculous Journey of Edward Tulane*），作者为凯特·迪卡米洛（Kate DiCamillo）。书中一只玩具兔子迷路了，它辗转了许多地方，经历一场场疯狂的冒险。（迪卡米洛写了许多深受孩子喜爱的故事，适合不同年龄段的阅读水平。）

12. "奇幻精灵事件簿"系列（Spiderwick Chronicles series），全套共 4 册，作者为托尼·迪特里奇（Tony DiTerlizzi）。该系列讲述了三姐弟在阁楼上发现了他们祖先留下的一本《精灵探索指南》，不料这本书将他们带向了一个危险的平行世界，并经历了一系列冒险的故事。

13. "男孩福吉"系列（Fudge series），全套共 5 册，作者为朱迪·布鲁姆（Judy Bloom）。故事中，九岁的男孩彼得有一个弟弟，叫福吉，他简直是个大麻烦！

14. "时间的皱纹"系列（Wrinkle in Time series），全套共 5 册，作者为马德琳·恩格尔（Madeleine L'Engle）。这是最早的儿童科幻作品之一，出版于 1962 年，至今仍深受孩子们喜爱，其中有 4 册都适合四年级孩子阅读。

资优教育

到了四年级阶段，如果孩子符合所在地区的资优教育资格，那么他们当中的大多数人应该已经接受了相关教育。如果你孩子的学校还没有对学生进行评估测试，你可以询问老师或学校的管理部门，计划什么时候进行测试，评估出可以获得与自身能力相适应的差异化教学的学生。

如果你的孩子还没有接受资优教育，那应该也不用再等了。这样一来，按照资优教育的课程表，你家的四年级孩子就可以在预定时间离开常规教育课堂，加入抽离式课堂，与其他有天赋的学生一起完成相关作业，他可能接到特殊作业，比如涉及媒体、研究、策划和演讲等的特定任务。一些学校在每个高年级都设有供"天才群体"使用的教室，让孩子们合作完成根据他们的智力水平设计的作业。

对于四年级的孩子来说，比起表扬他的智力来说，更为重要的是表扬他的韧性。学校布置的任务需要学生运用已掌握的技能、逻辑性、创造力和独创性，开动脑筋会让一些孩子更有学习积极性，却令另一些孩子产生挫败感。一些有天赋的孩子领悟力强，他们更习惯快速跟上进度，所以面对一些专门设计的、更有挑战性的项目时，他们可能会觉得很沮丧。

你应该和孩子保持开放性的对话，要是周围的人都认为他能完成与众不同的、更加困难的学习任务，你得了解他在背负着巨大期望的同时会受到怎样的影响。和孩子好好聊聊相关任务，可以帮助他缓解自身的焦虑，应对他人的期待，并相信自己能够完成这项富有挑战性的任务。你也可以和孩子一起上网或者到图书馆查找资料，以此减轻他内心的畏惧感。如果孩子知道自己随时能够获取所需信息的话，他就会觉得很有安全感。

资优教学

针对资优儿童教学的教师培训有很多，有的老师参加过相关工作坊，对于如何培养学生更高层次的思维能力并设计课程组织体系也有一定的研究。优秀的老师还会指导学生进行团队合作。我们知道一些特别聪明的人，他们也存在不太合群、交际能力不强的问题，所以运用一些手段帮助他们进行团队交流和互动，学会正确地归类和整理资料，与要求他们完成一些训练脑力的差异化学习任务同等重要。这类资优教学也有助于培养孩子的学习兴趣，鼓励他们在学校取得好成绩。

不过，也有很多老师并没有接受过资优教学相关的培训，出于好意，他们会给这些学习效率高的孩子布置更多的数学题、句子拼写题或习题，让孩子们疲于应付。

如果你的孩子跟你抱怨说，自己得做一整页的数学题，而班里的其他同学却只用做奇数题目，或者发其他类似的牢骚，你可以和老师谈谈。其实，你的孩子所需要的恰恰相反——正因为他可以迅速掌握新知识，或者比其他孩子作业做得更快，他本应该做更少的重复性常规作业，现在却被要求做更多。孩子会觉得自己受到了"惩罚"，所以就不肯再花心思学习了，这肯定不是你希望看到的。

记住，你和老师站在同样的立场，你们都希望孩子能接受最好的教育。你可以问问老师，是不是可以不再给孩子布置更多的重复性作业，然后一起讨论，找出符合你家的四年级学生认知能力的更高层次的任务，当他写完课堂作业以后，也就愿意专注地完成这些任务了。

当你打算和老师进行头脑风暴时，事先准备好一些想法。比如，根据学校正在学习的科学或社会研究单元的内容，让孩子运用所学的数学和语文知识，对相关内容展开更多的研究。如果老师认可这个想法，你们可以再讨论一下等孩子完成任务后，应该如何展示自己的成果。不过，如果老师工作太忙，无暇顾及的话，可以由你来提供资料，并亲自督促孩子来完成任务。

重要的是，要让你的孩子爱上学习。从孩子上幼儿园开始，你可能就已经尝试了各种手段，让他能在课堂上更好地开动脑筋。你们可以继续玩本书推荐的游戏，这对孩子的大脑发育很有帮助——在游戏过程中，你家的四年级学生会在潜意识中调整这些活动以适应自己大脑的思维模式。

四年级阶段的饮食与护理方式

在整个小学阶段，孩子一直处于成长发育的过程中。四年级学生每天晚上仍然需要 9 ~ 11 个小时的睡眠时间，但你的孩子也许只需睡上 7 ~ 8 个小时。请注意，如果一周内孩子经常睡眠不足的话，到了周末，他的脾气可能会变得很暴躁。只有当孩子的大脑进入 δ 波的状态时，器官、肌肉、骨骼、血液等几乎所有部位才能进行自我修复，从而发育得更加健全。

如果你的孩子有睡眠方面的障碍，可以让他试试泡沫耳塞。孩子可能需要几个晚上才能习惯戴耳塞睡觉，不过戴上耳塞以后，他就能听到自己轻柔的心跳声以及外界模糊的声音，从而减缓脑电波的频率，使身体重新恢复活力，准备迎接新的一天。如果你的孩子还是不习惯戴耳塞的话，试着用白噪声发生器来帮助他排除噪声干扰。这类小型机器通常配置了一个风扇，可以在不产生气流的情况下生成可调节音量的声音。

四年级孩子的午餐盒里有什么？

注意啦，比起小学的其他阶段，四年级孩子可能会更馋汽水、饼干、糖果、比萨、薯条和薯片等零食。这种单一的碳水化合物会让孩子体内的能量迅速攀升，随即又骤然下降，让他们陷入昏昏欲睡的状态，更不用说它们还会导致体重增加和营养不良了。

到了 9 ~ 10 岁的时候，你的孩子就可以自主打包健康午餐，并带到学校里去了。通过搭配营养丰富的饭菜，不仅能很好地培养孩子的责任意识，还能让他养成在日常生活中挑选优质食物的习惯。

在最开始的几周内，你每天都要检查孩子的午餐盒，确保他准备了饮用水，以及满足全天需求的足量食物。几周以后，你可以定期抽查里面的水和食物，确保午餐盒里的营养成分能让孩子集中注意力和好好思考。为了避免当天早上太过匆忙，你可以让孩子养成在前一天晚上打包午餐的习惯。

班上的其他孩子可能会把高热量、低营养的美味零食带到学校里，和大家一起分享，不过你不用担心这种偶尔的放纵饮食（除非你家的四年级孩子有健康方面的问题）。总体来说，如果垃圾食品并没有完全取代健康食品的摄入，就不会影响孩子的身体。

让孩子随身带上一些美味又健康的零食，可以抑制住他们对垃圾食品的渴望。比如，如果你的孩子没有过敏问题，试着在车里放一大盒无盐杏仁或混合坚果，这些零食富含脂肪和蛋白质，能在正餐的间歇给孩子补充足够的能量，其中的微量营养素还可以缓解大脑疲乏感。车里也可以放上几瓶水，尤其是当孩子放学后还要去参加体育锻炼或比赛的时候。

四年级孩子的午餐盒中的 14 种简单又健脑的食品

1. 任何一种新鲜水果。水果能让午餐的营养成分更加全面，还可以增添甜分。容易剥皮的橘子、洗干净的葡萄或浆果，以及切好片的苹果都是解渴的好东西，而且含有丰富的钾和维生素，苹果还含有调节血糖的植物营养成分。

2. 如果买不到新鲜水果，必要的时候也可以用没有添加糖分的水果干来代替。你要确保孩子的饭盒里装了饮用水，因为即使没有添加糖分，水果干本身也含有天然的糖分，可能会残留在牙齿上，要是吃完水果干后不漱口的话，容易导致蛀牙。

3. 小盒的金枪鱼罐头。金枪鱼富含Omega-3（亚麻酸）和Omega-9（油酸），能让孩子的小脑袋瓜转得更快。

4. 细指果冻。这种果冻的含糖量比想象中的要低得多，孩子既喜欢自己动手做，也喜欢吃。果冻中的明胶成分也有利于头发、骨骼和牙齿的生长发育。

5. 芹菜条和小胡萝卜。这两种蔬菜含有丰富的纤维素，吃起来松脆可口。

6. 全麦三明治（富含纤维素）或酸面团三明治（糖分含量低）。三明治的营养全面而集中，你可以鼓励孩子在里面加入生菜、鳄梨、黄瓜、西红柿片以及豆芽等配料。鳄梨酱是蛋黄酱的替代品，营养也很丰富，还可以用任何一种芥末酱来代替，芥末酱中的姜黄素（一种黄色的物质）含有抗氧化的成分。

7. 煮熟的鸡蛋（你也可以直接买煮熟并剥好皮的鸡蛋）。鸡蛋能为孩子提供蛋白质、健康的脂肪、维生素D和维生素B，还有Omega-3和Omega-9，让他们在接下来的一天里都保持充沛的精力。你和你的孩子还可以把鸡蛋做成可口的沙拉，作为煮鸡蛋的替代菜肴。在沙拉里面放入切成薄片的芹菜，吃起来会更加爽口。孩子可以把沙拉装在可重复使用的器皿里吃，或者夹在小麦面包里一起吃。

8. 熟食肉类。这种食物容易打包，富含蛋白质和维生素B族。但记住，要选择低钠的品牌。

9. 超市农产品区的预制清炒蔬菜。它们色泽鲜艳、成分健康，让午餐吃起来更加松脆可口。

10. 鹰嘴豆泥。这是一种高蛋白的蘸酱，可以把它装在小罐子里，搭配生的蔬菜一起食用，也可以抹在小麦饼上。

11. 超市农产品区的袋装沙拉。可以把沙拉与孩子爱吃的其他食物混合在一起，放入午餐盒里，比如金枪鱼、大块奶酪、草莓等——孩子们喜欢富有创意的各种搭配。

12. 用香蕉、花生酱或坚果酱做的煎饼。煎饼吃起来很好玩，做起来也简单，又富含健康的纤维素、脂肪、蛋白质和碳水化合物。为了让煎饼更加美味、蛋白质含量更高，可以再加一片培根。（提示：请和学校确认能否在食物中加入坚果类产品，因为坚果容易导致一些孩子严重过敏。）

13. 加了一个煎蛋和鳄梨片的糙米饭。这样的搭配不仅味道好，还能为大脑提供二十多种营养素，包括纤维素、天然叶酸、钾、维生素E、维生素B族和合成叶酸。

14. 前一晚的剩菜，比如鸡肉、肉卷、金枪鱼砂锅、蔬菜沙拉、猪肉炒饭、玉米饼等。将这些菜装进午餐盒里热一下，味道就和前一天晚上在餐桌上吃的一样美味，而且打包起来也很方便。

记得提醒你的孩子，要在午餐盒里放一瓶水！

四年级阶段的牙齿状况

到了四年级，大多数孩子都喜欢自己刷牙和使用牙线，而父母却常常因为太忙，忘记检查孩子笑起来时露出的牙齿是否依然洁白闪亮。

如果在孩子上幼儿园或一年级的时候，牙医已经给他的磨牙涂上了窝沟密封剂，那么他就更能保持牙龈健康，减少蛀牙的困扰。不过，9～10岁的孩子在参加社交活动时，常常会找借口多拿一个纸杯蛋糕，所以进入四年级之后，他们可能会频频与蛀牙、补牙和戴牙冠之类的活动打交道。

你可以和以前一样，与孩子一起检查牙齿的卫生状况。你们一起对着镜子，用牙线清理牙齿，必要的时候指点一下他。到了下次去牙科诊所洁牙时，请牙医指导孩子如何加强牙齿上的护理。也许，你们俩都能从中学到一些新东西，一起练习并巩固。

✱✱✱ 发生在身边的故事

我上四年级的时候，满嘴都是洞洞

粉红色的气泡越来越大，终于破了——一团黏糊糊的东西溅到我的鼻子和脸颊上。我小心地把脸上的泡泡胶剥掉，打算吹出一个更大、更好的泡泡。

"翠西，你又在嚼泡泡糖了吗？"

妈妈的声音从我身后传来，吓了我一大跳。

"呃……你说什么？"我把泡泡糖揉成一团，藏在手心里，然后转向门口。

"我们之前说好的。"妈妈从走廊上走进我的房间，"你嚼了这么多糖，最容易长蛀牙了。"

我的下巴还残留着黏糊糊的"证据"，要是否认的话就太荒谬了，所以我说："我的牙总是刷得很干净。"也许妈妈不会提到牙线——说起来，牙线被我放哪里去了？

妈妈抱着双臂，说："我们下周约好了去托格森医生那儿看牙。"

"别担心。"我把粘在下巴上的泡泡胶取下来，"我的牙齿很健康。"

我在心中暗想：大人们什么事情都要担心。

然而，我的牙齿并没有那么健康。牙医把我的 X 光片夹在光板上，向我的妈妈和我展示了上面的九处黑色污迹，他说那些都是蛀牙。我的白齿居然像瑞士奶酪一样——布满了洞洞！幸运的是，大多数的白齿最终会脱落，换成恒牙，但它们必须得先补好，才能保护下方的白齿。

就是从那个时候开始，我才领略到打麻醉药的滋味，真的太疼了。

四年级阶段的体育锻炼

到目前为止，你已经了解到有氧运动对于增强孩子的体魄和增加大脑的供氧量有多么重要。如果你有一个喜欢体育或跳舞、经常运动的孩子，那么除了确保他摄入足够的水分以外，就没有什么可担心的了。孩子消耗水分的速度比成年人要快。如果他在篮球练习后出现抽筋、头痛、疲劳或脾气暴躁等情况，可能是因为流了太多的汗，却没有及时补充水分。（Van Pelt，2015 年）

不过，别给孩子喝能量饮料或运动饮料。2011 年，美国儿科学会的报告指出：通过对相关文献的严密梳理和分析，我们认为能量饮料中所含的咖啡因和其他兴奋剂不应该出现在儿童和青少年的饮食中。此外，频繁或过量摄入高热量的运动饮料，也会大大增加儿童和青少年超重或肥胖的风险。

根据 KidsHealth 网站 2014 年的报告，在运动前、运动中和运动后，一般运动员都可以且应该摄入健康的食物和足够的水，以便从中获得所有必要的营养和水分。在玩游戏和参加竞技类比赛期间，运动员应该随时能得到饮用水，并且每隔 15 或 20 分钟休息一会儿，用来补充水分。

以上内容告诉我们：给孩子分发瓶装水，这样的方式更便宜，也更健康。

四年级阶段的力量训练

如果你的孩子对体育或者跳舞都不感兴趣，宁愿躺在沙发上休息，那该怎么办？你可以每周给他安排几天的力量训练。在大人监督下进行力量训练，对于孩子来说也能产生很好的效果，尤其是那些不经常活动或超重的孩子。进行轻重量、重复性的训练，即用尽全力坚持 30 ~ 60 秒，停下来休息一会儿，接着再次发力，这种练习契合四年级孩子的生理特点，而且，当他们成功地举起适当的重量时，就会体会到即时的成就感。

过去人们认为，让孩子进行力量训练，会对他们正在生长发育的身体造成伤害。但事实证明，在大人监督下进行的力量训练反而可以减少运动伤害，而且可以促进骨骼发育，增加肌肉力量。（Westcott 和 Faigenbaum，2003 年）

既然我们都相信老年人能通过举铁来强身健体，为什么孩子不能呢？

儿童力量训练专家韦恩·韦斯科特博士（Wayne Westcott）和埃弗里·法根鲍姆博士（Avery Faigenbaum）在报告中指出，在针对力量训练的相关研究中，从未出现过运动伤害的案例；同时，在他们长达 17 年的儿童力量训练实践中，也没有孩子受伤。他们还发现，采用"德洛姆－沃特金斯"（DeLorme-Watkins）方案[①]可以在训练中取得最佳效果，该方案包括如下内容：

开始第一组训练时，选择最大负荷的 50% 的重量，进行 10 次重复性训练；第二组训练选择 75% 的重量，进行 10 次重复性训练；最后一组选择最大负荷的重量，进行尽可能多次的训练，直到力竭。如果孩子在最后一组可以完成 15 次的话，那么在下一轮的 10 次重复性训练时可以增加最大负荷，并依照调整后的方案进行重复训练。（Westcott 和 Faigenbaum，2003 年）

韦斯科特和法根鲍姆发现并通过研究证实了这一点：每周两次的力量训练，可以树立孩子的自信心，增强孩子的体质，也有助于减肥。如果你的孩子喜欢这样的训练，你可以调整为每周三次。你需要咨询一位拥有儿童力量训练经验的教练，确定孩子训练时的最大负荷、最佳运动类型和正确的举重方式，避免出现运动伤害。你们可以每周去几天健身房，共度美好的运动时光，也可以让教练为你们各自制订个性化的训练计划，然后在家里进行力量训练。帮助孩子通过锻炼变得更健康的这一目标，也会激励你自己保持良好的体形。

[①] "德洛姆－沃特金斯"（DeLorme-Watkins）方案指的是"二战"以后由德洛姆与沃特金斯共同研究并建立的力量训练方案，这一方案呈现的渐进式超负荷原则，是最早提出、也是最重要的力量训练手段之一。——译者注

如果你不能与你家的四年级学生一起锻炼，那么就在你们所居住的区域找找别的途径。比如当地的社区活动中心或你先前已经办过会员卡的健身房，都有可能提供儿童力量训练计划。由于你的孩子在今年或明年就要参加体能测试（请参阅第276—277页和第324—325页），先做好充分的准备，以后才能顺利通过测试。

有很多孩子，即使天性活泼好动，体能测试还是无法达标，这只会让他们信心大减，而不能激励他们加强锻炼。四年级的孩子可以通过举重来逐渐增强肌肉力量，并做到引体向上和15次连续的仰卧起坐。逐渐增加的力量会让五年级、六年级和七年级的体能测试对他来说不在话下，更不用说当他轻松地帮你提购物袋时表现出的那种自尊自信了。

你是哪种类型的父母？

哈罗先生匆匆驶进停车场，他是来接儿子瑞恩放学的，但已经足足迟到了半个小时。他家的四年级学生才跳进轿车的后座，哈罗先生就忙不迭地一踩油门，准备去接女儿戴安娜。戴安娜现在是一名八年级学生，她今天要参加4点半的长曲棍球训练。

哈罗先生曾经跟前妻抱怨说，除了星期三和每两个周末，他都没有跟孩子们见面的其他机会。但是他觉得自己当时肯定是精神失常了。现在倒好，他每周多了两天时间可以见孩子，但必须在早上六点半前上班，才可以提前下班接孩子，这简直让他痛苦不堪。在过去的三年里，他们的妈妈是如何兼顾工作和抚养孩子的呢？

他朝后视镜里瞥了一眼，看到瑞恩正透过窗户往外看。哦，天哪，儿子的眼里是含着泪水吗？这次又发生了什么事？他不记得自己小时候会这么多愁善感。他放慢车速，在女儿中学旁边路口的红灯处停下车，希望自己不必开口问儿子出了什么事，但瑞恩看起来真的很伤心。

"嘿，瑞恩。"哈罗先生做好了迎接他大哭一场的准备，"你没事吧？"

"没事。"他儿子的回答很短促，听起来有些勉强。

交通灯变成了绿色，哈罗先生刚踩下油门，前面的一辆越野车就来了个急刹车。他尖叫一声，在距离前车保险杠后一英寸处停下，立马爆了粗口。如果瑞恩把这件事告诉他妈妈，前妻就不会再让孩子坐哈罗先生的车了。好吧，也许这不是一件坏事。

他在想什么呢？接女儿去打曲棍球是一件麻烦事，但他喜欢看她在训练场上打球，而且，自从他和瑞恩一起坐在看台上，教瑞恩如何解题以后，瑞恩的数学成绩提高了不少。

"呃，对不起，瑞恩，我不该说脏话，我差点撞到那个人——"
戴安娜跑到了车座旁，跳上了前排的座位。

"爸爸，我们今天的训练地点在雪松公园。"她上气不接下气地说。

"为了来接你，我和瑞恩几乎被前面那辆越野车压成了手风琴。"

"好吧，不过——"

"我们差点就撞车了。"哈罗先生顺利把车开过了十字路口，和越野车隔开了一定的车距，"你要庆幸自己没有出什么事——你到底怎么了？"

他听到后座上有吸鼻子的声音。可怜的瑞恩刚刚情绪都快要崩溃了，现在他已经开始哭了。

"我马上就要开始训练了——"戴安娜一边看着仪表盘上的时钟，

一边用皮筋把自己的棕色长发绑成马尾辫，"还有两分钟。"

"你为什么不给我发短信？"

"我把手机放在储物柜了，这样才不会被我的老师收走。"这个八年级的孩子眯起眼睛，不客气地说，"这有什么区别吗？你还是会迟到。你总是迟到。"

她根本不知道哈罗先生来接他们有多难。他应该在5点之后才能下班，事实上他通常要到6点或6点半才能完成文书和接打电话的工作。即使他很早就起床上班，也几乎不可能在3点之前离开办公室。

戴安娜用力地把运动鞋套在脚上，然后缩在挡风玻璃下面，把去学校穿的衬衫换成长曲棍球的训练衫，又脱掉牛仔裤，穿上短裤。后座传来了瑞恩更加响亮的抽泣声——是因为女儿斥责自己迟到之后，车内的死寂让这个声音听起来更响了吗？

"让我出去。"车开到雪松公园草地外的马路上时，他的女儿蛮横地要求道。哈罗先生还没有停好车，她就打开车门，穿过人行道，冲向赛场和她的队友们会合。

哈罗先生往方向盘瞥了一眼，发现自己抓着方向盘的指关节已经用力到发白了。他打算以后抽时间和这个少女谈谈尊重他人和汽车安全问题。

他把车开进一个停车位，回头一看，儿子正在用袖子擦着脸颊上的泪水。"瑞恩，伙计，怎么啦？"

"没什么，我很好。"儿子的声音非常平静，令他吃了一惊。

哈罗先生知道，他应该让儿子说说自己的烦心事，但他已经筋疲力尽了，现在才4点35分。

弗利特先生将车开进了车道尽头的空地上，这里离操场和他女儿所在的四年级教室都很近。因为他的大部分工作都是在网上完成的，所以日程安排很灵活。下课铃响了，五分钟后，他的脚开始不耐烦地敲打着地板——灵活的日程表也并不意味着他在 3 点 15 分之前就能把工作都做完，他还有一份项目汇报书要在 5 点之前发给客户。7 分钟后，他下了车，去找他的女儿。

弗利特先生把脑袋探进肖恩的教室，所有的孩子都已经离开了。

"弗利特先生，你好吗？"朱女士坐在教室后方角落里的办公桌前，问道，"需要我帮忙吗？"

"我在找肖恩。"

"怪了。"朱女士起身向他走去，"下课铃声响起时，她是第一个走出教室的孩子。"

弗利特先生的心剧烈地跳动了一下："那她会在哪里？"

自从三年前弗利特先生的妻子因为癌症过世以后，他就很少让肖恩离开他的视线。他的心开始怦怦乱跳，试图做个深呼吸，但还是觉得胸口空落落的。

朱女士的眼神因为担忧而变得柔和起来，她从他身边走过，走出教室，挥手示意他跟着自己。"我们去洗手间看看吧。"她说。

他们一起穿过大厅，路过几间教室，来到了洗手间。朱女士打开了门，朝里叫道："肖恩，你在这里吗？"

"朱老师？"从最后一个隔间的门后传来了肖恩颤抖的声音。

"肖恩？"弗利特先生冲进洗手间，"亲爱的，你怎么啦？"

"爸爸！我的内裤——我想我要死了！"肖恩大声抽泣起来，哭声在墙壁间回荡着。

"哦，天哪，不！"血液涌上了弗利特先生的脸。

朱女士抓住他的手臂，轻声说道："她不会死的，她来月经了。"

"但她只有 10 岁。"他小声地回答。

"她快 11 岁了。"朱女士提醒道，松开他的手臂。

在肖恩妈妈去世那一年，肖恩缺了太多的课，所以留了一级。

"她来得有点早。"老师叹了口气，"我希望你让她参加我们的健康教育课程。"

"那门关于青春期的课？她还没有到青春期。"弗利特的耳语声大得像是在低吼，"她现在只是个孩子。她不需要往脑子装一些——"

"爸……爸爸。"肖恩一字一顿地说，"我发生什么事啦？"

"你不会死的，亲爱的。"弗利特先生向她保证说。

"你只是长大了。"朱女士说，"我去给你拿点东西。"

"爸爸？"肖恩的声音充满恐慌，听上去天真而又无辜。

"别担心，我们会处理好的。你会没事的。"弗利特先生转向朱女士，问，"为什么她会这么早？"

"在我看来，月经初潮过早可能和家庭因素有关。"老师说，"我马上回来。"

"谢谢你。"弗利特先生轻声对朱女士说。

她点了点头，匆匆地走出厕所。自从黛安去世以来，弗利特先生已经无数次因为思念而感到疼痛了。黛安一定会让肖恩参加那门健康教育课程的。

☺鹰羽先生正在厨房的柜台前准备芹菜条和花生酱，这是他女儿放学后最喜欢的零食。事实上，任何涂着花生酱的东西她都爱吃，包括苹果片、香蕉、小胡萝卜。他想，如果大人们允许的话，她甚至会用花生酱来刷牙。

鹰羽先生最近刚晋升为区域经理，虽然这是一件值得高兴的事情，但他之前对上夜班还是有些担忧。不过，他没有预料到的是，从他家的四年级学生放学到他出门上班的这几个小时，现在变成了父女之间珍贵无比的相处时光。他们可以一边谈笑风生，一边吃零食。他本来并不打算帮她做家庭作业，但还是帮她做了电学科学研究项目的时间安排。这一个月以来，她已经分阶段地开展了相关实践。他喜欢在莱娜做数学题的时候做自己的文书工作，如果她遇上难题，立马就可以向他求助。一起分析和解决应用题是很有意思的事情。

鹰羽太太告诫他应该少抹点花生酱，因为自从他下午留在家里以后，莱娜的体重已经增加了一些。所以他给芹菜条少抹了点酱，但又不至于没味道。

前门砰的一声关上了，他被这声巨响震了一下，问道："发生什么事了？"

过了一会儿，从走廊另一头传来卧室门关上的声音。他能猜出是哪一个房间。鹰羽先生舔了舔手指上的花生酱，走出厨房，想知道这一回莱娜和她的那位朋友又在学校里发生了什么事。

他用指关节轻敲她的门："嘿，小彩虹，我能进来吗？"

"不。"她的声音压得低低的，带着哭腔，"你会生气的。"

他还是打开了门，说道："看来你已经因我们足够愤怒了，所以我会尽量保持冷静。"他穿过她的房间，坐在莱娜躺着的那张双人床旁。莱娜蜷成一团，把脸埋在印着小美人鱼图案的枕头下面。为什么他的小女儿最近的心情总是不好？"你为什么要摔门？"他问道。

"今天吃午饭的时候，罗伯特坐在我旁边……"她说到这里，停下来喘了口气，"他用一块巧克力饼干换了我的一只小橘子。"

"罗伯特是你喜欢的男孩子，对吧？你不喜欢他这么做吗？"

她从枕头下抬起头来，叫道："他不喜欢我，因为我很胖。"

"你怎么知道的？"鹰羽先生问道。他想，就算她的体重增加了几磅，但也并没有穿不下原来的牛仔裤。

莱娜突然哽咽起来："多洛雷丝说……他只是想抄……明天我的拼写测验。"

"啊，又是多洛雷丝。"他把手放在她的肩膀上，"我知道，你觉得她是你的好朋友——"

"爸爸，我们上幼儿园的时候就已经成为朋友了！"

"那你也认为罗伯特给了你一块饼干，是为了抄你的答案吗？"

莱娜直起身，盘着腿坐在床上。"他坐在我后面那组，"她歪起了脑袋，"怎么能看到我的卷子呢？"

"问得好。"鹰羽先生抱着双臂说，"你是不是告诉过我，多洛雷斯也喜欢这个叫罗伯特的小子？"

"是的，但是……"莱娜睁大了眼睛，嘴也耷拉了下来。接着，她又皱着眉头看着爸爸，"她叫我小胖子。"

他耸耸肩反问道："好吧，你觉得一个好朋友应该做这种事吗？"

莱娜摇摇头。"我不会跟任何人说这样的话。"她用那双严肃的黑眼睛看着她的爸爸，"即使我心里真的是这么想的。"

"这样做很聪明。"他笑了，"但是你也知道，自从我换了工作以后，就从你这里听说了这个女孩做的许多刻薄事。"

她垂下头，盯着自己的膝盖看："她以前不是这样的。"

"自从你变得更自信，交上新朋友以后，她就变了。"他伸出一根手指，温柔地抬起莱娜的下巴，"你和多洛雷丝交朋友已经有一段时间了，但你也可以不再和她来往。我的意思是，你和妈妈还有我会一直在一起，因为我们是一家人，但朋友不是，你不用和对你不好的人继续交朋友。"

莱娜轻轻地说："我们在同一组上课，课间休息时也一起出去玩，我该怎么做呢？"

"让怀曼太太给你换一个小组。"他把手指放在嘴唇上，"悄悄地跟她说。"

"怎么说呢？"

"给怀曼夫人发一封电子邮件，告诉她，你这一年都在试图处理和某位同学之间的关系，你也和你爸爸谈过这件事，你们都认为最好的办法就是远离她。"

莱娜没有看他，只是慢慢地点了点头："那课间休息时我该怎么做？"

"你说过你交了一些喜欢踢球的朋友，而多洛雷丝不喜欢这种游戏。"他笑了，"我的意思是你可以去踢球。"

"如果她还想对我指手画脚，我就会告诉她，她想玩什么就玩什么，但我要去踢球。"

"我想，这样一来你会开心起来的。"鹰羽先生鼓励性地捏了捏他的女儿的肩膀，很高兴自己能帮助她和这个脾气刻薄的老友说再见。

你能从那个忙碌的家长中看到熟悉的影子吗？他实在太累了，面对四年级的儿子的小情绪，感到有心无力。其实，即使是最优秀的父母，也可能会遇到这种状况，毕竟，父母也是人。

不过，要是错过了和孩子沟通的最佳时机，可能就再也没机会映着他们谈谈自己的困扰了，尤其是男孩。我并不是性别歧视，但事情总会有例外，据我自身以及有儿子亲友的经验，上四年级的女生通常比同龄的男生更愿意谈论自己面临的难题。

不管你的孩子是儿子还是女儿，如果你能挤出时间来完成这项有时相当艰巨的任务——说服孩子分享在学校发生的一些糟糕的事情，你们一家都会过得更快乐。否则，尚未解决的问题在将来的某一天死灰复燃，会变成更大的困扰。

如果家庭陷入困境之中，比如伴侣去世、离婚、生病或失业等，父母往往也会好心办坏事。他们可能会像弗利特先生那样，沉湎于罪恶或悲伤的情绪中，不愿走出来，或者过度地保护自己的孩子。

更糟糕的是，这些父母可能会忽略先前为孩子设定好的生活秩序，导致饮食、就寝时间、电视、游戏和家庭作业相关的规则出现变化，甚至完全瘫痪。孩子不仅要应对家庭难关，而且丧失了明确的秩序带来的安全感。即便违反了原来的某个规则，也得不到保护性的可靠措施了。特别是在遇上麻烦的时候，孩子们都需要秩序感、稳固的行为习惯和温暖的拥抱。

如果你觉得自己遭遇了生活难关，可以联系朋友、家人、心理治疗师、援助小组等任何能抚慰你痛楚的人。人类是群居动物，互相倾诉并分享经验可以产生积极影响，让人生变得更美好。

与你的孩子一起携手，共同渡过难关。当你们知道"这一切都会过去"之后，自然而然就树立了自信心，相信自己可以应对任何挑战。

鹰羽先生是幸运的，他每天都有几个小时的空闲和女儿一起吃零食、聊天，帮她安排好四年级的长期作业和短期作业。并不是所有父母都拥有这样"奢侈"的亲子时光，但我们大多数人都能在周末帮助孩子建立家庭作业程序，或在某些空闲的晚饭后与孩子一起坐下来聊聊。

在放学后、吃晚饭时或者吃过饭以后，你都可以和孩子聊天。你们之间的沟通越是日常化，你就越能帮助他解决在四年级阶段出现的人际交往问题。现在，开放性对话应当成为一种习惯，当孩子在青春期道路上的尖锐岩石和阴暗水域之间跋涉时，这种习惯对他来说尤为重要。

本章小结

在 9 ~ 10 岁的年龄段，儿童的大脑神经连接已经发育到一定的水平，在学习和人际交往方面都能展现出更高层次的思维能力。比如，四年级的学生会从学习阅读的阶段过渡到从阅读中学习的阶段。许多家长还发现，他们的孩子需要进行更多的阅读练习，对大脑的神经通路进行微调，从而满足不断增长的学业需求。

对于加强孩子的专注力来说，今年也是重要的一年，需要运用一些手段来帮助他们在走神时重新集中注意力。父母应当尝试以各种方式，有目的地与孩子进行"共情关注"，这对于满足孩子新的学业需求至关重要——这些需求包括提高数学和写作的思维能力、掌握历史和科学的相关概念，以及在截止日期前及时上交作业等。

学习如何计划和安排日程，也是今年的一件大事。如何在完成日常作业的同时，在长期作业方面取得进展，四年级学生都需要父母提供一定的帮助。利用休息时间消化所学到的知识，也比以往任何时候都更加重要。孩子们还需要一定的空间来进行自主阅读、体育锻炼、课外活动和健康饮食，当然，别忘了充足的睡眠。四年级阶段就像是一场杂耍表演，需要进行多方位的平衡与控制。

四年级孩子的神经连接变得更加明确，这意味着父母要帮助孩子处理哲学性问题和理解更深层次的情感。你可能得跟孩子讨论一些不太舒服的话题，比如为什么一个朋友的衣服看起来太小了，他却还是一直穿着。关键在于，你要通过提问、仔细倾听、指导以及偶尔采用角色扮演的方式进行演练，让孩子懂得如何与自己以外的世界打交道。不过，除了与你讨论以外，四年级的孩子也得学会自己面对纷繁复杂的社会状况。

　　上了五年级以后，孩子在人际关系和社会意识方面都会变得更敏锐。他们已经整装待发，准备进入"可怕"的中学阶段。

第 八 章

五年级阶段：

自我意识逐渐萌发的孩子

准备好了吗？和这个阶段的孩子多聊聊天吧。10 岁或 11 岁的孩子都很喜欢说话，虽然也有例外，但一般来说，即使是以前被认为是家里最安静的孩子，也会开始发表意见，声援自己的朋友或兄弟姐妹，提出各种各样的问题。五年级孩子的脾气变幻无常，上一秒还在开怀大笑，下一秒就会觉得自己被忽视或不被尊重了。如果孩子带了好朋友一起在家里晃荡（他们会觉得"玩耍"听起来一点儿也不酷），你可能会听到他们在隔壁房间里叽叽喳喳说个不停——有时候也会闹出一些不愉快。

五年级阶段的大脑发育

到四年级的期中阶段为止，男生和女生的大脑发育都是大致同步的，从那以后，女生的前额叶开始发育得更快。在上五年级之前，这种差异的外在表现并不是特别明显，到了 10 岁或 11 岁，女生不仅会比男生展示出更强烈的社交倾向，而且也比同龄男生长得更高。她们的身材开始发生变化，为即将到来的青春期做好准备。

相反的是，男生可能会进入变声期，声音开始变得嘶哑低沉，但他们的前额叶和其他部位一般要在中学阶段才能迅速发育。大脑发育的差异，正是这个年龄段的男女之间产生社交冲突的诱因——男生和女生的思维可能截然不同。（Lenroot 等，2007 年）不过，在五年级阶段，女生和男生的大脑也会经历相似的发育过程。

更加完善的大脑结构

此时，大脑神经元再生和重组的频率降低，新产生的神经连接数量也减少了。科学家认为，这就是到了 10 岁或 11 岁才开始学习语言的孩子很难彻底改掉原来口音的原因。另一方面，在神经通路周围产生并起到隔离的作用，让神经元成为更好的导电体的大脑白质细胞——髓鞘，进入更高层次的发展阶段。随着大脑各个区域之间的交流越发高效，孩子的思维也更加敏捷了。（Barkovich，2000 年）

这意味着你孩子的更高阶思维能力会不断增强。到了五年级阶段，你的孩子能更好运用抽象知识解决问题、整合多渠道的信息、使用自己的推理和演绎能力。你还会发现，你的孩子比以前更有同情心了。

需要注意的是，这些能力可能会在孩子身上得到持续的提升，也可能不会。

难以避免的矛盾状况

孩子的大脑前额叶皮质——也就是负责理性思维的区域——会继续生长，髓鞘化的过程也会变得更精细，一直到他们 18 ~ 25 岁。在那之前，大脑的神经信号和心理过程可能会出现不一致的状况。（Johnson 等，2009 年）

换句话说，有一天，孩子发现数学中的变量突然变得显而易见，甚至能用这个概念来安排自己生日派对的组织工作；到了第二天，任何与代数有关的知识对他来说都成了一门外语，完全摸不着头脑；等再过一天，或者到了第二周，他又能把变量作为工具来使用了。类似的情况还包括，学校里的好朋友在星期二说的话会让孩子发笑，但到了星期三，同样的话却会让他大哭起来。还有，在家里，你的孩子坚持要自己独立做决定，但随后又希望得到一个温暖而充满安全的拥抱（可能他做出的这个决定就是导致他改变的原因）。有时却只是因为想一个人静静，就把自己关在房间内，或者待在后院里。

今年，在生理、心理和人际交往等方面，你家的五年级学生都会经历一些典型的变化，请你保持耐心。孩子之所以如此反复无常，是出于生理学的原因——为了让大脑进行有效的沟通，他的神经通路正在不断地完善和被隔离。不过，这个阶段的孩子往往兴趣广泛、聪明伶俐，所以过山车般的情绪变化只是个小小的代价。

🍃 五年级阶段的社会特征

五年级的孩子通常都相当乐观向上，他们依然很喜欢和家人待在一起，但有时会夸张地表达自己的情感。当你的孩子第一次冲你大喊"你就是不明白"，然后跺脚走开的时候，你可能会很惊讶，昨天他还那么乖巧可爱，今天到底发生了什么？

脆弱的五年级学生

随着大脑神经通路的不断被修剪，10 岁或 11 岁的孩子开始把自己看作独立的个体，思维能力的进一步增强也让他们可以敏锐地意识到他人——或者他们认为他人——是如何看待自己的。《为人父母的特权》（*The Privilege of Parenting*）一书的作者、临床心理学家布鲁斯·多林（Bruce Dolin）说："我见过许多（10 岁的）孩子变得越来越焦虑、离群和绝望……尽管我们知道这些情绪会随着青少年体毛的发育而出现，但在青春期到来前的几年，它们往往会表现得很微妙，被大家忽视。"

对于五年级的孩子来说，他们会比四年级时更渴望融入同龄人的群体。所以，你的孩子可能会遭遇来自同伴的压力、小团体斗争、嫉妒和霸凌，因而变得忧郁、焦虑而孤僻。

多林博士指出："考虑到所有孩子都会在某种程度上意识到自己的"不同"，而且现在他们的自我意识与更强大的想象力结合在了一起（这会让他们在脑海中更生动地勾勒出一些可怕的场景），所以，在这个年龄段，他们可能会在突然之间变得非常情绪化、不安，也更加乖僻……"

焦虑和离群的标志之一是感到孤独，认为没有人真正理解自己……所以，在养育 10 岁的孩子时，我们应该更加感同身受，相信他们对自我处境的思考是真实的，也是深刻的。

团结协作

尽管让五年级的孩子学会团结协作是一个艰难的过程，但他们可以从小组合作中获益良多，一起集思广益，专注地解决问题或创造新事物。他们还擅长记住事实性的信息，并在更高层次的任务中融会贯通，比如，运用逻辑思维能力来解决谜团或者难题。

通过有组织性地和同龄人完成任务并解决争端，孩子的人际交往能力也得到了提高，如果在课间休息或吃午饭的时候发生了棘手的社交状况，他也懂得如何应对了。

亲情

当五年级的孩子渴望在同龄小圈子里找到一席之地时，你无法再时刻保护他，但还是可以倾听他的苦恼，给他多些拥抱和建议，并告诉孩子，他身上有哪些优点，让他脆弱的自我变得强大起来。

你也可以带着孩子一起参与社区公益活动，孩子的同理心和理解力都在不断增强，这类活动能让他意识到自己身处于更为广阔的世界之中，并且能为这个世界做出积极贡献，这对于孩子建立自信心、学习与他人进行有效互动都大有裨益。

对"专家"的奇怪信仰

你会发现，这个年龄段的孩子会在莫名其妙的地方找到所谓的"专家"。他们觉得，童子军的队长最擅长做意大利面，足球教练是这个世界上至高无上的营养权威，好朋友的妈妈比家庭医生更了解感冒、流感和链球菌性咽喉炎。

你不必和孩子争论，也不要嘲笑他的逻辑缺陷。事实上，如果你诋毁他心目中任何一位"英雄"，不仅会伤害他的感情，还会削弱他对你的评价。别急，可能就在不久后的一场看似与这个话题无关的对话中，他会改变想法。

也就是说，当你的孩子放学回家，打算吃几只甲虫来治疗感冒时，你与其反驳这种"明智"的建议，不如和孩子一起在网上查一查，看看有没有能够替代这种嘎嘣脆的昆虫的治疗办法。

认知与沟通

如果你让孩子打扫卧室，可能会发现他的衣橱里或床底下塞满了臭烘烘的衣服。别沮丧，对于这个年龄段的孩子来说，如果他们看不到混乱，就可以当它不存在。在他们心目中，自己已经完成了父母要求他们做的事情。由于髓鞘加快了神经通路的速度，你家的五年级学生看起来很成熟，但他们只有 10 岁或 11 岁，还是无法像大人那样思考。

你可以和孩子聊一聊衣着干净、居住无异味的好处，也可以互相比一比打扫的速度：是你孩子把脏衣服藏在隐蔽的角落里更快，还是你把它们放到浴室的洗衣篮里更快。即使你比他慢了一两秒，这样的趣味比赛也会逗得孩子咯咯大笑，激励他比以前更频繁地使用洗衣篮。

试着问孩子一些开放性的问题，如果他的回答很简短，也要保持耐心。类似"我不知道"这样的答案，并不意味着你家的五年级学生不再信任你，或者不想和你说话。你的孩子可能没有仔细想过你在问什么，或者不知道如何表达自己的感受。同样地，如果他答应过你，在玩电子游戏之前先做完作业，可能是一个非常诚恳的承诺，只不过一个小时后他就把这个承诺抛诸脑后了。

你应该制定好规则并贯彻执行，同时要明确违反规则的后果，但过程中也要和孩子保持良好的沟通。比如，如果你认为孩子还没写完作业就开始玩电脑，或者他的作业很快就写完了，你怀疑他敷衍了事的话，你可以这么说："噢，太棒了，你已经把历史作业写完了，能给我看一下吗？"

孩子可能会说"不"，但这并不是你想要的回答。

在这个例子中，如果你发现孩子的作业没有写完或者写得不达标，可以用这种方法来做积极的处理——"嗯……"你先叹一口气，说，"你知道这意味着什么……"然后，等着你的孩子主动告诉你违规的后果；如果他没有，请告诉他："关掉电脑，你下周才可以继续玩。"如果他跟你讨价还价，你就说："抱歉，自从上一次发生这种事以来，我们的规则一直没有改变。一周以后，你会重新得到玩电脑的权利。"

这个年龄段的孩子都愿意遵守规则，只不过现在可能还看不太出来。你应该知道什么可以给孩子带来安全感，请不要冲他吼叫、唠叨或责骂。记住，等孩子到了 11 岁左右，他们的前额叶才可以处理负面的信息。（Van Duijvenvoorde 等，2008 年）研究还表明，即使你的孩子已经 11 岁了，用正面管教的方式来引导他，效果会更好。

《与青少年有关的一切》（*The Everything Tween Book*）一书的作者、心理学家琳达·索纳（Linda Sonna）表示："如果孩子被大人叫成'笨蛋'的话，会产生非常糟糕的后果，因为孩子相信大人知道这个世界上真正的'笨蛋'是谁，他们说的肯定是对的。"

五年级的孩子并非完全不会说谎，但是他们对是非观和公平观的关注越来越尖锐，所以更愿意老老实实地说出真相。他们会耐心解释、专心倾听，不过有时候你还是得提醒他们，要认真听对方说话，不要光想着自己接下来要说什么。（不过，我们也都认识这样的大人，不是吗？）

家庭生活

家里的 10 岁或 11 岁的孩子，有时候可能会很惹人烦，但是这个敏感又可爱的小家伙能说出一连串妙语，而且乐于和你一起做各种事情。我的女儿们上了五年级以后，最令我感到快乐的事情之一就是她们让晚餐时间充满乐趣，会说一些比以前更有趣、更聪明的笑话。而且，随着女儿们更加擅长处理抽象概念，不管是提问、回答还是汇报白天所发生的一切事情，从她们口中说出的话都变得更井井有条，也更富有哲理。

有时，她们也会在餐桌上表达自己的焦虑之情。当她们说出某些困扰并得到全家人的建议后，偶尔会情绪爆发，但通常来说都会感觉更好一些，而且也得到了处理问题的方案。在此，我要为孩子大脑的髓鞘化欢呼三声！

五年级的孩子会喜欢家庭活动，比如搭一个狗窝或者打理菜园。他们还很喜欢做家务活，比如和父母一起准备饭菜或者打扫院子。你们可能会在聊天中提到某个问题，从而启发孩子开展相关的科学项目，这能让他一连忙活好几个星期。

虽然这个年龄段的孩子可能不再愿意在公共场合和你拥抱，但他们中的大多数还是希望能在私底下表达情感，包括一起依偎在沙发上看电影或者共读一本好书。

如果你的孩子还没有给别人送过礼物，五年级是一个好的开端。起初，他可能不太愿意，但是通过用自己的钱给家人和朋友买礼物或亲手做礼物，会让这个年龄段的孩子获得一定的满足感。他们意识到自己长大了，有能力了，对于抵御未来的社会风暴也树立了信心。

让五年级孩子与他人相处融洽的 5 个社交技巧

1. 教孩子做一个好的倾听者。还记得第 245—246 页的"学会倾听"吗？向孩子演示提问、倾听回应和表示赞同的正确方式，然后再重复一遍，确认孩子已经理解了。你们可以针对真实和虚拟的场景，分别进行角色扮演，包括假设某些人说了或做了一些不太好的事情。和孩子一起集思广益，讨论如何回应问题中的"陷阱"，练习如何积极地倾听对方的回答。人们很少会感到自己被倾听，当有人真正地听自己说话时，就像是收到了一份珍贵的礼物。所以，这项技能不仅能帮助你的孩子培养对他人的同理心，还会极大地改善他的人际关系，说不定会把自己的对手变成朋友。

2. 告诉你的孩子，不要对霸凌者屈服。如果孩子被别人取笑了，你可以把你在他这个年龄段经历的类似事件告诉他，表达自己的同情。然后，教他练习转动自己的眼珠，在嘴唇之间吹气，说："我不在乎。"要让霸凌者知道：他们无法摧毁你的精神（即使你的内心已经受到了伤害），这么做能让对方丧失霸凌的乐趣。

3. 做一些有趣的事。如果你家孩子在学校里受了伤，不管他回家后有没有提到这件事，你都可以陪他一起烤饼干、骑自行车或者踢足球。这会让他深刻地感受到，不管生活有多么不如意，家永远是一个安全的港湾。

4. 让孩子和你依偎在一起。陪孩子坐在沙发上看电影、看书或者小睡一会儿。10岁或11岁的孩子看起来已经长大了不少，不过他们通常还是喜欢充满安全感的身体接触，尤其是心情沮丧的时候——如果你比较敏感，就会发现男孩也是一样。

5. 鼓励你的孩子帮助比自己年纪更小的弟弟妹妹或者朋友。让他给年纪更小的孩子大声朗读图画书，或者帮他们解数学题，这样做可以增强孩子的自尊心，也能温习一下可能已经生疏的学习技能。

发生在身边的故事

一出悲剧是如何变为喜剧的

上五年级的拉奈上课时总是一个人默默地听着，看着，在课堂上也很少举手发言。她的爸爸为什么要换一份新的工作？都已经开学一个月了，她还是没有交到任何朋友。

课间休息的时候，拉奈坐在教室外的长凳上看书。这时，一个打算去操场的男孩从她身边路过，弹了弹她手里的书。"嘿，钢丝球！"他取笑道。

"钢丝球！"一个女孩重复了一遍，"我们就应该这么叫你。"

拉奈的卷发是柔软的、棕色的，并不像钢丝球那么粗硬毛躁。这个新学校真是糟透了。

拉奈回到家后，从书包里拿出图书馆借的书，然后坐在厨房的桌子旁，支着额头看书。达娜蹦蹦跳跳地进来了，她是家里的田径明星，正在上高中三年级。她抓了一根香蕉，对妹妹说："发生什么事了，小家伙？"

"没事。"拉奈没敢说真话，如果达娜知道了，一定会告诉她别那么害羞，要勇敢地回去那些人。

"我要出去跑一会儿步，就几千米。"达娜说，"你想一起来吗?"

"好的!"拉奈从椅子上跳了下来——达娜几乎从不主动邀请她去任何地方,"让我穿上鞋子。"

她们沿着一条泥泞的小路往前跑,路过了达娜的高中学校。拉奈努力地跟上达娜矫健的步伐,落叶在脚下被踩得嘎吱作响。空气是如此潮湿、寒冷,她觉得自己的呼吸异常沉重。她很想停下来走一会儿,喘口气,但如果她这么做了,达娜以后可能就再也不会和她一起跑步了。

"你知道你是个很棒的孩子,对吧?"达娜打破了沉默,她听起来一点也不气喘吁吁,"你聪明又有艺术天赋,比我们都更有创造力。"

"谢谢。"拉奈喘着粗气回答。

两个女孩回到家以后,桌上已经摆上了意大利面和沙拉。拉奈觉得跟姐姐跑完步以后,自己心情好多了。尽管如此,当她晚上睡觉的时候,还是很害怕第二天的到来——五年级的又一天。

第二天一早,拉奈想要起床,但她动弹不得。她的双腿仿佛已经不是自己的了,毫无生气地靠在床垫上,从屁股那里传来阵阵疼痛。当她用双手抓起右侧大腿,想把腿推到一边时,心跳突然急促起来,这股冲力让她整个身体都摔到了硬木地板上。她感觉自己的骨盆部分烧得很烫。拉奈努力平复自己的呼吸,翻身趴在了地上。她想呼救,却只发出了一声呜咽。最后,她拖着毫无知觉的双腿,匍匐着爬到了父母的房间,地板把她的小臂都给擦伤了。

"妈妈！"她哭喊着，"我的腿动不了了。"

这听起来有点离奇，但是，当父母意识到拉奈真的站不起来以后，她的父亲马上把她抱起来，放进车子里，直接驶向医院的急诊室。他们刚到医院不久，拉奈就被安排在了儿科病房的病床上。发烧几乎让她从里到外沸腾起来，不管做多少验血和检查，看多少医生，都无法诊断出她为什么会出现这些症状。

到了晚上，当拉奈的母亲离开医院以后，她觉得自己的世界都被封闭在了无菌的白色墙壁里。她哭着睡着了，梦见自己正在跳舞和玩耍。整个晚上，护士们一直在为她监测生命体征，这让她觉得自己可能再也不能走路了。经过 10 天的反复治疗，医生终于控制住了她的体温，也缓解了她身上的疼痛感，但她的双腿仍然没有知觉。

大约就在那个时候，拉奈收到了一个用马尼拉纸做的信封，里面装满了班上同学们制作的缤纷卡片。他们在上面画的滑稽可笑的图片和写的"祝你康复"的甜蜜祝福，让她笑得连眼泪都出来了。

那个最爱取笑拉奈的男孩给了她一个承诺：等她回到学校以后，他会对她好一些，还会用桃红色的纸给她做一双"新腿"。

一觉醒来发现自己瘫痪以后，拉奈整整住了两周的院，医院才让她坐轮椅回家。当她回到学校时，同学们都热情地欢迎她，还为了抢推她的轮椅去教室而吵了起来。没有人再取笑她，她第一次意识到自己是这个集体的一分子。不过，这也与拉奈自身的变化有关。当她独自一人在病房的时候，才意识到自己以前很少敞开心扉，别人也就很难了解她，所以她回到学校后，对同学们更友好了。

一天，有个叫安吉拉的陌生女孩主动问她："我能推你一起去吃午餐吗？"

"好呀，谢谢。"拉奈惊讶地回答，"那真是太好啦。"

接下来的这些天，拉奈和安吉拉一起度过了所有的课间休息和午餐时间。她们一起做作业、吃晚饭，去对方家看电影。其他女孩也开始加入她们的行列，大家还调整了一些游戏的规则，比如跳房子之类的，让拉奈可以坐着轮椅进入跳房子的格子上，这样她就可以参与游戏了。

虽然拉奈在学校的社交生活有所改善，可是回家一个月后，她又开始发起了高烧。她只得回到医院，医生担心这种神秘的感染或综合征会扩散到她的全身。于是，医生和她的父母谈话，说如果想要挽救她的生命，可能需要截肢。拉奈一想到自己截肢后坐在轮椅上的场景，简直快晕过去了。

两天后，拉奈退烧了，医生轻快地走进她的房间说："我需要再验一次血。"他告诉拉奈和她的妈妈，"我在一个期刊中读到了些东西，有了新的想法。"

几个小时后，他笑着回到了她的床边。"这是骨髓炎。"他说，"你肯定曾经被感染的人抓伤过。一直吞噬你的骨髓细菌大概潜伏了很多年，直到你和姐姐一起跑步，因为心跳过快而把它诱发出来了。"

拉奈第一次感到了希望："那么，你就不会截去我的腿了？"

　　"没错。我们会给你开10天的强效抗生素，用来杀灭感染，还会安排一套特制的饮食来帮助你的骨髓细胞再生。再过几周，你应该就能脱离轮椅了。"

　　还不到一周，拉奈就可以凭借着自己的双腿，站在餐桌旁了。全家人都高兴得哭了，既为了她的腿变得越来越强壮，也为了他们自己经常吃鲶鱼和抱子甘蓝的日子马上可以告一段落了。拉奈认真地按时吃药，毫无怨言地吃了很多原味酸奶、沙拉和蔬菜，还坚持练习走路，慢慢地往前挪动，直到她的双腿变得足够强壮，可以在没有别人帮助的情况下大步走进教室。

　　五年级的教室里爆发出巨大的欢呼声和掌声，她没有想过同学们会对她这么友好。

　　安吉拉说服她一起练习短跑，并参加了这学年末五年级运动会的百米比赛。当这个重要的日子到来时，拉奈和其他五个女孩一起站在起跑线上。发令枪响了，拉奈冲了出去。令她大吃一惊的是，全班同学都跟在她的身后，一边狂奔一边欢呼："你能行的，拉奈！冲啊！冲啊！"

　　她是最后一个冲过终点线的选手，但第一名的女孩谢丽尔却把代表胜利的蓝丝带递给她，说："你才是获胜者。"

　　拉奈从来没有感觉自己被这么多爱包围着，她再也忍不住了，痛哭流涕起来。这时，班上的一群女孩立刻拥上来，抱住了她，她发现其中有几个女孩也哭了。

五年级阶段的手机使用

如果你打算今年给孩子一部手机，请制定一些基本的使用规则，让使用手机成为一种愉快的家庭体验。[请参阅第 307—308 页的"让手机成为好帮手（而不是麻烦）的 4 个方法"]

你家的五年级学生可能想要一部能上网的智能手机，但请你记住，10 岁或 11 岁的孩子并不需要手机的联网功能来传达更改的计划或者寻求帮助。

由于神经通路的髓鞘化、脑化学作用以及来自同龄人的社交压力，你的孩子本来就会比之前更情绪化，为什么还要让他陷入手机中社交媒体的泥潭呢？如果你给孩子买了一部不限于打电话和发短信的多功能手机，请设置好手机的过滤功能。

通过规避常见的手机隐患，你还可以让它成为一种有价值的家庭工具。比如，安装一款育儿应用程序，用来监控和规范孩子对手机的使用行为。它可以帮助你追踪到孩子的手机使用时间和总时长（除了和你联系之外），并且还可以保障孩子免受不良网站或者网络暴力的影响。

五年级阶段的学习能力

到了五年级，你的孩子就要为升入中学做准备了。在这一年，孩子们需要掌控自己的教育——有条理性、计划性，对学习负责，在需要时寻求帮助。他们要加强对短期作业和长期作业的统筹管理能力，并全面地通过阅读来学习知识。

你的孩子需要从主题、主要思想、要素和意义等方面，撰写分析相关故事和文章的论文；学习更高位值的分数、小数及相关运算；在数学和语言课堂上学到的技能要运用在一些科学项目上，比如物质转化、天气、栖息地和食物链等。

无论你的所在地是否对四年级学生进行科学和体能的标准化测试，到了五年级，孩子们应该都会接受这些领域的测试。问题是，随着学校的课业要求越来越高、同龄人的交往变得更加重要，占据了孩子本该用于体育、音乐或艺术类等户外活动的时间。

如何帮助你的孩子

对于五年级的孩子来说，凭借自律能力来跟上学习的节奏，会比以往任何时候都更耗费精力。你的孩子可能需要你的帮助。

从现在开始培养孩子良好的学习习惯，可以避免他到了中学以后经历更多的痛苦教训——许多早已冒出了苗头，只不过你并没有注意到。重温第七章第 326—327 页的"帮助高年级学生完成作业的 4 个步骤"，并对去年的家庭作业体系进行更新，把五年级的课业要求和当前的课外计划也纳入其中。孩子做作业的时间、地点和流程越能保持一致，他感受到的压力就越小，完成得也更好。

做作业时的注意力障碍

如果你的孩子在做作业的时候经常分心、缺乏动力，你可以拿出计时器来试试。比如，和孩子约定好一个时间段，可能是 15 分钟。在这 15 分钟内孩子必须专心致志地写作业，不受外界干扰，然后设置好计时器，让孩子开始写作业。等计时器的铃声响起后，他可以休息 3 分钟，去趟卫生间、喝一杯水、跳几下、原地慢跑或者选一首歌跟着跳舞都可以。休息完毕后，让他再把计时器设定为 15 分钟，重复这个过程，直到做完作业。

使用计时器以后，你的孩子可能会在当天、下周或三个月以后，将学习时间从 15 分钟延长到 20 分钟或 30 分钟，不管什么时候，都由他自己决定。让你家的五年级学生为自己量身定制一套学习体系，可以逐步培养他在学习知识和完成任务方面的个人责任感。

提示：如果你想要获得更多帮助，请参阅第 323—324 页的"培养高年级学生的专注力的 4 大工具"。

当分心不再只是一种注意力障碍

有时，五年级的孩子会因为被其他事情占据注意力，比如朋友、爱好或体育运动等，从而对学习失去兴趣。如果你的孩子突然出现了行为上的变化——不愿意再学习，或者远远没有以前那么努力——而你却盲目相信他自己能克服这个难关的话，可能会导致他在初、高中阶段遇到一系列问题。五年级的小学生的可塑性要比中学生强得多，通过家长的鼓励就可以重新激发他对学习的热情与兴趣。

如何重新激发五年级孩子对学习的兴趣

你可以给老师准备一张清单，在上面列一些能重新激发孩子在校学习兴趣的动机。身为老师，即使她不能过于关照某个学生，她的支持也能帮助你的儿子或女儿萌生更强烈的学习积极性。你还可以邀请老师来和你还有孩子一起开个会，讨论如何在现阶段的课程体系中融入音乐、体育、友情或其他孩子喜欢的任何东西。

如果你家的五年级孩子很喜欢棒球[1]，可以制订如下的计划：

● 参加一个研究棒球运动中的物理学的科学小组。

● 在家人的帮助下，运用十进制、分数、百分比、比率和绘图等技能，计算并展示棒球运动员的平均击中率和其他数据。

● 根据棒球内场的常规尺寸计算出球场的面积和容量，并比较不同球队所在球场的容量，包括平面尺寸和座位数量。

● 进行网上搜索，查找与棒球或棒球运动员有关的书籍，在征得老师同意后认真阅读这些书籍。

老师肯定希望让你的孩子重新燃起对学习的兴趣，不过现实是班级里有这么多学生，所以她只能做到这么多。你可以参与到计划之中，有必要的话还可以在家里继续扩展相关内容，从而尽可能地帮助你的孩子。

健康知识教育

你的孩子正在一天天地长大。通常从四年级开始，学校会进行与青春期阶段生理变化相关的健康知识教育，五年级也会继续学习（有些课程到五年级才开始）。坦白地说，大多数课程的内容都有些夸张可笑，通过滑稽的游戏或儿歌来展示，往往成为孩子们取笑的对象。

---

[1] 在中国，棒球目前是一种尚在成长和发展的运动项目，此处家长们可以根据孩子的实际情况，调整成篮球、足球、排球等运动项目。——编者注

不过，这类课程还是传达了重要的信息：你的身体正在发生改变（或者很快就会发生改变）。这些就是正在发生改变的事情，你不需要感到害怕，好好地尊重自己和其他人就好。

进行健康知识教育时，有些学校会将男生和女生分开授课，有些学校是一起授课的。课程资料会展现相关的临床知识，具有一定的专业性，因此，除非你是有特殊原因才拒绝这类课程，否则还是在家长许可书上签字，让你家的五年级学生参加课程。毕竟，与其他同学不一样，不去上课会比坐在一起上课更令孩子感到尴尬。如果你不打算让孩子在学校里上这类课程，或者你是自己在家里给孩子授课，请在一个安全的环境下把相关健康知识告诉孩子，让他可以自由地提问。

五年级阶段需要掌握的学习能力

语言能力

● 掌握并使用词根、前缀和后缀来理解陌生单词的含义。

● 能根据上下文来理解文本的含义，有必要的话可以重新读一遍。

● 总结故事、诗歌和文章的内容，了解情节的五大要素[1]。

● 通过引用文本中的内容，对主题或主要观点进行阐释。

---

[1] 情节（plot）的五大要素包括：开端（exposition/introduction）、发展（rising action）、高潮（climax）、结局（falling action）和尾声（resolution）。——译者注

- 理解文本中的比喻性词语（比如隐喻、成语和明喻）的含义。

- 对同一类型的故事（比如悬疑小说或幻想文学）或同一主题的文章进行比较。

- 阐释叙述者的观点是如何影响一个故事或一篇文章的。

- 通过引用文本中的论据，阐释历史或科学事件中人与人的相互影响。

- 学习和使用与科学和社会研究单元相关的五年级词汇。

- 展示作者是如何通过理由、案例和证据等来论证文本的假定的。

- 使用多种信息来源来查找问题的答案或解决难题。

- 对多种来源的资料进行研究，收集与某个主题相关的口头和书面报告。

- 撰写支持某一观点的意见性文字，并附上理由和相关信息。

- 撰写有条理的信息性文章，并获得与该主题相关的权威性资料。

- 运用描述性的语言，按照清晰的事件发展顺序撰写小说和纪实类文章。

- 掌握语法的使用惯例。

- 根据成年人、同龄人的反馈意见以及自我评估，对作文进行构思、修改和编辑。

- 运用相关工艺创作和出版作品，并与他人合作。

● 能在讨论中借鉴他人的想法，并提供研究事实和个人想法。

● 如果条件合适的话，在成果汇报时加入多媒体和可视化展示等工具。

数学能力

● 进行分数和带分数的加减乘除运算，使用">""<""="等符号比较分数的大小，并运用这些概念来解决数学应用题。

● 掌握千分位以内的小数，使用">""<""="等符号比较小数的大小，并运用这些概念来解决现实生活中的问题，能进行百分位以内的加减乘除运算。

● 能将整数和小数四舍五入到任意数位。

● 将多位数的整数相乘。

● 掌握四位数以内的被除数和两位数以内的除数之间的除法运算。

● 在数值表达式中使用括号、方括号或大括号，并进行计算。

● 测量单位的相互转换（比如，厘米与米，平方厘米与平方米）。

● 进行概率实验（比如，预测掷硬币或掷骰子的结果）。

● 组织统计类的信息（比如，用折线图表现数据的集合），并运用这些信息解决问题。

● 通过在平面坐标系上描点，解决现实生活中的问题和数学应用题。

- 掌握立体图形的体积概念，并求解立方单位。
- 根据平面图形的特性进行分类，并找到相关区域。

五年级阶段应该掌握的 165 个高频词
提高孩子的阅读和写作能力

现在，请再次拿出拼字板，或通过玩猜词游戏①，确保你的孩子能够阅读和拼写下面的这一组高频词。作为五年级学生，你的孩子应该能更好地掌握书面语言，所以我们在本章列举了更多的单词。请将它们添加到孩子的"词汇工具箱"之中，这会让他们在做作业时更轻松，也更有乐趣。你们可能也要重温一下前面各个章节中的高频词列表。

---

① 猜词游戏（hangman），原意为"绞刑架"，这是一个双人游戏，其中一个玩家想出一个单词或短语，并画上一个绞刑架，另一个玩家负责猜测该单词或短语中的每一个字母。如果猜测的字母不属于这个单词或短语，那么出题的玩家就会给绞刑架上的小人添上一笔，七笔之后，小人就被判处"绞刑"。——译者注

able （能够）	according （按照）	action （行动）	addition （增加）	against （反对）
age （岁数）	ago （以前）	ahead （提前）	alone （独自）	already （已经）
although （尽管）	amount （数量）	another （另一个）	answer （回答）	attention （注意）
away （离开）	beautiful （漂亮的）	become （变成）	began （开始）	below （下面）
beside （此外）	beyond （超过）	bird （鸟）	black （黑色的）	blood （血液）
board （甲板）	body （身体）	bought （购买）	brother （兄弟）	brown （褐色的）
center （中心）	century （世纪）	certain （确定的）	chance （机会）	check （检查）
child （孩子）	choose （选择）	city （城市）	column （柱子）	common （常见的）
compare （比较）	complete （完整）	correct （正确的）	decide （决定）	describe （描述）
different （不同的）	direction （方向）	distance （距离）	down （向下）	drive （开车）
during （期间）	each （各个）	early （早）	edge （角）	equal （相等）

example （例子）	experiment （实验）	family （家庭）	famous （著名的）	farther （更远）
few （一些）	figure （认为）	finally （最终）	floor （地板）	follow （跟随）
forward （向前）	found （找到）	game （游戏）	general （普遍的）	girl （女孩）
gone （消失的）	government （政府）	great （伟大的）	group （队）	happen(ed) （发生）
hear(d) （听到）	heart （心）	history （历史）	hour （小时）	however （然而）
hundred （一百）	idea （主意）	important （重要的）	include （包括）	information （信息）
instead （代替）	knowledge （知识）	language （语言）	large （大）	least （至少）
leave （离开）	length （长度）	machine （机器）	material （材料）	method （方法）
might （可能）	movement （运动）	music （音乐）	nature （自然）	necessary （必要的）
notice （注意）	object （物体）	office （办公室）	often （经常）	opposite （相反的）
pattern （模式）	picture （图片）	piece （碎片）	point （观点）	practice （练习）

probably （可能）	process （过程）	product （产生）	reach （到达）	ready （准备）
region （区域）	return （返回）	road （路）	room （房间）	rule （规则）
school （学校）	science （科学）	section （部分）	sense （感觉）	sentence （句子）
similar （相似的）	straight （笔直的）	surface （表面）	system （系统）	talk （说）
teacher （老师）	temperature （气温）	therefore （因此）	though （尽管）	throughout （始终）
toward （朝向）	travel （旅行）	trouble （麻烦）	true （正确的）	turn(ed) （转变）
twice （两次）	type （类型）	understand （理解）	United States （美国）	unless （除非）
until （直到）	usually （经常）	value （价值）	various （许多）	village （乡村）
visit （参观）	voice （声音）	wait （等待）	watch （观看）	water （水）
whether （是否）	which （哪个）	while （当……时）	whose （谁的）	woman （女人）
women （女人的复数）	world （世界）	write （写）	yellow （黄色的）	You're… （你是……）

提高五年级孩子的学习能力的 4 款趣味游戏

1. 猜猜他是谁？与你的孩子一起，轮流描述一本书或一部电影中的角色以及政治人物、家庭成员，或者运动队里的队员，并说清楚这个人是出现在什么地方的（比如在书籍、电影中）。看一看，当你们最终找出正确的对象时，一共需要提供多少线索。当你们在开车或排队时，都可以试试这个有趣的游戏，这有助于提高孩子在科学课上的观察能力，增强其写作时的细节描写。

2. 疯狂填词。这是一个趣味盎然的手机游戏软件，不管在何时何地都可以玩。在"疯狂填词"里的故事中，有一些文字是空出来的，需要由玩家进行填写。填空部分对词性有限制（比如，名词、形容词、动词或副词），这个游戏可以让孩子更好地理解语法的概念，提高写作的水平。最重要的是，这些由玩家信口说出的单词组成的故事确实相当有趣。

3. 趣味俚语。在你的手机上安装一个关于俚语的软件，找出我们自以为的滑稽话中藏着的深意，比如"别拽我的腿"（quit pulling my leg）的意思是"别开我的玩笑了"，"她的脑袋后面长了眼睛"（she has eyes in the back of her head）的意思是"眼观六路"。然后，你和你的孩子还可以"亲手"（try your hand）发明一些俚语。这个游戏可以提高孩子的阅读和写作能力，并激活大脑中负责解决问题的区域。俚语类的游戏尤其有助于孩子在家庭环境下学习英语。

4. 比喻游戏。五年级的孩子需要提高描述性写作技能。

所以，请你和孩子一起，轮流用"好像"或"如同"等词语打比方，越滑稽可笑越好，以此帮助你的孩子在写作中更好地运用比喻手法。比如：她蹑手蹑脚地穿过地毯，安静得好像一个小偷；他的脸颊鼓鼓的，如同膨胀的泡泡。

让五年级的孩子爱上阅读的 12 套经典系列丛书

很多适合五年级孩子阅读的精彩小说或散文并不属于某套丛书的一部分，不过当孩子们读到一本他们喜欢的书时，就会想要找出与这本书相关的其他故事来读。如果你是一个幸运的家长，你家里的 10 岁或 11 岁的孩子依然很喜欢和你一起读书的话，这些有趣的丛书也很适合亲子共读。

1．"魔法故事"系列（Tales of Magic series），全套共 7 册，作者为爱德华·伊格（Edward Eager）。书中的主人公们许下了愿望，希望生活能像一本魔法书那样，每一页都充满精彩的故事——愿望成真了，但一切却失控了……

2．"萨米·凯斯"系列（Sammy Keyes series），全套共 18 册，作者为文德琳·范·德拉安南（Wendelin Van Draanen）。在这套作品中，勇敢的女主人公陷入困境，但她最终成功地找到了出路。

3．"波西·杰克逊"系列（Percy Jackson and the Olympians series），全套共 5 册，作者为雷克·莱尔顿（Rick Riordan）。在作品中，一个天资聪颖的孩子发现自己与奥林匹斯山上的众神有血缘关系，他肩负着拯救世界和自我的使命……

4. "纳尼亚传奇"系列（Chronicles of Narnia series），全套共7册，作者为C. S. 刘易斯（C. S. Lewis）。书中讲述了一群孩子发现秘密的奇幻大陆的故事。

5. "绿山墙的安妮"系列（Anne of Green Gables series），全套共8册，作者为露西·莫德·蒙哥马利（L. M. Montgomery）。书中讲述了一个孤女和收养她的家庭的故事。

6. "阿特米斯的奇幻历险"系列（Artemis Fowl series），全套共8册，作者为欧因·科弗（Eoin Colfer）。这是一个关于年仅12岁的犯罪首脑的故事，作者科弗将这个系列描述为"与精灵斗智斗勇"的故事。

7. "游侠学徒"系列（Ranger's Apprentice series），全套共12册，作者为约翰·弗拉纳根（John Flanagan）。这套书讲述了一个男孩踏上冒险之旅，试图从一个邪恶的魔王手中拯救阿拉伦王国的故事。

8. "微光城市"系列（City of Ember series），全套共4册，作者为琴娜·杜普洛（Jeanne DuPrau）。为了拯救全城百姓，生活在地下城市的几个少年试图寻找返回地球表面的方法。

9. "本尼迪特天才秘社"系列（Mysterious Benedict Society series），全套共4册，作者为特伦顿·李·斯图尔特（Trenton Lee Stewart）。几个聪明的孩子必须潜入一个危险组织之中，才能解开某个能改变世界的谜团。

10. "A.I.少年团"系列（A. I. Gang series），作者为布鲁斯·康

维尔（Bruce Coville），全套共3册。在这套书中，讲述了一群聪明又古怪的孩子如何解决反复无常的成年人所制造的难题的故事。

11. "山居岁月"系列（My Side of the Mountain series），全套共5册，作者为珍·克雷赫德·乔治（Jean Craighead George）。书中讲述了一个男孩独自在野外生活，与一只游隼相伴，并教它打猎的故事。

12. "兄弟团编年史"系列（Brotherband Chronicles series），全套共6册，作者为约翰·弗拉纳根（John Flanagan）。这是一套生存类的冒险小说，也是"游侠学徒"系列的衍生书系。

启发五年级孩子数学思维的5个趣味游戏

1. 开个派对吧！通过组织生日派对、聚会或者运动队联谊，让你的孩子把数学知识运用到现实生活中。到了五年级，他已经掌握了很多生活小技能，还可以利用数学概念赋予它们意义。让你的孩子根据可能参加的人数和发出的邀请函，估算出一共会有多少客人参加派对。你们一起制订预算、写好购物清单，确定要花多少钱来买东西（在这个过程中，他会用到乘法、加法和如何解题等知识点）。派对结束以后，让你的孩子负责收集收据，算出总花费（他会用到加法和小数等知识点）。

2. 疯狂扑克。拿出许多价值不等的筹码，分发给你的孩子和你自己。比如，红色筹码、黑色筹码、白色筹码分别代表不同的价值。每发完一手牌，让孩子先估算出他所有的筹码值多少钱，再算出准确的价值，看看结果与自己的猜测有多接近。

3. 疯狂卷尺。让你的孩子用卷尺测量餐厅的餐桌，以平方分米为单位，计算出餐桌的面积，以及桌上可以并排放置多少个盘子。接着，让他计算沙发的体积，以立方米为单位，将长度乘以宽度，再乘以高度。（提示：你的孩子需要解出两大部分的体积，并将其相加：一是用来坐的底座部分，另一个是用来支撑背部的部分。）在五年级阶段，掌握分数这一概念非常重要，所以你要鼓励孩子进行精确测量。这些任务还可以给接下来的其他活动做准备，比如安装窗帘前量好窗户的尺寸。

4. 超级战舰。你还记得小时候玩过的策略游戏吗？当年，你开动脑筋，把自己的塑料小船放在一张画着格子的地图上，猜测着其他小朋友的船的位置并试图击沉他们。当你的孩子上了五年级，他也学会了绘画、标注方位和分析数据等，玩超级战舰这个游戏是提升这些技能的一个趣味方式。

5. 在线数学游戏。如果你被工作和生活搞得焦头烂额，没法挤出时间和家里的五年级学生一起做游戏，那么，你可以在搜索引擎中输入"五年级阶段的数学游戏"，找一些相应的趣味游戏给孩子。不管你的孩子在数学方面的学习水平是落后还是领先，都没有关系，你可以点击更低或更高的年级选项，通过这些游戏给孩子一些时间来巩固或者提升能力。不过你要记住，专家建议孩子每天的屏幕使用时间不能超过两个小时。（Jary，2018 年）

当你的孩子和别的五年级学生不一样

对于不符合钟形曲线①分布规律的孩子来说，他们当中的有些人会在五年级阶段丧失对学习的兴趣。有些孩子很快就能掌握新学的概念，却不得不和班上其他同学一起学完课程的剩余部分，这会让他们觉得不耐烦，时不时地在课上捣个乱，他们的家长就会接到老师或学校管理部门的电话。还有一些孩子还在与学习障碍做斗争，面对同样的教材，他们要比同龄人花更多的时间、付出更大的努力才能理解。

如果你家的"离群者"对学习的兴趣有所下降，请和老师聊一聊，并参阅"如何重新激发五年级孩子对学习的兴趣"（第379—380页）。一定要咨询一下所在的学区，看看是否有可以激励孩子学习的其他课程或俱乐部。

此外，你也可以在当地的社区活动中心、公园、娱乐中心、博物馆或自然教育中心寻找学习的机会。还有当地的私立组织，可能也会提供一些有趣的课程。通过阅读地方性杂志或网上检索的方式，也可以在附近找出激发孩子的好奇心，并将他在课堂上学到的技能融入其中的活动。

---

① 钟形曲线（the bell curve）又称为正态分布曲线，是一条中间高、两端逐渐下降且完全对称的曲线，最先出现在数学领域，后被借用为心理学概念，用来描述人的特性，比如学生的智力水平（包括学习能力及实际动手能力等）在一般情况下就是呈正态分布的。——译者注

🍃 五年级阶段的饮食与护理方式

由于人际交往的压力和不断提高的学习要求，五年级的孩子很容易陷入情绪低落的状态，请参阅第 395—398 页上的"让五年级的孩子预防或摆脱情绪低落的 15 种方法"。对于如何培养快乐又健康的五年级孩子来说，这份清单上的很多内容都很有参考价值，其中一些内容还会帮助你为难以预料的状况做好准备。

有时，这个年龄段的孩子做出的一些行为，会被认为是受到激素的影响，但他们的情绪本质更多地源于神经通路髓鞘化的不一致。（Johnson 等，2009 年）对于一个性格暴躁或孤僻的五年级学生来说，充分保证睡眠质量以及充足营养和水分的摄入，进行深入交流，享受自由自在的游戏时间，都能很好地改善他们的状态。

但是，如果你对孩子采取了一些提升情绪的措施，一到两周以后还是没有太大的效果，那就需要去找儿科医生看看，因为持续性的情绪低落或暴躁状态可能是由甲状腺炎或其他疾病引起的（Spiro）。如果你的医生在孩子身上找不到生理性的疾病，可以转至心理健康专家那里进行评估。（McInerny，2013 年）

美国联邦药物管理局（The Federal Drug Administration）提醒各位家长，如果你的孩子缺乏活力和热情，变得孤僻、易怒而闷闷不乐，或许还会觉得悲伤、焦虑或急躁不安，这些可能是抑郁的迹象。（FDA，2014 年）其他症状包括对原本喜欢的活动丧失兴趣、体重增加或减轻、睡眠过多或过少、经常感觉头痛或胃痛、认为自己毫无价值、对未来没有期待等。（McInerny，2013 年）

美国焦虑与抑郁协会（The Anxiety and Depression Association of America）表示："在 6 ~ 12 岁的年龄段中，多达 2% ~ 3% 的孩

子可能患有严重的抑郁症。"对孩子进行全面评估是诊断的关键，因为这些与抑郁症相关的指标也可能是由焦虑、学习障碍或其他因素引起的（Spiro）。

　　在理想的状态下，你的 10 岁或 11 岁的孩子会平稳地度过五年级这个阶段。如果你的孩子和大多数孩子一样，那么下面的"让五年级的孩子预防或摆脱情绪低落的 15 种方法"将为你提供一些手段和提示，让你从容地应对这个阶段的大起大落。这些小贴士还会帮助你的家庭做好准备，更好地迎接激动人心、充满挑战的中学时光。

让五年级的孩子预防或摆脱情绪低落的 15 种方法

　　1. 正视孩子的行为，并提出开放性的问题。坐在他的床边，问一些问题，比如："你最近看起来有点难过，发生什么事了？"

　　2. 保持耐心和毅力。如果他说："没什么，我很好。"要继续温柔地劝导他："亲爱的，我很了解你，一定有什么事困扰着你。我爱你，我想帮助你。"

　　3. 抵制干扰。当你的孩子开始袒露心声时，请尽量不要让其他家庭成员或你自己的想法打断他。一旦谈话中断，你可能很难让他再次开口。

　　4. 问问他，是不是被欺负了，有什么伤心事。也许他和朋友吵架了，或者是在一场体育比赛或其他比赛中输了，也许有人骂了他。你要帮助孩子处理问题，并找出解决方法。

　　5. 做好心理准备，你也可能是问题的一部分。孩子——哦，不，人都是敏感的。如果你的家庭生活出现了一些混乱的局面，

比如争吵、酗酒、分居或离婚、失业等，你的孩子也会受到这些家庭压力的影响。

6．给孩子减压。你可能需要建议老师调整作业量、减少给孩子的家务活安排、让兄弟姐妹对他更友好，还要审视自己的所作所为，看看能否把家庭氛围变得更轻松。

7．检查饮食。五年级的孩子处于生长发育的阶段（无论我们是否意识到这一点），他们渴望薯条、比萨饼、意大利面食和饼干，以此获取能够快速释放的热量，满足身体需要的额外能量。问题在于，精加工的碳水化合物无法提供孩子发育所需的营养。摄入食物对我们情绪造成的影响要比大多数人想象中的大得多。

请在孩子的食谱中增加水果、蔬菜和瘦肉蛋白，同时限制糖分和加工过的碳水化合物的摄入。和孩子一起研究营养学，让他明白为什么他的身体需要维生素、矿物质、蛋白质和健康的脂肪。向他展示吃有益健康的食物是如何让身体更有效地运作，帮助他更好地思考和感受的。然后，你们可以去商店购物，让你的孩子来挑选储存在冰箱里的营养食物。孩子的新变化可能会令你大吃一惊！

8．确保你的孩子能够得到水分补充。规律性地喝水，可以大大改善孩子的情绪。喝水虽然是个很简单的动作，但能产生巨大的效果。美国北卡罗来纳大学营养系的研究人员发现："轻度脱水会扰乱儿童的情绪和认知功能……包括注意力、警觉性和短期记忆。"（Popkin 等，2010 年）

我们的身体需要水分来冷却大脑，维持体温，将氧气和营养物质运送到细胞中，以及清理废物。简而言之，摄入足够的水分是改善孩子的思维和感觉状态的简单方法。

9. 获得充足的睡眠。尽管个体差异很大，但10岁或11岁的孩子每晚通常需要9~11个小时的睡眠时间。他们的大脑需要在 δ 波的控制下继续连接、协调和隔离神经通路，并促进生长发育。如果你的孩子没有足够的睡眠时间，请调整日程表，调整或者重新安排就寝仪式。美国纽约西奈山伊坎医学院睡眠医学中心主任史蒂芬·芬西弗博士表示："如果一个人睡眠不足，可能会导致严重的情绪问题。"（Miller，2015 年）

10. 允许自由自在、不受监督的游戏时间。让孩子们在外面尽情玩耍，遇上下雨天或下雪天，也可以搭建个堡垒在室内玩，这种游戏时间对他们大有好处。（屏幕使用时间不包括在其中，这就像是薯片式的消遣，不能过量。）

2010 年，美国波士顿学院教授、《自由学习》（*Free to Learn*）一书的作者彼得·格雷博士的建议很有道理：

"如果我们总是对孩子进行监督和控制，剥夺他们独自玩耍的机会，其实就是夺走了他们学习如何掌控自己的生活的机会。我们可能会认为自己是在保护他们，事实上却在减少他们的快乐、削弱了自控力、阻挠他们发现和探索自己真正热爱的事业，同时也增加了他们患上焦虑、抑郁和其他疾病的概率。"

11. 让你的孩子动起来。让你家的五年级学生在户外自由活动：散步、骑自行车或者慢跑5千米，从而培养品格与意志力。

室内活动也有多种选择，比如跳舞、去健身房进行力量训练，或者上跆拳道课等。科学家发现，运动可以使大脑海马体中的含Ⅲ型纤连蛋白域蛋白5（FNDC5）保持活跃，从而改善情绪和总体健康状况。（Servick，2013年）2008年，美国卫生与公众服务部建议，为了儿童的健康成长和发育，他们每天至少应锻炼一小时，这也是为他们长大成人后的健康奠定基础。

12. 对孩子的建设性、参与性的行为予以温和的赞扬。记住，这个年龄段的孩子通常更愿意回应正面的反馈。（Van Duijvenvoorde等，2008年）

13. 对孩子的优点进行具体化描述。与其说"你是个了不起的艺术家"，不如说，"你给那棵树涂色的方式，让它看起来栩栩如生！"

14. 利用创造性的活动来放松孩子的心情。写日记、听舒缓的音乐以及做瑜伽（尤其是深呼吸）都可以很好地缓解孩子的压力。

15. 对任务、作业或其他工作进行分解。当孩子面临巨大的学业压力时，让他一次只专注于一个任务。分解任务，按步骤取得一个又一个的阶段性胜利，直至全部完成，这样会比一次性完成整个任务更有可行性。

（提示：如果你的孩子一直处于容易发怒或情绪低落的状态，请与儿科医生联系。）

五年级阶段的牙齿状况：你需要做的事情很简单

相比去年，你的孩子现在长大了一岁，完全可以很好地自主使用牙线和刷牙。你无须多加考虑，让孩子好好负责自己的牙齿卫生吧。不过，他的同学还是会把糖果和薯条带到学校，他们还会一起分享几盒饼干。10岁或11岁这个年龄段的孩子都喜欢吃垃圾食品，所以，你可以时不时地检查一下孩子的刷牙方式，有必要的话进行一定的指导，从而避免日后出现太多的牙疼和心痛的状况——还可以省下补牙的开支。

你是哪种类型的父母？

☺拉兹太太尽自己最大努力去做一个尽责的母亲。去年，她的儿子乔还在上四年级的时候，曾经央求她给他买一部手机——他的理由是，因为他的朋友们都有手机，所以他也应该有。她觉得没必要给儿子买手机，因为她做的是一份兼职的工作，当乔放学后坐着公共汽车到街口下车时，她已经到家了。而且，他可能会用手机惹出一些麻烦，比如躲在书桌下玩游戏，或者在社交平台上传照片。她很了解自己的儿子。

然而，夏天的时候，她和丈夫分居了。其实这件事已经发生很久了，但丈夫搬到别的州仍然是一个打击。乔崩溃了。

在新学年开始时，拉兹太太做出了让步，给上五年级的乔买了一部手机，规定只能用于某些特定用途，但乔很擅长违反规则。从好的方面来看，他的父亲大多数晚上都会在睡前给他打电话，这让他们的儿子逐渐适应了家庭的新变化。老实说，拉兹太太的处境很艰难，她肩负着全职妈妈和爸爸的双重责任，更不用说为了维持生计，她还把每周的工作时间增加到了 40 小时。

拉兹太太瞥了一眼桌上的钟——4 点 50 分。当乔放学到家的时候，他应该告诉她的，但他又忘了给她发短信。这个小家伙！

无论如何，她希望他只是忘了，而不是又困在了床底下——或者更糟的状况。

她打电话给乔，却转接到了他的语音信箱。"他不会有事的。"她安慰自己说，却还是匆匆忙忙地把工作上该发的电子邮件都发完了，把桌上的资料放进最下面抽屉里标有"常用"字样的文件夹中，并在 4 点 57 分的时候起身离开。

"你要下班了？"旁边隔间的那个叫珍妮丝的漂亮姑娘问道。她可能会把自己提前下班的事告诉老板，但拉兹太太得去看看乔到底有没有遇上麻烦。

拉兹太太驾驶着面包车，飞快地往家的方向驶去。她路过了商店，家里空荡荡的食品储藏柜让她想起了《哈伯德老太太》①的故事，但是她实在分身乏术，根本没时间购物。

汽车驶上家门口的车道时，轮胎发出了刺耳的声音。"快点吧，快点吧。"她像哄小孩儿似的对车库门说——它以前也开得这么慢吗？接着，她从车上一跃而下，冲进厨房。乔不在那儿。但是她到家的时候，他应该坐在厨房的桌子前写作业的。

"乔？"她穿过客厅，一路上都在喊儿子的名字，但没有得到

---

① 《哈伯德老太太》（*Old Mother Hubbard*）是一本经典的图画书，讲述了家徒四壁的哈伯德老太太和她的狗相依为命的故事。——译者注

任何回答。她确定他又被卡在床架里了。这个男孩需要进行体育锻炼——还有，如果她有时间去超市购物的话，应该像他上四年级时那样做一些健康午餐，让他在家里吃饭，而不是去外面吃。一想到这里，她觉得自己的裤子也变紧了。

拉兹太太终于走到大厅尽头的卧室前，她的心怦怦直跳。刚到门口，她就被他的网球鞋绊了一下，然后，她停下了脚步，看到儿子正躺在床上，盯着自己的手机屏幕，用手指轻轻地点个不停。

"约瑟夫·德雷克·拉兹！"她厉声说道，把乔吓了一跳，"你刚才没听见我在叫你吗？"

"你是说在手机上？"乔的棕色睫毛颤动起来。他用拳头揉揉眼睛，好像才刚刚睡醒，"我要是接了你的电话，就会在游戏里丢分的。"

"我是说刚才在家里喊你的名字！你光顾着玩手机游戏……但你压根就不该玩游戏。而且，你放学到家时没有给我发短信，我打电话时也没有接。我快担心死了！我们之前已经谈过这件事了。"拉兹女士踩着散落一地的脏衣服，从乔的手中夺过手机。

"妈妈！"乔急忙从床上溜下来，试图从她的手上抢回手机，"我刚才只是暂停了游戏，让我先保存一下！"

"再也没有游戏了，你这个小鬼。"她把手机放到他够不着的地方，"这部手机是我们之间用来联系的，既然你没办法遵守使用规则，那么从现在开始，我就把它没收了，到时候再说吧。"

他深褐色的眼睛里充满了泪水，说："但是，要是爸爸打电话来呢？"

"我会接电话，告诉他用网络电话（Skype）给你打。"拉兹太太会把自己的笔记本电脑上锁，除了做作业或者和爸爸通话，其他时间都不让乔打开。

"但他的网总是会断掉。"

"我很抱歉，乔，当你打算再次违反手机使用规则时，就应该考虑到这些。"拉兹太太转身向门口走去。

"不要！"乔惊慌失措地尖叫着，从后面抱住她的腰，"我发誓，我会发短信给你，也不会在手机上玩游戏。"他趴在她的背上抽泣着，泪水浸湿了她的衬衫，"我不想错过爸爸的电话，求你了！"

拉兹女士的愤怒就像抽水马桶里的水一样倾泻而出，而她的小男孩就在她的背后大口地喘着气。她已经不止一次想打自己一顿了。

如果拉兹太太能抽出一点时间，在手机上安装一个家长控制软件，她就可以随时检查儿子的手机使用状况。她就会知道他是在玩游戏，所以才没有接听她的电话。在她没收他的手机之前，他们本可以进行一次心平气和的谈话。现在，她却把他抓了个正着，并决定不再让他和爸爸打电话。

她从他的怀里转过身来，紧紧地抱着他。

"我会让你和爸爸打电话。你只能用手机做这件事情。"拉兹太太吻了吻儿子的深色鬈发，"来吧，我们去吃比萨。"

👀"我肚子疼。"珍妮呻吟着，在床上翻来覆去。

这个月以来，她的肚子疼了多少次了？杰克逊夫人一边思忖着，一边把手放在女儿的额头上，摸着并不烫。"亲爱的，你没有发烧。我给你带上一片烤面包，然后送你去学校。今天早上已经和老师约好了，要谈一谈你的状态研究报告。"

"面包会让我呕吐的。"珍妮用枕头压着自己凌乱的金色长发，"我不去。"

"起来。"杰克逊夫人抓起珍妮的枕头，脑袋却撞上了悬挂在她女儿的床的上方的植物——家里到处都是这样的植物。

"不！"她的女儿尖叫起来，躲进了被子里。

杰克逊夫人揉着脑袋，生气地盯着被子底下的珍妮，彩虹图案的被子高高隆起，就像一座小山似的。至少，珍妮已经不再编织绳结，也不再剪下各种植物的枝条来种了。这幢房子看起来就像是一片丛林。珍妮是典型的三天打鱼两天晒网的孩子，从几周前就不再给它们浇水。要不是杰克逊太太接手了这些活儿，它们此刻已经是一片死去的丛林了。

她抓着被子一角掀起来，珍妮的上半身就露了出来："事实上，你这个学期已经得不到学校的成就奖了，要是继续缺课，就永远也赶不上课程的进度了。照这样下去，你就得重新读一遍五年级！"

"我不在乎，我——"呕吐声打断了她的话，接着又是另一声。珍妮把自己的脑袋探出床头，但她的胃里什么也没有，只是干呕而已。

杰克逊夫人坐在双人床的床边，用双手捂着脸："我想我会单独和普特曼先生谈谈。"这时，她注意到地毯上有一部手机，夹在一堆皱巴巴的牛仔裤之中。她心想，珍妮的问题是不是在自己和丈夫给她买了手机后才出现的？

这一天的晚些时候，杰克逊夫人来到了五年级的教室外，望着这扇绿色的门。她穿着海军蓝大衣，一阵风吹得她的肩膀发紧。杰克逊夫人把珍妮今年可怜的成绩归咎于老师。她想，如果普特曼先生的课能更有趣的话，珍妮就会学得更好。

她曾经参加过一个科学实验的志愿服务。在这个实验项目中，孩子们把家庭用品混合起来，产生一定的化学反应。各个小组提出各种假设，塑料瓶里冒出的泡沫会让他们兴奋不已。最后，孩子们写出化学方程式并得出结论——除了珍妮，她始终一个人坐在角落里。

不管怎么哄，珍妮也不愿意和她所在小组的其他三位五年级孩子一起做化学实验。那天晚上，杰克逊夫人不得不站在女儿身边，帮助她完成实验报告，而大多数学生早在放学铃声响起之前就写完了。

　　珍妮以前很喜欢上学的，杰克逊夫人心想，她什么时候才能重新振作起来？

　　杰克逊夫人把脑袋探进了珍妮的教室。"早上好，普特曼先生。"她走过一排排课桌，那里很快就会坐满学生。老师坐在一张肾形的桌子前，正在用手写笔轻敲着一部平板电脑。

　　普特曼先生放下平板电脑，扬起眉头问："珍妮在哪里？"

　　"她醒来的时候，肚子又疼了，所以我过来取她的东西，问一问她的状态报告的问题。"

　　"珍妮今年缺了很多课。"普特曼先生把双手交叠在桌子上。

　　杰克逊夫人呼了一口气，坐在老师对面："我知道。埃尔南德斯医生给她做了所有会导致胃痉挛和头痛的病因检查，血检结果都是阴性的。"她顿了顿。如果老师知道其他的事情，他会怎么看待她？

　　"医生给了我们一个心理专家的号码，"除了坦白，她不知道还能怎么做，"但珍妮的症状是真实存在的，她的脑子没有出问题。"

　　老师往后靠在塑料椅上，双手放在膝盖上："我同意你说的话，我敢打赌，医生也是这么想的，但珍妮把自己封闭得越来越紧——"

　　"这只是一个阶段，她慢慢会改变的，就像她现在已经不再喜欢编织绳结一样。"

　　老师笑了："珍妮会编绳结？"

　　杰克逊夫人也笑起来："您应该来看看我们的房子和天井，珍妮用编好的绳结来悬挂植物，挂得到处都是。很多植物都是她剪下来自己种出来的。"

——直到我也开始这么做为止。她不再种植和悬挂植物是我的错吗？但这不可能……可能吗？

普特曼先生睁大了眼睛。"一个人对自己喜欢的东西失去兴趣，这是抑郁的一种表现。我之所以知道这一点，是因为我儿子在五年级时也经历过类似的事情。他不再跟家人和朋友待在一起，也不愿意再做飞机模型。"老师停顿了一下，把小臂支在桌子上，"经过检查，我的儿子患了一种化学物质失衡症，精神科医生对他进行了药物治疗和心理治疗，帮助他度过了抑郁期，也让我的妻子和我改善了与三个孩子的关系，我们一家人变得越来越亲密。去年，我儿子上了八年级以后，医生又帮他戒掉了药物依赖。"

"他又开始做飞机模型了吗？"

普特曼先生大笑起来："他立志成为一名飞机工程师。我们做过的最正确的事，就是带他去看儿童精神科医生。"

这几个月以来，杰克逊夫人第一次看到了希望的曙光。

😊周三的时候，奥斯汀·吴问他的父母，贾斯汀周五晚上能不能在家里过夜。贾斯汀的父母得在周六早上参加一场葬礼，奥斯汀希望他的朋友兼球队的首发投手能赶上他们的季后赛。对于儿子这个请求，吴先生和吴太太同意了，但提出了两个条件：第一，他要跟朋友说明自己的家规；第二，男孩们得在 10 点前入睡。

奥斯汀答应了，但是在周五晚上，全家人都坐下来吃晚饭的时候，贾斯汀却把自己的手机带到了桌子上。当他的朋友把手机放在桌子下发短信时，奥斯汀看见父亲正盯着贾斯汀的满头棕色鬈发，一脸怒容。"呃，贾斯汀，"奥斯汀说，"我想你忘了把手机放在篮子里了。"

吴先生赞许地朝奥斯汀点点头。

"嗯哼，等一下。"贾斯汀说着，继续用两根手指噼里啪啦按着屏幕。过了一会儿，他笑起来，手指又动了起来。

奥斯汀斜靠在他的朋友身旁，低声说道："伙计，我们要吃饭了。"

"好的，我完事了。"贾斯汀把电话放在自己的餐盘旁。

奥斯汀示意他拿到前门那儿："放到篮子里去，还记得我说过的话吗？"

贾斯汀皱着眉头，好像在问：你在开玩笑吗？

他转过头来，撞上了桌子那头吴先生和吴太太的眼神，觉得有点害怕。桌子中央摆着几盘热气腾腾的肉和蔬菜，该吃饭了。"呃，对不起。我只是不得不……"贾斯汀的声音渐渐变小了，他从桌子旁跳了起来，"我马上回来。"

吴家的所有人都没有把手机拿到餐桌上来，他们静静地坐着，直到贾斯汀回来。"你想要一些西兰花炒牛肉吗？"吴太太递给贾斯汀一盘菜，问道。

这个 11 岁的男孩茫然地盯着盘子，但他还是犹豫着接过了盘子，用勺子往盘子里舀了一些。"你想要一些吗，伙计？"贾斯汀问道，把盘子递给奥斯汀。

什锦蔬菜和鸡肉分别从桌子的两头移到了另一头，贾斯汀是最后一个给自己夹菜的。奥斯汀看着朋友脸上尊敬又满足的表情，微微一笑。贾斯汀总是吹嘘说自己从来不吃蔬菜，但他现在却折服于吴太太的厨艺。又有谁会说他呢？

"说说看，你今天做了什么？"吴先生问奥斯汀。奥斯汀讲述了他所在的科学小组在不同时间多次测量操场上树木阴影长度的事情。

当吴先生问贾斯汀他这天干了什么时，他没有说话。吴太太是一名儿科护士，她说了一个有趣的故事，讲的是一个孩子不愿意打针，逃走了，谁也抓不住他，他们不得不一路追到大厅尽头，才终于给他打了一针。吴先生则抱怨说，他的一个合作伙伴为了节省经费，想修改他设计的城市公园排水沟的规格。

现在，贾斯汀成了吴先生口中的"光盘俱乐部"的第一位成员。

"贾斯汀，如果你还想吃的话，可以多吃一点儿。"吴太太说，"我们希望你为明天的比赛养精蓄锐。"她向他眨眨眼，奥斯汀注意到他的朋友停止了咀嚼——贾斯汀整个身体都紧绷起来。吴太太一定也看出来了，她补充道："不过要是你们输了，我们这个赛季就结束了，不需要送你们去县里到处参加比赛了。"奥斯汀的妈妈和爸爸都笑起来。

"你们这些家伙！"奥斯汀嗔怒道，然后看向他的朋友，"他们开玩笑的。"

贾斯汀叹了口气，瘫倒在椅背上："我希望罗德里格斯教练也是这么想的。"

"你们俩都会做得很好的。"吴先生说，"我们待会儿要做冰激凌圣代，作为今天晚上的饭后甜点。"

"真的吗？"贾斯汀坐直了身子。

"等你们收拾好桌子，把盘子放到洗碗机里以后。"吴先生说，"我来摆桌子。"

"就这么定了。"贾斯汀隔着桌子的对角伸出手来，握住奥斯汀爸爸的手。

"对了，你们得在 9 点之前上床看书，9 点 30 分熄灯睡觉。"吴太太说。

"可是妈妈，"奥斯汀哀怨地说，"你说过我们可以 10 点再去睡觉。"

"我们之前说的是你们必须在 10 点前睡着。没有人希望看到一个昏昏欲睡的投手或一垒手。"她用餐巾擦了擦嘴，把它放在空盘子里，"现在才 6 点 30 分，你们有足够的时间吃一大盘圣代，然后再玩一会儿。"她挪开自己的椅子，从桌子前站起身来，"这样吧，因为这是一个特别的夜晚，我会帮你们打扫厨房的。"

在这些场景中，有没有某个（或者全部）场景让你看到自己养育孩子时的影子？"养育快乐的孩子"这件事，有时候并不是那么容易，当孩子上了五年级后，你应该已经向他灌输了一些经营友情的好习惯，就像奥斯汀处理贾斯汀把手机带到餐桌上这件事一样。

想想看，如果孩子在开车时，你又要把自己的一只手放在方向盘边上，防止他撞上别的车，同时又不能直接把他推到一边，让自己来驾驶，是不是很难办到？另一方面，你也并不想一味地放任他来处理人际关系，还要安慰自己说这样做会更好。如果世界上存在一个可靠的公式，可以衡量父母在孩子生活中参与程度的多寡，那不是很好吗？问题在于，每个孩子都有不同的需求和特点，所以一定量的试错是很有必要的。

真相就是这样，有时候你会把事情搞得一团糟，但这也是养育孩子的美妙之处。即使每个人的性格各不相同，只要你继续陪伴着孩子，互相倾听与尊重，就会感受到彼此的爱意。你不需要成为一个完美无瑕的父母。

本章小结

五年级的孩子可爱、健谈且精力充沛，同时，他们也相当敏感。当孩子们陷入友情带来的不安全感之中，或者开始怀疑自我能力时，情绪就会发生更大的波动。父母需要建立明确一致的界线，因为在这个看似混乱的世界中，明确的规则和结果可以给孩子提供一种秩序感。你应该与孩子进行礼貌的交流，以平和的态度来纠正无礼的行为，并按照约定好的给予惩罚，这将有助于你们保持开放性的沟通，而这样的沟通对于日后的中学阶段是至关重要的。

除了为孩子的行为设定可预测的结果之外，你也应该提出问题，并成为一个专心致志的倾听者和深思熟虑的指导者。在这一年，对于营养和卫生健康的指导和实践尤为重要。同时，你要监督孩子玩电脑游戏和使用手机的情况（如果你今年给孩子买了一部手机的话），并对日程表进行一定的调整，为孩子的休息时间和睡眠时间提供足够的空间。

尽管五年级的孩子渴望一定的独立性，但他们也需要被关注，只是不一定在你方便的时候。你可能会因为辛苦工作了一天而筋疲力尽，但你的孩子却刚刚在学校里经历了一场打击，需要你来安抚他的情绪；更糟糕的情况是，你可能察觉到他有什么不对劲，但这个 10 岁或 11 岁的孩子却不肯说究竟发生了什么。

当孩子真的不知道怎么把自己的困扰解释清楚时，你可能会觉得他在故意瞒着你。有时候，你一下子就发现了问题的症结，他却躲到自己的房间里不肯再出来。你也可以给他足够的空间，然后再问一些温和的、引导性的问题，帮助他专注回想究竟发生了什么，最终找到他生气的原因——原来是因为之前他希望你帮助他，可是你却忽略了。

如果你是一位父亲，需要和自己的女儿交流，她可能会认为你不理解她。如果你是一位母亲，需要和自己的儿子交流，你也可能会得到类似的反应。五年级孩子的心思很难猜，但他们也充满了热情与好奇。好好地善待自己和孩子，享受这段育儿之旅吧。

第 九 章

准备好了吗？

迈入中学阶段吧！

时间都去哪儿了？你和你的孩子一起读书，一起玩游戏，一起出行，一起尝试新事物。随着孩子的人生经历变得更加丰富，爱好越发广泛，他们对于过去某个月或某一年喜欢做的事情的兴趣就会逐渐消失。

现在，你已经掌握了如何利用大脑发育的各个阶段来养育孩子的方法。你知道神经元会随着大脑部分区域的发育而被修剪，所以你的孩子所说、所做的那些令人恼火甚至无法容忍的事情，也就可以接受了。

你通过始终如一地执行规则、帮助组织安排、分配家务活来培养孩子的家庭归属感和责任感，并用开放性的交流，让孩子变得越来越自信。同时，发生在你们之间的深入交谈、欢笑与泪水，还有利用角色扮演来帮助孩子应对日后的人际交往难题的经历，这些都是分外珍贵的体验。

根据孩子的发育阶段来调整养育的方式，是一个持续的过程，将会一直贯穿于孩子的整个初中和高中阶段。你赋予孩子的最棒的礼物之一，就是在他小学阶段帮助他培养强大的学习与社交能力，并建立稳固的情绪基础。与此同时，你也从孩子的成长过程中学到了很多东西，这不是很奇妙吗？

在未来的旅途中，你可能还要经历一些情绪方面的跌宕起伏，但也一定乐于看到孩子的进步——他会不断地运用和发展这些年来和你一起学到的技能。

每个孩子都是独一无二的。你的孩子可能会在学习上遇到问题，但很擅长与他人交往；又或者他学习起来非常轻松，却一直都处理不好同龄人之间的关系。无论你的孩子是活力四射的，还是畏惧尝试的；无论他是艺术思维更强还是理性思维更强，外向的还是内向的，作为孩子的父母，你都要坚信，你一定会让自己的孩子快乐成长，并在未来成为一个适应能力强的成年人。

致 谢

在此，我向弗里希克莱特博士的子女们献上诚挚的谢意，尤其是艾米丽。在他们的帮助下，我终于实现了杰基的梦想，让这本旨在培养成功孩子的书籍问世，来到全世界父母的手中。在写作的过程中，我觉得你们的母亲始终和我在一起，用我的笔记本电脑打字，在我的耳边轻语，并在整个创作过程中指导我。我非常感激自己能有这样的机会，把她留下的精神财富永恒地留存在这本书中。

我衷心感谢桑德拉·乔纳斯出版社的桑德拉·乔纳斯女士。如果没有她敏锐的直觉、敢于跳出思维框架的勇气、对细节的关注和卓越的出版能力，这本书可能只是我的一个未完成的梦想，我一直希望能用这样一本书，给予父母一定的援手，让他们能在这个错综复杂的世界中享受育儿的乐趣，养育快乐的孩子。我还要特别向吉尔·塔伯特女士致敬，感谢她睿智且细致的编辑工作。

我很感谢我的丈夫查克，他在 10 年前就提出了这样的想法，让我为天底下的父母写一本分级育儿指南。在我成长过程中的每个阶段，从教书育人的老师到成为一名专业作家，他都给予我坚定的鼓励和支持，真的太了不起了。他的支持让我可以在家里工作，陪伴女儿们度过青春期，令我无比感动。我太爱你了，查克！

我还想要热烈地拥抱我的女儿们，艾丽娅和佩奇，感谢她们的加油鼓劲和源源不断的支持。你们真是太棒了。我真是个幸运的妈妈！

我还要感谢阅读了这本书各个章节，并给出了反馈的那些父母，他们让这本书成为最有参考价值的资料。同时，非常感激那些允许我将他们与孩子一起玩游戏的视频发布在"大脑阶段"网站上的家长们。如果一张图片抵得上千言万语，那么对于这些视频，我的感谢就真的无法道尽了。

关 于 作 者

　　帕特里夏·威尔金森是两个孩子的母亲，有 23 年的教学经验，在公立和私立学校都任教过，从幼儿园阶段一直教到六年级。她在美国加利福尼亚州立大学长滩分校获得休闲娱乐专业的学士学位，并在加州州立大学洛杉矶分校和奇科分校实习，获得了加州颁发的多学科教师资格证和语言发展专家证书。

　　现在，翠西的工作是为家长和教师举办工作坊，给他们的生活带来更多的改变。她将多年的创造、实践经验与数千小时的大脑研究相结合，产生了相当惊人的效果。她和她优秀的丈夫查克以及一只叫作爱丽丝的巨型金毛猎犬一起居住在美国俄勒冈州的本德市。

　　杰奎琳·弗里希克莱特是三个孩子的母亲，她在美国科罗拉多大学获得了教育学的学士学位，又在丹佛大学获得了图书馆学的硕士学位和人类传播学的博士学位。她的职业生涯从当一年级教师开始，后来成为丹佛大学的一名语言传播学教授，并担任学术事务主任一职。她撰写与合著了八本关于教育的著作，包括《发问的智慧》和"智慧学习"系列。

　　遗憾的是，在 2015 年撰写本书时，杰基离开了人世。杰基是个热爱家庭和学习的人，如果知道自己毕生的工作和目标都得以呈现在这本书之中，她肯定会感到相当激动。

PARENTAL EDUCATION

一本孩子们都希望父母看到的家教书，听说有远见的父母都看过这本书！

父母的教育

[日]西村博之 著　佟凡 译

日本亚马逊
家教类畅销榜
TOP10

日文版上市后持续热销中
满分5星，读者热评4.3星

日本著名实业家西村博之首次
以独特视角讲述教育经和育儿经

民主与建设出版社

《父母的教育》

定价： 39.80 元

书号： 978–7–5139–4080–1

《给父母的建议》

定价： 45.80 元

书号： 978–7–5139–4190–7

全新权威全译版本
100条无删减教育箴言，俄国原文原汁原味直译
Сто
советов
给教师的建议
[苏] B. A. 苏霍姆林斯基　著
吴兴勇　译
учителю
给教师的建议
[苏] B. A. 苏霍姆林斯基　著
吴兴勇　译
教育思想泰斗
苏霍姆林斯基
教育经典巨作
全球总销量逾 20,000,000 册
一本充满智慧的教育宝典，从平凡教师走向优秀教师的职业指南
教育中遇到的所有问题，看这一本就够
民主与建设出版社

《给教师的建议》

定价：45.80 元

书号：978-7-5139-4081-8